普通高等院校通识类课程"十四五"系列教材

创新创业训练实践教程

主　编　王日华　陈　武　黄喆诚

副主编　李　满　曾继安　陈　伟

·北京·

内 容 提 要

本书共分为 8 章，通过基本概念、案例阅读、操作训练 3 个层次设计教学内容，以边学习边体验和分享的模式加深读者对知识的理解，主要内容有创新与创新思维、创业认知与机会识别、创业团队建设、创业风险、精益创业方法、商业模式与商业计划书、创新创业赛事与指导、创业实施。本书言简意赅、层次清晰，以案例阅读为主线讲解知识点，激发读者的学习兴趣和学习愿望，使读者愉快地学习。

本书可以作为本科院校创新创业训练课或创新创业基础课教材使用，也适合一些高职高专的学生使用。

本书提供电子教案和项目素材，读者可以从中国水利水电出版社网站（www.waterpub.com.cn）或万水书苑网站（www.wsbookshow.com）免费下载。

图书在版编目（CIP）数据

创新创业训练实践教程 / 王日华, 陈武, 黄喆诚主编. -- 北京：中国水利水电出版社，2022.8
普通高等院校通识类课程"十四五"系列教材
ISBN 978-7-5226-0725-2

Ⅰ. ①创… Ⅱ. ①王… ②陈… ③黄… Ⅲ. ①创业－高等学校－教材 Ⅳ. ①F241.4

中国版本图书馆CIP数据核字(2022)第086405号

策划编辑：陈红华　　责任编辑：张玉玲　　加工编辑：周益丹　　封面设计：梁 燕

书　　名	普通高等院校通识类课程"十四五"系列教材 创新创业训练实践教程 CHUANGXIN CHUANGYE XUNLIAN SHIJIAN JIAOCHENG
作　　者	主　编　王日华　陈　武　黄喆诚 副主编　李　满　曾继安　陈　伟
出版发行	中国水利水电出版社 （北京市海淀区玉渊潭南路 1 号 D 座　100038） 网址：www.waterpub.com.cn E-mail: mchannel@263.net（答疑） 　　　　sales@mwr.gov.cn 电话：（010）68545888（营销中心）、82562819（组稿）
经　　售	北京科水图书销售有限公司 电话：（010）68545874、63202643 全国各地新华书店和相关出版物销售网点
排　　版	北京万水电子信息有限公司
印　　刷	三河市德贤弘印务有限公司
规　　格	170mm×240mm　16 开本　15 印张　260 千字
版　　次	2022 年 8 月第 1 版　2022 年 8 月第 1 次印刷
印　　数	0001—7000 册
定　　价	42.00 元

凡购买我社图书，如有缺页、倒页、脱页的，本社营销中心负责调换

版权所有·侵权必究

前　言

2015年5月4日国务院办公厅下发《国务院办公厅关于深化高等学校创新创业教育改革的实施意见》（国办法〔2015〕36号）文，意见要求各高校面向全体学生开设创新创业方面的必修课和选修课，并纳入学分管理。在最新的本科教育教学合格和审核评估指标体系中也对创新创业教育列明了具体要求。自2015年把"大众创业、万众创新"写入《政府工作报告》至今，全国各类创新创业大赛开展得如火如荼，广大青年积极投身到创新创业中，其主要群体为在校大学生及初创企业者。通过一系列的创新创业大赛活动，深刻激发了民族的创新基因和创业精神，帮助优秀创意和创业项目落地。党的二十大报告中着重提出"守正创新"，并强调"坚持创新在我国现代化建设全局中的核心地位"和"创新驱动发展战略"。因此，为了满足创新创业教育的新需求，编写一本既符合国家创新创业教育的要求，又符合应用型本科高校实际需求的教材十分重要。

本书根据应用型本科高校创新创业训练课程的知识、能力和素质目标的要求设计教学内容，包括三个层次：一是基本概念，二是案例阅读，三是操作训练。基本概念包括创新与创新思维、创业与创业团队、创业机会与创业风险、商业模式、商业计划书和创业流程、创新创业赛事介绍等。本书精选了30多个创新创业的经典阅读案例，使读者通过案例深入理解知识点。在操作训练方面要求学生根据知识点和案例，自己动手设计、制作和体验，可以有效地提高学生的学习兴趣和学习愿望。

本书语言精练、层次清晰，以情景为导入，使读者身临其境，边学习边体验和分享，产生一种沉浸感和构想性，从而激发学生的创新思维和创业构想。

本书由王日华、陈武、黄喆诚担任主编，李满、曾继安、陈伟担任副主编。第1章由王日华、陈伟编写，第2章由陈武、王方编写，第3章由陈武、黄素编写，第4章由李满、黄喆诚、赵淳彤编写，第5章黄喆诚、黄楚钦编写，第6章由曾继安、邱洋编写，第7章由王日华、曾继安编写，第8章由闫远霖编写。全书由王日华、曾继安统稿，陈武、黄喆诚审稿。另外，胡晓华、刘丹阳和陈超然也参与了本书的编写工作。本书在编写过程中还得到了乔鹏亮、王益玲、黄鹏、曾一帆、杨俊、单丽薇、王琦、柳士双、韩剑义、代春花、刘雪萍等老师的大力支持，在此表示衷心的感谢！

本书为广州工商学院"十三五"教材建设经费资助项目，也是创新创业教育系列教材的第二本。本书的编写工作得到学校教务处、学生处、创新创业教育学院、校友会和校企合作单位——青软创新科技集团股份有限公司的大力支持，在此也一并表示感谢。

由于编者水平有限，本书在编写过程中难免出现错误和疏漏，恳请大家批评指正。

编 者

2022 年 12 月

编撰委员会

主　任：王日华

副主任：王益玲　乔鹏亮　陈　武　杨　俊　黄喆诚　曾继安

成　员：王　方　王　琦　代春花　刘丹阳　刘雪萍　李　满
　　　　邱　洋　陈　伟　陈超然　单丽薇　赵淳彤　柳士双
　　　　黄　素　黄　鹏　韩剑义　曾一帆

（按姓氏笔划排序）

目　录

前言
- 第1章　创新与创新思维 1
  - 1.1　创新和创新思维模式 1
    - 1.1.1　创新的概念 1
    - 1.1.2　创新的分类 2
    - 1.1.3　创新的标准 4
    - 1.1.4　创新思维模式 5
    - 1.1.5　实践训练 6
  - 1.2　逆向思维与正向思维 7
    - 1.2.1　逆向思维 7
    - 1.2.2　正向思维 9
  - 1.3　横向思维与纵向思维 9
    - 1.3.1　横向思维 9
    - 1.3.2　纵向思维 10
  - 1.4　求同思维与求异思维 11
    - 1.4.1　求同思维 11
    - 1.4.2　求异思维 12
  - 1.5　抽象思维与形象思维 13
    - 1.5.1　抽象思维 13
    - 1.5.2　形象思维 14
  - 1.6　联想思维 14
  - 1.7　发散思维与收敛思维 15
    - 1.7.1　发散思维 15
    - 1.7.2　收敛思维 15
  - 1.8　头脑风暴与分析列举法思维训练 16
    - 1.8.1　头脑风暴 16
    - 1.8.2　分析列举法思维 18
  - 1.9　换位思维与迂回思维 20
    - 1.9.1　换位思维 21
    - 1.9.2　迂回思维 21
- 第2章　创业认知与机会识别 24
  - 2.1　创业认知 25

2.1.1 创业的本质 25
　　2.1.2 创业价值 31
　　2.1.3 创业的步骤 34
　　2.1.4 创业需要的条件 36
　　2.1.5 创业者应具备的能力素质 40
　　2.1.6 创业前必读的法律法规 45
　　2.1.7 大学生创业领域选择 47
　　2.1.8 创业实践训练 51
　2.2 创业机会 55
　　2.2.1 创业机会的来源 55
　　2.2.2 创业机会的识别方法 60
　　2.2.3 行业与市场分析 65
　　2.2.4 市场细分与产品定位 69
　　2.2.5 竞争对手的调查与分析 76
　　2.2.6 用户分析 80

第3章 创业团队建设 83
　3.1 团队概念认知 84
　3.2 高效团队的核心要素 86
　　3.2.1 目标明确 86
　　3.2.2 角色分工 87
　　3.2.3 数量合理 87
　　3.2.4 合理的监控与激励机制 88
　　3.2.5 实操练习 88
　3.3 执行力与领导力 89
　　3.3.1 执行力 90
　　3.3.2 领导力 90
　　3.3.3 实操练习 91
　3.4 团队软实力建设 94
　　3.4.1 团队软实力的概念和作用 94
　　3.4.2 团队软实力的形成和提升 94
　　3.4.3 实操练习 95
　3.5 课外综合训练 98
　3.6 拓展活动 103

第4章 创业风险 106
　4.1 创业风险的概念及特征 107
　　4.1.1 创业风险的概念 109
　　4.1.2 创业风险的特征 109
　4.2 创业风险的来源 111

  4.2.1 融资缺口 111
  4.2.2 技术和市场缺口 111
  4.2.3 信息和信任缺口 111
  4.2.4 资源缺口 112
  4.2.5 管理缺口 112
 4.3 创业风险的类型 112
 4.4 创业风险的规避 116
  4.4.1 培养风险意识，敢于面对风险 117
  4.4.2 预测风险，谨慎决策，理性分析 118
  4.4.3 控制风险，建立风险处理和防范机制 118
  4.4.4 寻求合作，共享收益，共担风险 120
  4.4.5 分散风险，多元化运作，多层次开发 120
  4.4.6 转移风险，以退为进 121
  4.4.7 规避风险，果断退让，走为上策 122

第 5 章 精益创业方法 124
 5.1 基本理念 124
  5.1.1 精益创业实战法 125
  5.1.2 精益创业的好处 126
  5.1.3 精益画布 126
 5.2 问题和客户群体 127
 5.3 独特卖点 129
  5.3.1 独特卖点的意义 129
  5.3.2 独特卖点的设计 130
 5.4 解决方案与渠道 132
  5.4.1 解决方案的写法 132
  5.4.2 渠道的写法 133
 5.5 收入分析和成本分析 135
  5.5.1 收入分析 135
  5.5.2 成本分析 137
 5.6 关键指标 138
  5.6.1 关键指标的含义 138
  5.6.2 关键指标的填写 139
 5.7 门槛优势 140

第 6 章 商业模式与商业计划书 148
 6.1 商业模式 150
  6.1.1 商业模式的概念 150
  6.1.2 商业模式画布 151
  6.1.3 商业模式九个构造块 151

  6.1.4 商业模式类型 153
  6.1.5 商业模式设计 153
  6.1.6 商业模式创新 154
 6.2 商业计划概述 155
  6.2.1 商业计划概念 155
  6.2.2 商业模式与商业计划 155
  6.2.3 商业计划的作用 156
  6.2.4 撰写商业计划前的准备工作 156
 6.3 商业计划书撰写步骤及原则 158
  6.3.1 撰写商业计划书的基本环节及主要工作 158
  6.3.2 商业计划书的编写原则 159
 6.4 商业计划书撰写规范 160
  6.4.1 封面 160
  6.4.2 计划摘要 160
  6.4.3 行业分析 161
  6.4.4 产品（服务）介绍 162
  6.4.5 人员及组织结构 162
  6.4.6 市场预测 162
  6.4.7 营销策略 163
  6.4.8 制造计划 163
  6.4.9 财务规划 163
  6.4.10 风险与风险管理 163
  6.4.11 文字排版要求 164
 6.5 商业计划书的推广 173
 6.6 商业计划书的评价 174
  6.6.1 评价要素 174
  6.6.2 评价标准 175

第7章 创新创业赛事与指导 180
 7.1 创新创业赛事概述 180
  7.1.1 创新创业赛事历史 180
  7.1.2 大学生创新创业赛事的目的与任务 181
  7.1.3 创新创业赛事意义 182
  7.1.4 官方认可的大学生创新创业类赛事 183
 7.2 中国国际"互联网+"大学生创新创业大赛 186
  7.2.1 赛事简介 186
  7.2.2 组织单位 188
  7.2.3 参赛组别 188
  7.2.4 参赛项目类型 189

  7.2.5 赛制安排 ... 189
  7.2.6 激励政策 ... 190
  7.2.7 往届获奖案例 ... 190
 7.3 国内其他大学生创新创业赛事介绍 ... 195
  7.3.1 "挑战杯"中国大学生创业计划大赛 ... 195
  7.3.2 全国大学生电子商务"创新、创意及创业"挑战赛 ... 197
 7.4 大学生创新创业训练计划 ... 199
  7.4.1 项目概况 ... 199
  7.4.2 项目类型 ... 200
  7.4.3 项目类别 ... 200
  7.4.4 项目经费 ... 201
  7.4.5 组织实施 ... 201
 7.5 创新创业赛事路演技巧 ... 202
  7.5.1 5页重点 ... 202
  7.5.2 三大核心 ... 204
  7.5.3 两大切忌 ... 205
  7.5.4 一句口号 ... 205
  7.5.5 成为优秀的主讲人 ... 205

第8章 创业实施 ... 209

 8.1 大学生创新创业政策 ... 209
  8.1.1 国家对大学生创业者的优惠政策 ... 210
  8.1.2 地方政府对大学生创业的政策支持 ... 212
 8.2 选择适合自己的企业组织形式 ... 216
  8.2.1 单一业主模式 ... 216
  8.2.2 合伙经营模式 ... 217
  8.2.3 公司模式 ... 217
 8.3 注册公司的流程 ... 219
  8.3.1 公司注册准备 ... 220
  8.3.2 申请登记流程 ... 221
 8.4 如何获得风险投资 ... 222
  8.4.1 风险投资的概念 ... 224
  8.4.2 融资的注意事项 ... 225
 8.5 创业是一场修行 ... 227
  8.5.1 创业之心态 ... 227
  8.5.2 开启创业的准备 ... 228

参考文献 ... 230

第1章 创新与创新思维

【本章要点】

1. 创新的概念
2. 创新思维含义
3. 学习创新与创新思维训练的意义
4. 常见几种创新思维概念、训练思路

【学习目标】

通过本章的学习,学生全面了解、理解和掌握创新的概念和创新思维的含义,唤醒学生的创新意识,训练学生的创新思维,提升学生的创新能力。

【技能目标】

通过本章的学习,使学生能够描述创新的概念和创新思维的含义,能够掌握和运用创新思维进行创新活动,提升学生的创新技能与创业能力。

【素养目标】

通过本章的学习,培养学生的创新意识和创新技能,激发学生为我国创建创新型国家而不断努力学习,增强学生自主创新意识,增强创业能力,培养创新创业精神。

1.1 创新和创新思维模式

1.1.1 创新的概念

什么是创新(Innovation)?

不按常理出牌；

无限想象加上最佳选择；

开创新路通向目的地；

……

抛弃旧规改用新规；

提高质量和效率；

创造新生事物；

创造新生活、满足新生活；

……

上面提到的都是创新。创新的内涵是什么？

人类社会从低级到高级、从简单到复杂、从原始到现代的发展过程，就是一个不断创新的过程。党的二十大报告中指出，必须坚持创新是第一动力，并深入实施创新驱动发展战略。创新始终是人类进步的灵魂，是一个国家兴旺发达的不竭动力。它推动着人类不断地去探寻解决问题的好创意、新方法。创新有三层含义：一是更新，二是创造，三是改变。所谓创新，就是指人们根据一定的目的，针对所研究的对象，运用新的知识、方法或者引入新事物，产生出某种新颖、有社会或者个人价值成果的活动。

生活中创新的小案例很多，创新不仅仅是商业模式上的创新，也是生活理念的创新，是指以某种形式存在的创新成果。它既可以是一种新概念、新设想、新理论，又可以是一项新技术、新工业、新产品，还可以是一种新制度、新市场或者是新组织。

1.1.2 创新的分类

根据创新的含义，创新可以分为以下 8 种。

（1）思维创新。思维创新是一切创新的前提，是以新颖独创的方法解决问题的思维过程，通过思维创新能够突破常规思维的界限，以超常规的方法、视角去思考问题，提出与众不同的解决方案，从而产生新颖的、独到的、有社会意义的思维成果。如果一个人封闭自己的思维，用惯性思维考虑问题，就会严重阻碍创新。如，华为公司当年花费上亿美金，邀请 IBM 公司作为公司的咨询顾问，期望 IBM 帮助华为推动组织变革。但是一些老员工不愿意接受这些变革，认为变革后的数据化工具、表格、IT 系统，增加了他们的工作负担，因此非常抗拒。这个时候，华为的老板任正非说："不换脑就换人！我们要成为世界一流公司，所有人都必须向一流公司学习，改变固有的思维和惰性，所有阻挠变革的人，一律换掉！"有的公司不断招募新的人才，重要原因之一就是期望其带来新观念、新思维，不断创新。近年来社会上出现了"思维空间站"，其目的就是进行思维创新训练。

（2）产品（服务）创新。产品创新是提出一种能满足用户需求或解决用户麻烦的新产品或服务，是满足目标用户的有效手段。对于生产企业来说，主要的创新在于产品的创新。产品的创新主要表现为两种：一是全新产品创新，指创造一个全新的产品以满足市场的需求；二是改进产品的创新，指对老产品的翻新，指对以前某种产品形式加以适当的改变，从而适合当前或以后的需求。而对于服务行业而言，主要是服务创新，就是使潜在用户感受到不同于从前的新内容，将新的设想、新的技术手段转变成新的或改进的服务方式。服务创新属于理念创新，是贯彻以服务用户为导向理念的一个重要方面。如，手机在短短的几年时间的发展：模拟机→数字机→可视数字机→可以上网的智能手机。手机的更新换代生动地告诉我们，产品的创新是在不断快速推进的。

（3）技术创新。技术创新是企业家抓住市场的潜在盈利机会，以获取商业利益为目标，重新组织生产条件和要素，建立起效能更强、效率更高和费用更低的生产经营系统，从而推动产生新的产品、新的生产（工艺）方法，开辟新的市场，获得新的原材料或半成品供给来源，建立企业新的组织，是包括科技、组织、商业和金融等一系列活动的综合过程。技术创新过程涉及创新构思、研究开发、技术管理与组织、工程设计与制造、用户参与及市场营销等一系列活动。在创新过程中，这些活动相互联系，有时要循环交叉或并行操作。技术创新过程不仅伴随着技术变化，而且伴随着组织与制度创新、管理创新和营销方式的创新。

（4）组织与制度创新。组织创新是为了对企业的流程、规范、规章制度等进行变革，应用行为科学的知识和方法，将企业资源进行重组与重置，采用新的管理方式和方法、新的组织结构和比例关系，使企业发挥更大效益的创新活动。组织变革和创新的理论基础是系统理论、情景理论和行为理论。系统理论是一个开放、有机和动态的组织系统，由三个子系统组成，即技术系统、管理和行政系统、文化系统；其特点是相互联系，一处改变，其余的会跟着改变。情景理论是在企业中没有一个一成不变、普遍适用的最好管理理论和方法。行为理论是企业中人的行为,是组织与个人相互作用的结果,通过企业的组织变革和创新,改变人的行为风格、价值观念、熟练程度,同时能改变管理人员的认识方式。

(5)管理创新。英特尔总裁安迪·葛洛夫(Andrew Grove)的管理创新:基于产出导向管理的方法,采用产出适用于工程师和工厂工人,也适用于行政人员及管理人员;工作人员不只对上司负责,也对同事负责,进而打破障碍,培养主管与员工的亲密关系。以此方法管理的英特尔公司企业整体工作效率和经济效益得到较大提升。因此,也有人把管理创新划入组织与制度创新之中。

(6)营销创新。营销创新就是根据营销环境的变化情况,并结合企业自身的资源和条件,寻求营销要素在某一方面或某一系列的突破或变革的过程。在这个过程中,并非要求一定要有创造发明,只要能够适应环境,满足消费者需求且不触犯法律、法规和通行惯例,同时能被企业所接受,那么这种营销创新即是成功的。信息时代,企业还可能通过不同的营销手段实现市场创新。不同的消费群体代表了不同的市场,使用不同的营销工具、营销手段可对不同的群体推广产品。

(7)企业文化创新。企业文化创新是指为了使企业的发展与环境相匹配,根据本身的性质和特点形成体现企业共同价值观的企业氛围并不断创新和发展的活动过程。企业文化创新的实质在于企业文化建设中突破与企业经营管理实际脱节的僵化的文化理念和观点的束缚,实现向贯穿于全部创新过程的新型经营管理方式的转变。面对日益深化、激烈的国内外市场竞争环境,越来越多的企业不仅从思想上认识到创新是企业文化建设的灵魂,是不断提高企业竞争力的关键,而且逐步深入地把创新贯彻到企业文化建设的各个层面,落实到企业经营管理的实践中。

(8)商业模式创新。商业模式主要包括价值主张、资源与能力、交易模式、盈利模式四个方面。商业模式体现创造价值,包括创新、资源整合、团队合作协同的创业过程。商业模式创新是指对目前行业内通用的为顾客创造价值的方式提出挑战,力求满足顾客不断变化的要求,为顾客提供更多的价值,为企业开拓新的市场,吸引新的客户群。商业模式创新已成为一种重要的产业集成创新形式,应将其与技术创新、管理创新等放在同等重要地位。

1.1.3 创新的标准

根据创新成果来判别创新性有两个标准:

(1)成果是否新颖。新颖主要是指对现有的东西进行变革,使其更新成为新的东西，即破旧布新，不墨守成规。

（2）是否有社会或个人价值。有社会价值是指对人类、对国家和社会的进步具有重要意义，如重大的技术创新和产品创新等；有个人价值则是强调对于个体发展的意义。

1.1.4 创新思维模式

任何创新思维过程总是指向某一具体的问题，问题是思维的起点，创新思维与问题解决有密不可分的联系，所有的创新思维都包含问题解决。图1.1是创新思维模式的示意图。创新思维是多种思维方式的综合运用，既有逻辑思维也有非逻辑思维，既有抽象思维也有形象思维，既有发散思维也有收敛思维。图1.2为创新思维的分类组合图，其中发散思维和收敛思维对于创新思维十分重要，它是开展创新活动所不可缺少的一种有效思维方式。可以说，没有发散思维就没有创新。

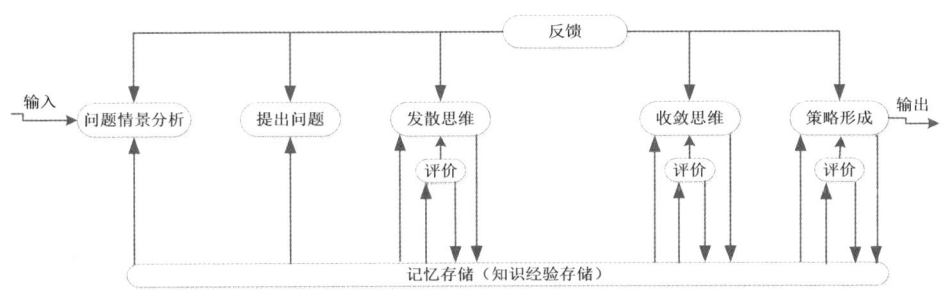

图 1.1 创新思维模式

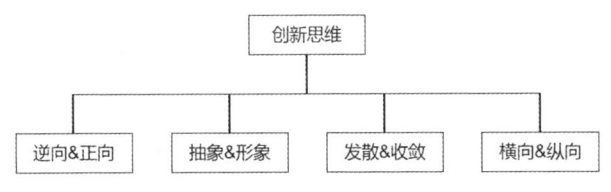

图 1.2 创新思维的分类组合

具体来说，用创新思维模式解决问题可以分为以下几个步骤：

（1）问题情境分析。问题情境是创新思维的起始因素，它唤起人的认知需求。问题情境是人在活动中遇到了某种不理解的、未知的、令人担忧和诧异的事物的情况下产生的，即当人处在解决问题的困扰中，无法用已有的知识解释新的事实，或者无法用以前熟悉的方法完成已知行动，从而需要寻找新的行动方法。创新思维过程从对问题情境的分析开始，从思维的不同方面探究情境的各结构因素，弄清它们之间的联系和关系。从问题情境的分析结果中可以划分为已知因素、未知因素和因果因素。

（2）提出问题。提出问题是创新思维的重要一步。在问题情境的分析中，需确定情境中引起困难的因素是什么，被看作困难因素的就是问题。通过一系列不同层次的"为什么"发问，从肤浅到深入，再到反映其实质的发问，看出问题所在，即识破问题的实质，并用语言概述出问题来，在这个阶段不仅要确定问题的存在，还要定义这个问题到底是什么。

（3）发散思维。发散思维是指利用多角度、不同的思维方式，不受限于现有的知识范围，不遵循传统的固定方法，从已知信息中产生大量变化的独特新信息的思维方式。发散思维表现为思维视野开阔，思维呈现出多维发散状，如一题多解、一事多写、一物多用，都是发散思维的表现形式。不少心理学家认为发散思维是创造性思维最主要的特点，是测定创造力的主要标志之一。

1.1.5 实践训练

1. 连接

问题：请想出多种方法把"A"和"B"连起来，看谁想出的方法更多且更有创意。

目的：理解创新思维模式、方法、思路。

思路：

（1）线性构想。

（2）立体思考。

（3）深入构想。

（4）抽象的变异构想。

2. 头脑风暴

问题：列举生活中创新的例子，并从中提出你的进一步创新主意。

目的：理解创新的概念。

思路：生活中处处有创新。

（1）以前电视屏幕很小，看电视节目费力，所以大屏幕才相继诞生。
（2）以前教师用的粉笔灰尘很大，对健康不利，所以产生了无尘粉笔。
（3）为避免不自觉的人大量带走公厕的厕纸，产生了智能自动出纸机。

……

互联网时代，一些 App 正在改变我们的生活方式，网上购物、订餐、打车等。

1.2　逆向思维与正向思维

【情景】

顾客：老板，这三个西红柿给我称一下！
老板：一斤半，四元五角。
顾客：做汤不用那么多，把这个最大的去掉吧！
老板：一斤二两，三元六角。
顾客：你这个秤是不是有问题呀，最大的才三两重？
老板：放心，我家的秤肯定没有问题的。
顾客：那好，给你九角，我要这个最大的。

1.2.1　逆向思维

1. 逆向思维概念

情景中买菜的顾客，就很好地利用了逆向思维。明知商贩的秤有问题，但顾客没有直接说穿，而是从相反的角度利用了商贩的缺斤短两，为自己赢得了优惠，而商贩也只能有口难辩，自认倒霉。

逆向思维，也叫反向思维、反转思维。逆向思维法利用了事物的可逆性，从反方向进行推断，寻找常规的岔道，并沿着岔道继续思考，运用逻辑推理去寻找新的方法和方案。其特点是改变习惯的思维方式，从相反方面来认识事物、思考问题。由于这种思维突破了人们考虑问题的思维定式，因而往往能够取得惯例思维所不能取得的成效。

逆向性思维在各种领域、活动中都有适用性。它有多种形式，如性质上的对立（软与硬、高与低等）；结构、位置上的互换、颠倒（上与下、左与右等）；过程上的逆转（气态变液态或液态变气态、电转为磁或磁转为电等）。不论哪种方式，只要从一个方面想到与之对立的另一方面，都是逆向思维。

春秋战国时期田忌与齐威王赛马。按照惯例思维应当是良马对良马，次马对次马。而田忌却运用逆向思维的方法，以次马对齐威王的良马，以良马对中马，以中马对次马，结果田忌取得两胜一负的战绩。

古代司马光砸缸救人的故事也说明了逆向思维的作用，通常从大水缸里取物救人，只能由缸口打捞，或者将水缸放倒。当时司马光年纪小，不可能采取以上两种方法，他便急中生智，运用逆向思维想出了砸缸救出小伙伴的方法。

2. 逆向思维案例

青岛牌啤酒

青岛牌啤酒在进入美国市场时，主要做了两件事情：一是出资请美国广告商通过报纸、电视、电台等新闻媒体进行广告宣传；二是让美国大饭店接受这种啤酒，以扩大影响。

但后一件事做起来并不容易，美国大饭店不会轻易购进一种新品牌的啤酒。啤酒推销商看到了这一点，因此不上门推销，而是采取相反的做法，变卖为买。他们出资在纽约多家大饭店举办宴会，宴请社会名流，每到一家大饭店，便指名要青岛牌啤酒，如果没有，就以缺少这种酒，宴会不够档次为由取消宴会。这样，青岛啤酒不仅受到了纽约许多大饭店的重视，登上了高档宴席，而且逐渐在美国啤酒市场站稳了脚跟，这种变卖为买、以买促卖的做法无疑是逆向思维的创新成果。

3. 逆向思维训练

（1）张三、李四、王五三人一起做作业，有一道题比较难，当他们三个人都把自己的解法说出以后，张三说"我做错了"，李四说"我做错了"，王五说"李四做对了"，在一旁的赵六看到他们的答案，并听了他们的意见后说"你们三人中有一个做对了，有一个说对了"，请思考张、李、王三人到底谁做对了？

（2）洪长兴是上海一家著名的羊肉店，为了保证肉的质量，该店有专门供肉基地，整羊运来，店里的职工操刀拆卸、开料。因为店堂面积小，拆羊劳动强度大，每天供肉量有限。到了冬天羊肉销售旺季，来买肉的人排成长队，供不应求，许多顾客失望而去。这不但满足不了顾客的需求，营业额也受到很大影响。店堂小，供肉不足，成为该店发展的瓶颈。请你思考能否用逆向思维为该店想出个办法，增加肉量，满足顾客的需求。

1.2.2 正向思维

正向思维法是依据事物发展过程建立的，是人们经常用到的思维方式。正向思维法虽然一次只对某一种或某一类事物进行思考，但它是在对事物的过去和现在充分分析的基础上，推知事物的未知部分来提出解决方案的，因而它又是一种不可忽视的从事领导工作和科学研究的方法。

正向思维具有以下特点：在时间维度上与时间的方向一致随着时间推移，符合事物的自然发展规律和人类的认识规律；认识具有统计规律的现象，能够发现和认识符合正态分布规律的新事物及其本质。面对生产生活中的常规问题，正向思维具有较高的处理效率，能取得很好的效果。

1.3 横向思维与纵向思维

1.3.1 横向思维

1. 横向思维的概念

横向思维也叫"侧向思维"，是由爱德华·德·波诺（Edward de Bono）于1967年在其《水平思维的运用》中提出的。横向思维从多个角度入手，改变解决问题的常规思路，拓宽解决问题的视野，从而使难题得到解决，在创造活动中发挥着巨大作用。从思考的事物及问题的侧面伸展思维触角，以获得新的思维成果，这是发散思维中最常使用的一种方法。例如，中国传统的节日食品——粽子，从外形来看，大致有长方形和四角形两种，是否能再变换几种形状呢？从米料来看，主要有糯米、黄米两种，是否可以改用别的米料呢？从馅料来看，常见的有红枣、豆沙和肉馅，能否增加馅料的品种呢？解决上述问题便离不开横向思维。

2. 横向思维的训练

（1）某市郊区一个著名的旅游景点附近有几个果树村，山坡上、山沟里分布很多果林，有苹果树林、桃树林、杏树林、栗子树林。这几个果树村打算借旅游景点之力开展一些能够吸引游客的活动，以增加收入。大家能否运用横向思维为他们想想办法？

（2）国家男子篮球队到某城市参加比赛。该市有一家皮鞋厂，产品质量不错，但由于广告费用昂贵，该厂一直未能通过新闻媒体宣传其产品。他们能否趁国家男篮比赛之际进行一次花钱少、借新闻媒体宣传其产品的活动？

（3）我国首次参加洛杉矶奥运会那一年，广州市场汗衫积压严重，一再削价也销售不动。经营汗衫的公司能否从我国首次参加奥运会这一信息中受到启发，想出销售汗衫的办法？

1.3.2 纵向思维

纵向思维被广泛应用于科学和实践之中。事物发展的过程性是纵向思维得以形成的客观基础，任何一个事物都要经历一个萌芽、成长、壮大、发展、衰老和死亡的过程，并且在这个发展过程中可捕捉到事物发展的规律性，纵向思维就是对事物发展过程的反映。

纵向思维按照由过去到现在、由现在到将来的时间先后顺序来考察事物，揭示事物发展的过程，在考察事物的起源和发生时具有重要作用。纵向思维在事物的历史发展中考察事物，考察的事物必须是同一的，具有自身的稳定性和可比性。纵向思维对未来的推断具有预测性，其预测结果可能符合事物发展的趋势。例如根里奇·S.阿奇舒勒（Genrich S. Altshuler）提出的产品分段 S 曲线，如图 1.3 所示。

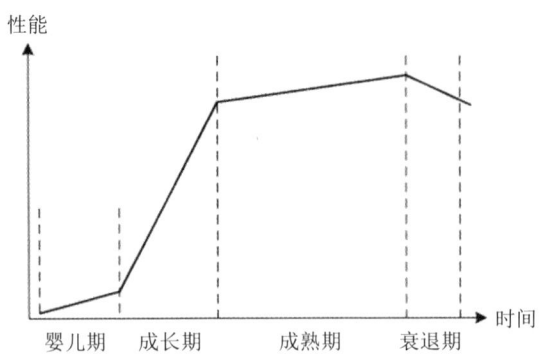

图 1.3　技术系统进化的分段 S 曲线

正向思维是人们经常用到的思维方式，是按常规思路，以时间发展的自然过程、事物的常见特征、一般趋势为标准，从已知到未知来揭示事物本质的思维方法。逆向思维在思维路线上与正向思维相反，在思考问题时，为了实现创造过程中设定的目标，跳出常规，改变思考对象的空间排列顺序，从反方向寻找解决办法。正向思维与逆向思维相互补充、相互转化，在解决问题中共同使用，经常会取得事半功倍的效果。

1.4 求同思维与求异思维

【情景】

老师：同学们，谁能告诉我红砖都有哪些用途？

小伟：老师，红砖可以用来盖房子、建教室、修烟囱、铺路面。

小瑞：可不止这些，还能压纸、垫书架，遇到坏人时还能变成防御武器呢。

老师：回答得很好。从同学们的回答可以看出，小伟把红砖的用途集中于建筑材料的范围，属于求同思维。小瑞回答的是红砖的非常用途，属于求异思维。

1.4.1 求同思维

1. 求同思维概述

求同思维中的"求同"是指在两个以上事物中找到共同之处，运用这种思维有助于在不同事物之间找到结合点，使新结合的事物在性质、形态、功能等方面有所变化，以获得创新的效益。例如：最初，茶杯和暖水瓶各有其功用，是两种不同的用具。现在普遍使用的不锈钢保温杯便是将两者结合的产物，既有暖水瓶的保温功能，又是携带方便的喝水杯子；用求同的思维方法，找到暖瓶与饭盒的结合点，把暖水瓶改成了广口状，成为携带饭菜的保温系统。再比如，把磁疗垫放在鞋里，做出有治疗功效的皮鞋。把录音机和电话机相结合，制造出录音电话。把滚动带和计时器结合起来，做成跑步健身器。这些给人们工作生活带来方便的用品，在研制的过程中求同思维的作用不可低估，尤其在仿生学研究中，求同思维具有不可替代的地位。如建筑学仿生，仿照蛋壳、乌龟壳发明了建筑物的薄壳结构；化学仿生通过模拟生物酶的催化作用创造了高级催化剂。

2. 求同思维的训练

（1）找出与自行车有结合点的其他事物，使自行车的构造和功能发生新的变化。

（2）某汽车轮胎厂生产一种名牌轮胎，出于公关的需要，该厂准备制作一批精美实用又能反映该厂特点的小礼品。先根据提供的要素，运用求同思维方式选出两种素材，设计出一个小礼品。素材有茶缸、烟灰缸、钢笔、工厂的厂牌、轮胎模型、厂办公楼模型、小相框。

参考思路：

（1）自行车与船结合，制造出水上自行车；与健身器材结合，制造出自行车健身器；自行车旁安装挎斗制作出挎斗自行车；自行车上安装货架制作成载货自行车；自行车装到索道上制作成登高自行车，用于娱乐或者体育比赛；自行车与飞行器结合制造出飞行自行车；自行车与太阳能相结合，制作出太阳能助力自行车；自行车与风扇结合制作出自来风自行车，供夏天使用。

（2）该厂制作的小礼品是用一个橡胶仿真小轮胎套在特制的小烟灰缸上。此外，也可以用橡胶仿真小轮胎作为底座，插上特制钢笔，或者在两个并列的橡胶轮中间插上一个小相框。

1.4.2 求异思维

1. 求异思维概述

求异思维的求异是指在相同或者相似的两个以上的事物中找出不同之处，这是在科技产品研制、经营管理、广告宣传、文学创作等工作中能够获得新成效的一种思维方法。有些企业为了使产品能够在竞争激烈的市场上占有一席之地，采用比如你无我有、你有我廉、你廉我精、你精我专的生产经营策略。制定和实施这些策略自然离不开从中求异的创新思维方法。

2. 求异思维的训练

（1）近年社会上出现了很多中介服务行业，如婚姻介绍服务、房屋租赁服务、国外留学服务、职业介绍服务、大型会议服务、旅馆介绍服务、人才交流服务、技术转让中介服务等。请考虑，还可以根据社会需要成立哪些与上述服务内容不同的具有中介性质的公司。

（2）有家专门生产大小皮包的企业想扩大皮包的品种，请运用求异思维，从功能方面提出设想。

请同学们课后认真思考以上这几个问题，做出自己的解答。

1.5　抽象思维与形象思维

1.5.1　抽象思维

抽象思维也称逻辑思维，是人们在认识活动中运用概念、判断、推理等思维方法，在对事物进行分析、综合、比较、概括的基础上，抽取事物的本质属性，撇开事物的具体形象与非本质属性，使认识从感性阶段进入理性阶段的一种思维模式。逻辑思维的基本单元是概念，基本思维方法是抽象，基本表达工具是语言和符号。抽象思维是用词进行判断、推理并得出结论的过程，又称词的思维或者逻辑思维。抽象思维以词为中介来反映现实，这是思维的最本质特征，也是人的思维和动物心理的根本区别。

抽象思维是用概念来代表现实的事物，而不像形象思维那样用感知的图画来代表现实的事物；抽象思维是用概念间的关系来代表现实的事物之间的联系，而不像形象思维那样用图画的变换来代表现实的事物之间的联系。这为人类超越自己的感官去认清或者更加宏观或者更加微观或者更加快速变化的世界提供了可能性。但是，如果没有抽象思维的准确性，即不能准确界定概念和概念与概念间的关系，这种可能性就无法变成现实性。因此，准确地形成概念以及概念间的关系是抽象思维方法的最基本的规则。

抽象思维作为一种重要的思维类型，具有概括性、间接性、超然性的特点，是在分析事物时抽取事物最本质的特性而形成概念，并运用概念进行推理、判断的思维活动。人们运用分析、综合、归纳、演绎方法来形成概念并确定概念与概念之间演绎的关系、概念外延的数量属性关系、概念内涵的数量属性关系。有些概念有较精确的数量属性，有些概念有较模糊的数量属性。这样的一套通过概念和概念间的关系来考察事物和把握事物变化规律的思维方法就是抽象思维方法的具体运用。

抽象思维深刻地反映着外部世界，使人能在认识客观规律的基础上科学地预见事物和现象的发展趋势，预言"生动的直观"没有直接提供出来的、但存在于意识之外的自然现象及其特征。它对科学研究具有重要意义。

1.5.2 形象思维

形象思维又称直接思维，属于感性认识活动。形象思维是以具体的形象或图像为思维内容的思维方式，它是人的一种本能思维。人一出生就会无师自通地以形象思维方式考虑问题，如儿童认识事物和看图识字，就是运用形象思维来进行的。

形象思维具有普遍性，人人都有，人人都用。在日常的学习和生产活动中，形象思维一直起着很重要作用，认识客观世界、与人交往，首先使用的常常是形象思维。画家绚丽的作品、诗人形象的描述、舞蹈家优美的形体语言都是形象思维的结果。形象思维不仅属于艺术家们，同样是科学家们进行科学发现和创造的一种重要思维形式。例如，在物理学中所有的形象模型，像电力线、磁力线、原子结构的卢瑟福原子模型等，都是物理学家抽象思维和形象思维结合的产物。数学是一门极其抽象的科学，但它同样不可避免地要使用形象思维，几何学中许多问题都与图像有关，在代数中只想用概念符号来解决问题也是行不通的。

1.6 联 想 思 维

1. 联想思维概述

联想是指从一种事物想到另一种事物的心理活动。联想可以是概念与概念之间的联想，也可以是方法与方法之间的联想，还可以是形象与形象之间的联想。由下雨想到潮湿，由烟雾想到白云，看到虎想到猫，都是联想。

联想的本质是发现原来认为没有联系的两个事物（或现象）之间的联系，这难道不是创新吗？有一句话说：在一定程度上，人与人之间创造力的差别在于看到同样的事情产生的不同联想。善于联想就是善于抓住两个事物之间本质上的相似之处，从已知推导未知，获得新认识，产生新设想。联想是跳跃式的信息检索，属于非逻辑思维。

2. 联想的类型

联想是由当前感知的事物回想起其他事物，或由一件事物想起另一件事物，也即是由此及彼或由彼及此的思维方式，一般可分为以下四种。

（1）相似联想。由一个事物的触发而引起与该事物在形态上或性质上相似的另一个事物的联想。可分为形似联想和神似联想。

（2）相同联想，又称类似联想。即由一个事物联想到另一个与此同类的事物的思维方法。

（3）相反联想。即把性质截然不同或者完全相反的事物联结在一起的联想。

（4）相关联想。即是由一个事物联结到与其有某种联系，或是时间，或是空间，或是原因和结果，或是条件和结局等的联想。

1.7　发散思维与收敛思维

1.7.1　发散思维

发散思维（Divergent Thinking）一般指人们在思考问题时，充分发挥想象力，以某一点为中心，向四面八方想，通过知识、观念的重新组合，找出更多更新解决问题方法的一种思维方式。这种思维呈现出多维发散状，又称辐射思维、放射思维、扩散思维或求异思维。发散思维要求人们的思维向四方扩散，无拘无束，海阔天空，甚至异想天开。很多科学家、思想家和艺术家都十分注意运用发散思维进行思考并解决问题。不少心理学家认为，发散思维是创造性思维的最主要的特点，是测定创造力的主要标志之一。

1.7.2　收敛思维

收敛思维（Convergent Thinking）又称聚合思维、聚焦思维、集中思维、求同思维和辐集思维。特点是使思维始终集中于同一方向，使思维条理化、简明化、逻辑化、规律化。收敛思维与发散思维如同"一个钱币的两面"，是对立的统一，具有互补性，不可偏废。

收敛思维也是创新思维的一种形式，与发散思维不同。发散思维是为了解决某个问题，从这一问题出发，想的办法、途径越多越好，总是追求还有没有更多的办法。而收敛思维则是为了解决某一问题，在众多的现象、线索、信息中，向着问题一个方向思考，根据已有的经验、知识或发散思维中针对问题的最好办法去得出最好的结论和最好的解决办法。

如果说，发散思维是由"一到多"的话，那么，收敛思维则是由"多到一"。当然在集中到中心点的过程中也要注意吸收其他思维的优点和长处。收敛思维的另一种情况是先进行发散思维，越充分越好，在发散思维的基础上再进行集中，从若干种方案中选出一种最佳方案，同时注意将其他方案中的优点补充进来，加以完善，围绕这个最佳方案进行创造，效果自然会好。如洗衣机的发明就是如此，首先围绕"洗"这个关键问题，列出各种各样的洗涤方法，如洗衣板搓洗、用刷子刷洗、用棒槌敲打、在河中漂洗、用流水冲洗、用脚踩洗等，然后再进行收敛思维，对各种洗涤方法进行分析和综合，充分吸收各种方法的优点，结合现有的技术条件，制订出设计方案，然后再不断改进，结果大获成功。

1.8 头脑风暴与分析列举法思维训练

【情景】

队长：我们的任务是砸核桃，要多和快，大家有什么办法？

队员1：平常在家里用牙咬、用手或榔头砸，或用钳子夹。

队长：少的核桃用这种办法行，但是核桃多了怎么办？

队员2：应该把核桃按大小分类，各类核桃分别放在压力机上砸压。

队员3：可以给核桃粘上粉末一类的东西，使它们成为一样大的圆球，然后放在压力机上砸压，用不着分类。

队员4：粘上的粉末可以带磁性，在压力机上砸压或在粉碎机上粉碎后，用磁场的作用使核桃壳碎掉，只剩核桃仁。

队长：很好！大家再想一想，用什么样的力才能把核桃砸开，用什么办法才能得到这些力？

队员1：应该加一个集中的压力，用某种东西冲击核桃就能产生这种力，或者相反，用核桃冲击某种东西。

队员2：可以用气枪往墙壁上射核桃，比如说可以用软木塞的儿童气枪。

队员3：核桃很硬，应该先用容器加工，使核桃壳变得很脆，经过冷冻就可以变脆。

1.8.1 头脑风暴

上面的情景就是一个头脑风暴讨论的现场，任务是砸核桃，要求多快好。团队成员畅所欲言、天马行空，仅仅 10 分钟就收集了 40 多个观念。

1. 头脑风暴的概述

所谓头脑风暴，就是当小组成员想起新观点时大声说出。使用这种方法时，需要消除成员的顾虑，任何观点都不会被评判，这样他们就能够自由地大声说出任何观点，而不会感到不舒适。人们的观点应该建立在其他参与者的观点之上，这样做的目的是为后面的分析得到尽可能多的观点。在提出的众多观点中会有一些非常有价值的观点。

在这个自由思考的环境中，头脑风暴会帮助大家产生那些突破普通思考方式的新观点。

2. 头脑风暴式思维训练的具体方法

4～15 个人组成的小组聚集在一个房间里，找一个中心人物介绍头脑风暴会议的目的和主题，说明规则。这个人也应该确保遵循相应的规则，积极地鼓励参与者。可以先用一个无关的、比较有趣的主题进行简短的热身，这会使参与者热情高涨、不受拘束。当建立适当的兴趣之后，就应该开始进入正题。目的和主题建立起来以后，小组中的每个人大声说出自己的观点。这些观点全部被记录下来，以便以后对其进行分析。通常记录观点的方法是写在大的"草稿纸"上，可以是黑板、幻灯片或者零散的纸张，最好专门有一位记录人，对于比较大的小组，可能需要 2～3 个记录人，以确保所有的观点被记录下来，过程简化如图 1.4 所示。

简短热身 ⇒ 进入正题 ⇒ 发表观点 ⇒ 记录观点 ⇒ 分析观点

图 1.4 头脑风暴的过程

为了训练大家的头脑风暴式思维，请同学们根据下面提供的话题，或者自行准备话题进行一次头脑风暴训练。为什么经典的便利贴都是黄色的？怎样在一个月内使抖音上的粉丝达到 3000 人？怎样在 6 个月内赚 15 万？头脑反应慢怎么改变？如果给你一种超能力，你会选择什么？关于餐饮业你有什么超棒的主意？如何确定被打死的不是孙悟空而是六耳猕猴呢？假如你运营一个微信公众号，如何快速增加公众号的粉丝数量？如果设计一款线不会搅在一起的耳机，应该从哪些方向入手？

1.8.2 分析列举法思维

1. 分析列举法思维的分类

分析列举法思维主要包括属性列举法、缺点列举法和希望点列举法。

（1）属性列举法。属性列举法也称为特征列举法。概括地说，属性列举法是一种通过列举来分析特征，应用类比、移植、替代、抽象的方法变换特征，获得发明目标的方法。属性列举法的具体做法是确立对象、列出特征、分析特征、提出设想。

具体来说，在使用属性列举法时应该注意所确定的研究对象应该十分具体。若研究的是产品，应是具体的某一型号的产品；若研究的是问题，应是具体的哪一个问题。抽象的研究得不到良好的效果。所研究的题目，宜小不宜大，对于较为庞大复杂的问题，应先将它拆分为若干小的问题，分别应用属性列举法进行研究，然后再综合考虑。列举属性时越细越好。

列出特征，就是应用分析、分解以及分类的方法，将研究对象的特征逐项一一列出。比如名词性特征，包括结构、材料、整体及部分组成、制造工艺的名称等；动词性特征包括产品的主要功能及辅助、附属性功能等；形容词性特征包括大小、颜色、形状、图案、明亮程度、软硬、虚实等。

分析特征是从需要出发，对列出的特征进行分析、抽象，并与其他物品进行对比，寻求功能与特征的替代；用替代的方法对原特征进行改造。在分析时尤其应该抓住动词性特征提出设想，就是应用综合性原理对原特征与新特征进行综合，提出新的设想。

（2）缺点列举法。缺点列举法是直接从人们的需要出发去"挑毛病"。市场上的商品一般都不可能是十全十美的，总会有这样或者那样的缺点，强调缺点就是强调问题，这样会激励人们去革新、去创造。

（3）希望点列举法。希望点列举法就是通过列举研究对象被希望的特征，从而发现发明目标的方法。所谓希望就是现实中是没有的，它必须由想象产生。这些想象有些是由人们的需要引起的，有些是由人们在与其他物品对比中产生的。但它都反映了人们对新事物及新产品的向往和追求。

由于列举的希望点与人们的需要相符，更能适应市场。列举希望时，尤其要打破定式。对于希望点列举法中提出的一些"荒唐"的意见，应该用创造学的观点进行评价，不要轻易放弃。

2. 分析列举法思维的训练

要求：做一个笔的新产品的设想，需要完成以下三个小问题。

（1）用属性列举法列举笔的特征。

（2）应用希望点列举法和缺点列举法对以上特征进行分析。

（3）提出新产品的设想。

请同学课后认真思考这几个问题，做出自己的解答。

参考思路：

（1）应用属性列举法列举笔的特征。

名词性特征：钢笔、铅笔、圆珠笔、毛笔、画笔、眉笔、眼线笔、蜡笔、粉笔、木头、铅芯、墨水、石膏、垫圈、塑料、笔囊、笔杆、笔尖、笔芯等。

动词性特征：拿、写、画、涂、描、扒、滚、拧、挤、刻、握、吸水等。

形容词性特征：红的、蓝的、绿的、黄的、金的、轻便的、精致的等。

（2）应用希望点列举法与缺点列举法对以上特征进行分析。

1）可将钢笔与铅笔、钢笔与圆珠笔、毛笔与钢笔、画笔与铅笔、铅笔与蜡笔、眉笔与眼线笔、粉笔与蜡笔等进行组合，形成多功能笔。

2）一些钢笔笔尖质量不好，容易把纸划破。摔在地上笔尖易断，一只笔尖只能写一种字型，粗细不可变。笔尖歪了不易校正。钢笔写完字不易修改。希望钢笔有不同的尖，能同时满足绘画需要。

3）钢笔需经常灌墨水。笔刚灌墨水后写字浅，使用一段时间后字迹变深；墨水灌多了，钢笔漏水，墨水不易携带，希望有一种不用灌墨水的钢笔，或者能应用固体墨水的钢笔。

4）钢笔的造型单一，握笔处太硬，经常使用则手易起茧。塑料杆脆，放在桌上易滚动，跌落到地上易摔裂。笔帽卡不美观，穿着无口袋的着装时携带不便。

5）希望钢笔能兼有尺的功能，或者具有照明、报时、收放音等多种功能。

6）希望笔的外观采用各种造型，手镯式笔、戒指笔、项链笔、胸花笔、十二属相笔、情侣笔、麦穗笔、根雕笔、袋鼠笔等。

（3）提出新产品设想。

1）设计一种软尖笔，不怕摔。

2）设计一种能写各种变色字迹的笔。

3）研制两种不易蒸发的固体墨水，封于笔内，吸入少量自来水后便可书写。

4）设计几种组合笔。如书写笔，可将毛笔、钢笔、圆珠笔、铅笔进行组合；又如绘画笔，可将毛笔、油画笔、铅笔进行组合；再如化妆笔，可将眉笔、眼线笔、唇笔进行组合。

5）设计一种能当发卡或胸花、领带夹、钥匙链、项链等装饰品的装饰笔。

6）设计一种具有照明或收放音、报时、测量血压、测量心跳、计时、测温等多功能笔。

7）改进笔杆的材料与造型，使书写更轻松，笔杆不易滚落。

8）设计一种纪念专用的礼品笔，如纪念自家父母、某一故人、某事件或在生日、婚礼、节日时赠亲友的笔。

9）设计一种带音乐及能散发香气的笔。

10）设计一种带灯、计算器、收录音等多功能的笔。

1.9　换位思维与迂回思维

【情景】

客户：厂长，现在降落伞的合格率是多少？

厂长：现在已经达到99.9%了。

客户：那就是说每1000个跳伞的士兵中会有一个因为降落伞不合格而丧命，不行，你们必须让合格率达到100%。

厂长：我们已经竭尽全力了，99.9%是极限了，除非出现奇迹。

客户：这样吧，每次交货前从降落伞中随机挑出9个，你们厂家负责人亲自跳伞检测。

从此，奇迹出现了，降落伞的合格率达到了100%。

刚刚跳落伞的小故事，虽然有一定的夸张成分，但也从一定程度上反映了换位思维的重要性。假如客户仅仅从自身角度出发要求厂家，得到的肯定还是已经竭尽全力地敷衍和搪塞。但把跳伞检测的任务交给了生产商自己，那么生产商自然就能够换位思考，设身处地地为实际跳伞的士兵着想，将降落伞的合格率尽量提高。

1.9.1 换位思维

1. 换位思维概述

人们在考虑问题、处理事情时，常常受所处地位、所知立场的影响，想不出解决问题的办法，但如果变换一下立场，转变一下地位，就可能产生新的思路，想出有效的方法。换位思维就是指设身处地地思考问题。有些矛盾和问题，只要当事人能够站在对方的角度进行思考，便不难解决，这种换位思考的方法现在已被广泛使用。比如医院急病人所急，为病人提供方便；商店从顾客的需要出发，变换商品的种类；厂家按照用户的要求进行产品改造。

换位思维有益于开阔思路，发现一些原先体悟不到、认识不清、理解不了的事物，产生新的思维效果。

2. 换位思维的训练

（1）某年6~7月份，北京的气温居高不下，时值高考功课紧张阶段，给家庭住房紧张，所处环境不够安静的学生造成了许多困难。当时北京的一些高档宾馆入住率不高，空房挺多。如果你是宾馆经理，站在高考学生角度进行思考，在经营方面能不能想出新的办法？

（2）在公交车的起点站经常出现一种现象：乘客上了车，到了开车的时间，突然司机高喊这辆车不开，需要去后面的那辆车。于是乘客急忙下车，往后一辆车上挤。一些老年乘客动作迟缓，很难找到座位，乘客对此很有意见。运用换位思维，站在乘客的角度想一想，如何提高该路公交汽车的服务质量？

参考思路：

（1）北京有一家高档宾馆为了解决高考学生的困难，专门将环境安静的客房用较低的价格出租给高考的考生，并且安排了优质价廉的可口饭菜，还为家长陪读提供方便。该宾馆的这一举措不仅获得了经济效益，而且赢得了赞誉。

（2）制作一个发车的标志牌，并安放在即将开出的汽车旁边，让乘客一目了然。

1.9.2 迂回思维

1. 迂回思维概述

迂回思维是指在思考问题遇到障碍时，避开障碍，间接求得解决问题的方法。

20 世纪 30 年代，我国老百姓习惯用石油灯和蜡油灯。外商在我国推销煤油遇到了阻力。于是他们发动了一场将光明送往千家万户的活动。让每家每户可以无偿得到一盏煤油灯和两玻璃瓶煤油，老百姓体验到煤油灯确实比石油灯强，便开始买煤油点灯，于是煤油占领了我国的市场。这种间接向我国推销煤油的方法便是迂回思维的成果。

2. 迂回思维训练

（1）有一所美容美发职业学校开办了益群理发店，由于店址偏僻，顾客较少，他们想扩大客源又不愿花太多钱刊登广告。请运用迂回思维给该店想些办法。

（2）某市的一家民办英语培训学校，师资力量较强，培养的学生有较高的英语读、说、写的能力。他们想扩大学校在全市的影响以增加生源，请运用迂回思维为他们出些主意。

参考思路：

（1）办法之一，与该市劳动局、电视台合作，为下岗职工开办理发、美容电视讲座，由该校教师授课，并定期在益群理发店开展辅导、咨询活动。这样，该职业学校及益群理发店的影响会迅速扩大。办法之二，征得市区有关职能部门同意，在步行街和居民区设立周末义务理发服务点。每到服务日，将写着"美容美发学校益群理发店义务理发点"的招牌立起（并标上理发店的地点和联系电话），组织理发师为行人、居民理发，同时分发介绍理发店服务项目的名片。这样坚持一段时间，该理发店的顾客将大量增加。

（2）以学校的名义，或者联合共青团市委等有关单位，选择合适的公共场所，定期举办"英语会友日"等活动，向社会开放，为英语爱好者提供练习英语的环境。让该校师生在活动中尽量展示驾驭英语的能力，以提高学校的声誉，这无疑会有助于扩大生源。

【推荐阅读书籍】

[1] 陈伟，赵春艳. 创新思维训练与应用[M]. 广州：华南理工大学出版社，2020.

[2] 陈劲，赵炎，邵云飞，等. 创新思维[M]. 北京：清华大学出版社，2021.

【思考训练题】

1. 举例说明生活中用到的逆向思维。
2. 举例说明生活中的求同思维与求异思维。
3. 用头脑风暴的方法解决直播中粉丝数量增长慢的问题。

第 2 章　创业认知与机会识别

【本章要点】

1. 创业的本质及价值
2. 创业的步骤与条件
3. 创业者应具备的能力素质
4. 创业前必读的法律法规
5. 创业机会来源及识别方法
6. 行业、市场、竞争对手及用户分析
7. 市场细分和产品定位

【教学目标】

通过本章的学习，使学生全面了解和掌握创业机会的概念、创业的本质、创业的价值、创业的风险及对策、大学生创业需要的条件、创业应具备的能力素质以及创业前必读的法律法规等理论知识。

【技能目标】

通过本章的学习，提升学生明确创业机会来源、识别创业机会的和创业机会的评估等实践水平。同时，通过案例讨论和模拟实训的方式来提高学生分析问题及解决问题的能力，并培养学生综合运用所学的创业机会理论知识的能力。

【素养目标】

通过本章的学习，提升学生的爱国情操，使学生树立科学的创业观，使学生具备主动创新创业的意识及创业潜质分析的能力，提高学生的社会责任感和创新精神，促进学生创业就业全面发展。

2.1 创业认知

2.1.1 创业的本质

【情景】

家长：小创呀，将来毕业了，有什么打算？

小创：不想给别人打工，几个好朋友想一起创业呢。

家长：你还有创业的想法，想做哪一方面？

小创：我们想做个手机App，解决同学们考试季占座难的问题。

家长：那你们有做过需求分析吗？App要实现什么功能？你的几个朋友有懂App开发的吗？

小创：其实我们现在就是一个简单的想法，属于没技术、没人脉、没资金的三无创业人员。

家长：创业可没有那么简单，不是有一个好的想法就可以开始创业的，建议你们了解创业的本质是什么。

【案例阅读2.1】

80后大学生的创业故事[1]

80后大学生张宇毕业后，来到大连，经过多次求职，均不顺利，后来决定报名参加IT培训。为此，张宇多方打听，最终报名北大青鸟大连星海培训中心的BENET网络工程师培训。对于张宇来说，学习网络技术是从零开始，以前虽然也接触过计算机，但那都是在学校学过的一些基本的电脑知识，意味着，在IT培训机构的学习一切要从头再来。

在北大青鸟大连星海培训中心，张宇系统学习了网络组建与维护、Windows系统管理、Linux、计算机安全与防护、数据库管理、网络安全解决方案等方面知

---

[1] 《年轻大学生的IT创业故事》，百度文库。

识,并通过项目实践,积累了相当于两年的网络工程师工作经验。

在学习技术知识的同时,培训中心提供的职业素质培养课程对张宇整体素质的提升有很大的帮助。在北大青鸟,采用职业化管理制度培养学员的职业素质,使学员在学习阶段即开始接触并适应职业人的要求,比如:良好的职业礼仪,表达和沟通能力,团队精神和协作能力,开拓精神和创新意识等。通过职业素质课程的熏陶,张宇的社会性有了很大的提升。

由于目标明确,加上老师们的认真辅导,IT培训结束后,张宇顺利走上了理想的工作岗位,进入某知名公司担任IT部门主管。尽管事业发展顺利,但张宇并不满足,他觉得只有创业才能实现自己的价值。经过同北大青鸟老师的交流,加上朋友的帮助,张宇踏上了自己创业路。

张宇给公司起的名字叫"易维立方",同时它也有一个很好听的英文名字"EwayLife"——信息生活。公司面向高新技术行业,定位于软硬件开发、计算机硬件销售等业务,主要从事新媒体互动演示系统开发设计与服务,利用图形图像技术、虚拟现实技术、视觉显示技术为一体的新媒体技术,不断满足并提升人们对数字视觉体验服务的需求。

公司在年轻人的激情努力下投入运营。但因为缺乏经验,在公司成立后,张宇遇到了不小的困难:首先是资金问题,尽管办公电脑都是创业伙伴原有的旧电脑。但因为创业项目特殊的需要,在展示与人员开支等费用方面花费了大笔的资金,这笔支出远远超出了当初的计划;其次,由于创业团队都是专业的技术人员,缺乏与客户洽谈的经验,加之项目较新,经常会使客户感到无法理解,前期业务拓展进展缓慢。

由于问题较多,加上前期投入大,公司成立的前几个月一直处于亏损状态。这个时候张宇第一次体味到了创业的艰难。就在他一筹莫展的时候,北大青鸟的老师不断激励着他,多次对公司发展中遇到的问题提出有效解决方案,这使张宇坚定了将创业继续下去的信心。

正因为有这种信念的支撑,在公司最困难的时候,张宇没有放弃,而是带领创业团队不断摸索经验,使公司运营渐渐步入了正轨,到第四个月时,公司基本实现了收支平衡。这个进步给了这个年轻团队很大信心。

目前,易维立方的业绩开始逐步增长,在大连IT市场已经建立了不小的知名度,业务发展呈现良性增长。作为一名80后的初次创业者,张宇走过了创业初期的阵痛。张宇知道，自己前面还将面对更多更大的困难，但既然选择了创业这条路，就要一直坚持下去！

1. 创业的概念

何为创业？《新华字典》里的定义是"开创事业"。广义的创业，就是开创或者创建自己的事业；狭义的创业通常指开办一家企业。本书对创业概念采用了目前比较权威的哈佛商学院霍华德·史蒂文森（Howard Stevenson）教授给出的定义：创业是不拘泥于当前资源条件的限制而寻求机会，将不同的资源组合起来以利用和开发并创造价值的过程。

这个定义主要突出了创业的机会导向性、顾客导向性、行动超前性、资源整合创造性、创新及价值创造性等特点。但是并没有指出创业活动所处的企业生命周期、风险性等突出的个性特征。因此，如果仅仅从以上定义内容来看，很容易把一般的具有创新性或者产生巨大创造价值的经营活动也纳入创业的范畴。例如有二次创业，企业发展经历着不断的创新创业的说法，而在这里所说的创业，是指处于新企业创立阶段，具有创造性的一切经营活动。为了更好地理解创业的内涵，接下来将进一步了解创新的概念，以及创业与创新发明的区别。

2. 创新的概念

从事创新概念研究的学者普遍认为，创新的概念很难严格界定。创新通常是指人们为了发展的需要，运用已知的信息，不断突破常规，发现或产生某种新颖、独特的有经济社会价值或个人价值的新事物、新思想的活动。创新的本质是突破，即突破旧的思维定式、旧的常规戒律。创新活动的必要条件是"新"，创新的归宿是实现价值。

3. 创业和创新的区别

创业和创新的区别如下。

（1）从存在载体来看，创业更多的是处于经营活动起始阶段的组织形式，而个体性的创新或者发明活动，存在于企业不同发展阶段的经营活动中。

（2）从活动导向来看，创业活动更侧重于顾客导向、机会导向，而在资源导向、技术导向方面并不像创新与发明那么突出。

（3）从实现途径来看，创业通常是基于对顾客需求的深刻理解以及对顾客创造的独特价值实现的，而发明与创新往往是基于大量的研发活动或者某些创意实现的。

（4）从整体过程来看，创业是一种系统性极强的经营活动，需要识别机会，了解顾客需求，创造性地整合资源，开发新市场，为顾客创造价值，组建创业团队，成立和管理新企业；而创新发明相对而言就没有这么复杂，大多数时候可能只是经营活动中的一小部分。

（5）从价值创造来看，创业所创造的价值会更加显性化，短期效应强，且影响范围广，而不像发明那样，通常都是潜在的、长期性和小范围的。

（6）从风险承担来看，正因为创业以组织形式存在，且是一种系统性极强的经营活动，所以对创业主体的风险承担要求相对较高，对比来看，创业过程中的任何一个环节都有可能导致创业失败，而且直接影响一个组织甚至一个庞大的群体；而创新发明导致其失败的因素往往比较单一，即使失败了，一般也不至于波及整个组织。所以创业的本质就是创造，具体可以从以下几个方面来理解：创造新企业、创造新价值、创造财富、创造就业机会、创造增长、创造变革。

1）创造新企业：创造一个前所未有的企业或者开创新的事业。

2）创造新价值：一方面是对已有的生产方式或者资源进行创新性整合并产生新价值。另一方面是找到新的市场机会、创新性产品或者服务为顾客创造新的价值。

3）创造财富：创业成功必然要获取合理的利润，进而为社会创造财富。

4）创造就业机会：大量的劳动力被雇佣并接受企业的管理，以及提供个人成长支持。

5）创造增长：主要是指市场规模、销售收入、公司资产、人力资源等方面的全面增长。

6）创造变革。伴随着高风险，创业能带来更多的创造性的变革，并推动社会进步。具体主要体现在技术、产品、服务、商业模式、管理等方面。

4. 创业的要素

创业作为一个过程，通常具有三个关键要素：机会、团队和资源。

（1）创业机会。创业机会是创业过程的核心驱动力，其往往是一个新的市场需求，一个需求大于供给的市场需求，或者是一个可以开辟新产品的市场需求。这样的市场需求并非只有创业者认识到了，其他的竞争者也许会很快加入竞争的行列。

（2）创业团队。创业团队并不是一群人的简单组合，而是一个特殊的群体。

它要求团队成员能力互补，拥有共同的愿景和价值观，通过相互信任、自觉合作、积极努力而凝聚在一起，并且团队成员愿意为共同的目标奉献自己，发挥自己最大的潜能。

(3) 创业资源。创业资源是指新创企业在创造价值的过程中需要的特定的资产，包括有形资产与无形的资产，它是新创企业创立和运营的必要条件，主要表现形式为创业人才、创业资本、创业机会、创业技术和创业管理等。

【案例阅读 2.2】

潘寿璋校友的创业故事[1]

潘寿璋，广州工商学院工商管理系 09 级学生，2012 年毕业后开始创业。现任广东骏马网络科技有限公司董事长、广州探迹科技有限公司副总经理，曾先后创办广东南极星等多家企业。担任的社会职务有：茂名市政协委员、电白区首届政协委员、中国建设报广东记者站名誉站长、中国儒商研究院高级顾问、广东省青年企业家商会副会长、茂名市公共关系协会名誉会长。

在校期间优秀表现

潘寿璋自入校以来，学习刻苦努力，于 2010 年参加广东省"挑战杯"创业大赛，获得铜奖，在工作中也表现出超越一般人的极大的工作热情，尤其是 2010 年当选院学生会副主席后，他本着全心全意为学生服务的精神，热心帮助和团结所有同学，兢兢业业，任劳任怨，连续 3 年被评为广州工商学院优秀学生会干部。同时还创办了广州工商学院院团委创业就业中心，成功与 37 家企业签订了校企合作协议，为学生提供了很好的创业就业平台，为学院的学生工作作出了巨大的贡献，同时，因 2010 年在广州亚运会志愿者工作中表现积极优秀，被亚运会志愿者组委会评为"广州市优秀亚运志愿者"。

创新创业，服务社会

"我们这个年代什么都不缺，缺的就是年轻的领袖级的创业偶像"，这是潘寿璋的座右铭。2012 年毕业后，他运用课堂上所学的知识，不断进行创业实践，成功创办了广东骏马网络科技有限公司和广东骏马投资集团。市场竞争日益激烈，实践使他深深体会到机遇和挑战同时存在，不努力不创新，就不能适应经济的发

---

[1] 资料由广州工商学院校友会提供。

展,就会被市场淘汰,因而在开拓进取、承担风险的同时,注意科研和生产实践、市场销售,使公司在短短的 3 年内得到了广大客户的认可,目前,公司的注册资金已达到一亿两千万元,在岗员工有 800 多人,每年为国家创造税收 2000 多万元,经过不断的努力拼搏,他终于成为了名副其实的青年企业家。

创业成功,奉献社会

经过几年的摸爬滚打,企业由小到大,潘寿璋倍感欣慰的同时,也深深感觉到"富不能忘本,而本就是奉献社会",因此,他非常热心支持社会公益事业。3 年来,潘寿璋为推进故乡教育发展,扶贫助残和治安促进事业,先后共捐助资金达 800 多万元。潘寿璋奉献回报社会的高尚之举,不仅仅是中华民族的传统美德,更是广大青年才俊学习的榜样。一分耕耘一分收获,潘寿璋本人在热心支持公益事业,受到各级政府表彰的同时,也先后被评为茂名市政协委员和电白区政协委员,在当选政协委员之后,他说:"作为企业家,要对社会讲责任,对经营讲诚信,对员工讲良心。朴实无华的言语,体现了一名年轻企业家的道德修养和奉献精神。

以下为潘寿璋自述:随着社会经济的不断发展,在政府号召万众创业的政策之下,创业的概念已被民众所熟知。许多人都在为实现自己的梦想和人生价值而努力创业,有成功的,有失败的,也有正在创业路上风雨兼程努力前行的,而我也是当下众多创业前行者之一。

2012 年 6 月我从广州工商学院大学毕业,在创业与就业之间思量许久,经过深思熟虑,经过大量的市场和社会环境的调查分析,最终,我选择了创业,选择了网络信息技术行业。我创立了广东骏马网络科技有限公司,并投资参与了广州探迹科技有限公司,分别主营信息技术服务、大数据挖掘。其中探迹通过不断挖掘和分析全网信息,构建出覆盖全网超一亿家企业的全量知识图谱,并在此基础上结合 NLP、机器学习算法等人工智能技术,为 To B 企业提供从线索挖掘、商机触达、客户管理到成单分析的全流程智能销售服务,帮助 To B 企业解决在寻找、联系、管理客户时遇到的销售难题,让企业高效获取精准销售线索,降低获客成本,从而全面提升销售效率和业绩。探迹科技作为中国智能销售领域的开创者,目前已服务了上亿家企业客户,其中包括阿里巴巴、中国移动、分众传媒等行业巨头。与此同时,探迹还获得了阿里巴巴、启明创投等顶级资本的投资。

创业是一个很长的过程，既是一个完善自己的过程，也是一个融入社会、认知社会、把握行业动脉的过程。创业之路艰难，创业成功更加难，创业对于我来说，纵然前路荆棘遍野，亦将坦然无惧仗剑随行，努力成为一个真正的合格的创业者。

2.1.2 创业价值

既然创业的成功率那么低，为什么还有那么多的人满怀激情地走在创业的道路上呢？为什么近些年国家不断地推出扶持创业的政策呢？在"大众创业、万众创新"的大背景下，创业究竟会给我们带来什么价值呢？我们从国家社会层面以及个人层面来介绍。

1. 国家与社会层面

党的二十大报告指出，必须坚持科技是第一生产力、人才是第一资源、创新是第一动力，深入实施科教兴国战略、人才强国战略、创新驱动发展战略，开辟发展新领域新赛道，不断塑造发展新动能新优势。从国家与社会层面来讲，新创企业是一个国家或者地区经济发展中至关重要的一部分。其创业活动直接反映出这个国家或者地区的经济活跃程度。美国管理学者杰弗里·A.蒂蒙斯（Jeffry A.Timmons）曾经指出美国经济的强劲增长和创新活力，关键在于其整个社会旺盛不衰的创业精神和新创企业生生不息的创业活动。这种由众多新创企业参与，建立在创新经营与新创事业基础上的经济形态，称为创业型经济。其主要特点是以创业精神和创业活动作为经济增长的关键驱动因素，具体表现为高水平的创业活动多，创新发明与专利多，为顾客乃至社会带来的创造性价值多，创造的就业机会多，成长型中小企业多。因此，创新性经济具有增强自主创新能力，转变经济增长方式和扩大社会就业的显著作用，已经成为一个国家或者地区经济发展的基础。

2. 个人层面

1945年，美国人本主义心理学家亚伯拉罕·H.马斯洛（Abraham H.Maslow）提出了人类"需求层次理论"，把人的需求分成了从低到高的5个层次，如图2.1所示。

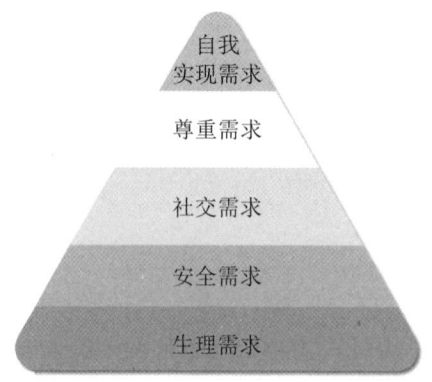

图 2.1　人类需求层次理论

在这个理论中,马斯洛把"自我实现需求"看作是区别于其他 4 种需求的最高级别。自我实现也可以叫作"实现自身价值",是人类充分利用外在和内在条件,发挥自身潜力的心理需求,是一种要把人的潜力发挥到极致的根本欲望。而人们追求成功的动机,正是来源于"自我实现"的需求。从马斯洛的需求理论来看,处于不同层次的创业者都有自己不同的追求,这是其创造价值、体现价值的过程。

从马斯洛的需求理论来看,个人需要的满足主要是通过两个层级得以实现的。第一个层级是低层级,偏物质基础的生理需求、安全需求与社交需求的满足。第二个层级是高层级偏精神追求的尊重需求与自我实现需要满足。创业活动实际上是个人高层级需求的实现过程。与非创业活动相比,创业活动的物质基础更雄厚,精神追求更高远。

(1)生理需求、安全需求与社交需求。通过创业,你可以用勤奋的劳动换取大量的财富回报,从而大大提高个人与家庭的生活质量,为满足个人的生理需求与安全需求提供充裕的物质基础。蒂蒙斯曾经指出:1993 年,美国 200 万百万富翁中的大多数都是通过创业积累财富的。不过,获得高额财富回报的前提是必须能够承受可能存在的各类创业风险,包括财务风险、市场风险、管理风险。作为一个国家或者地区经济发展中至关重要的一部分,新创企业的一切活动都是参与社交的活动。因此通过创业,个人的社交需求也会在其过程中自然而然地得到满足。例如创业团队的组建与合作是创业团队成员彼此之间社交需求满足的一个重要过程。

(2)尊重需求与自我实现需求。从创业过程中获得的尊重需求与自我实现需求满足往往远高于通过其他非创业途径获得的满足。这也可以说是创业改变命运的集中体现，主要有以下几个方面：个人独立与自由、自我满足、社会尊重与提升个人素质。

1）获得个人独立与自由。通过创业，有了稳定的、丰厚的物质基础，可以在时间、工作、规则、财务等方面获得相对的自由，至少不受他人的约束，当然其前提是创业成功。其中的获取财务自由也是众多创业者主要的创业动机之一。

2）获得极大的自我满足。通过创业，可以将个人的知识产权、技术专长、才华技能、兴趣爱好等转变为创业项目或者所经营的业务，并在创业活动中继续发挥自己的知识与技能优势，从而获得极大的自我满足。另外也有很多创业者，创业的目的是完成自己对人生的挑战，挑战的成功是创业者最大的自我满足。

3）获得充分的社会尊重。创业一旦成功，无论是创业者个人对外展示的非凡能力与个人魅力，还是企业为顾客、社会乃至国家创造的价值都足以让创业者获取巨大的成就感。与此同时，能力越强，创造价值越大，其个人荣誉就会越多，社会地位也会随之不断提升。例如众多白手起家的成功创业者具有极大的社会影响力，也是大学生以及新的创业者崇拜的偶像，乐以模仿的对象，这也促使更多的大学生选择创业。

4）促进个人素质与能力的不断提升。创业对创业者的能力与素质要求还是比较高的，在创业过程中素质与能力会得到充分的锻炼与大幅提升，这也是创业者进一步实现自我价值的内在源泉。

但是我们并不提倡在条件不具备的情况下，仅仅为了锻炼能力而创业，去承受不必要的风险。何况，创业也并非锻炼与提升能力的唯一途径。

【案例阅读2.3】

湖南90后男生北大硕士毕业后京城开店卖牛肉粉[1]

"吃圆的，还是吃扁的？"张天一推了推鼻梁上的黑框眼镜，一边舀粉下锅，一边用带着"米粉味"的常德腔和老乡打招呼。在寸土寸金的北京环球金融中心，一个40平方米的门面里，24岁的湖南常德伢子、北京大学法学院即将毕业的硕

---

[1] 李卓：《湖南90后男生北大硕士毕业后京城开店卖牛肉粉》，雪球网。

士研究生张天一开了一家常德津市牛肉粉店。

4月4日,张天一的"伏牛堂"常德津市牛肉粉店低调开业,和他一起创业的三个小伙伴更是有硕士、MBA,还有前公务员。职业前景光鲜的北大高才生,为何会选择开米粉店?昨日,记者采访了张天一。

守着一锅牛肉、牛骨汤熬到凌晨两三点,次日一早再搭地铁首班车进店,烧水、煮米粉、招呼客人……还有3个月就要毕业离校,这就是张天一现在每天的生活。

在北京朝阳区环球金融中心M楼,旁边就是"高大上"的渣打大厦,周围不乏法式大餐、日本料理等高端环球食肆,你很难想象,这里会有一家湖南街头常见的"津市牛肉粉"。张天一的店就开在这里,40平方米,月租金近万元。记者在他发来的照片中看到,这家开在高档写字楼里的粉店和街头店很不一样,店堂敞亮,墙漆沙发色彩鲜明,更像一家西式快餐厅。更不一样的是它的海报招牌:"硕士粉,良心粉""我们是90后,在环球金融中心,为自己上班。用知识分子的良知,在他乡,还原家乡的味道。"

对话张天一

长沙晚报记者(以下简称"记"):本硕一起读了6年法律,工作却完全无涉法学,你觉得浪费时间吗?

张天一(以下简称"张"):在我看来,除了具体的条文,法律背后更重要的是它的精神和思维。用一种思维去做事情就不那么限制行业了。

记:你想通过北大研究生卖米粉这事,说明一个什么问题?

张:如果有一天,我们不再把"北大学生卖猪肉""清华学生当保安"之类当作炒作的噱头,而是尊重每一个职业岗位时,这个社会才算是正常的。我的偶像是寿司厨师小野二郎。他活到九十多岁,一辈子只做一件事,把小小寿司做成一门艺术。

2.1.3 创业的步骤

创业会经历哪几个阶段?劳伦斯·霍尔特(Lawrence Hoult)从企业生命周期的角度出发,认为创业过程会经历4个阶段,分别是创业前期阶段、创业阶段、早期成长阶段以及晚期成长阶段。

（1）创业前期阶段。在此阶段，创业者要做好创业规划及初步工作，包括获取资源及组织企业。

（2）创业阶段。创业初期，创业者需要确定新企业在市场的定位，并能弹性应变以确保存活。

（3）早期成长阶段。在此成长阶段，新企业可能会面临市场、财务或者资源环境的快速变化。

（4）晚期成长阶段。当发展成为一个较具规模的企业时，将会在所经营的市场遇到竞争对手。这时，专业化管理成为胜负的关键因素。

再从个人层面来看，奥利夫（Olive）从创业者个人事业发展的角度出发，将创业流程分为 8 个步骤，如图 2.2 所示，并主张创业流程管理的重点在创立新企业部分。只要创业取得获利回收就算达到了预期目标，至于有关企业的有序经营，则不属于创业管理的范畴。

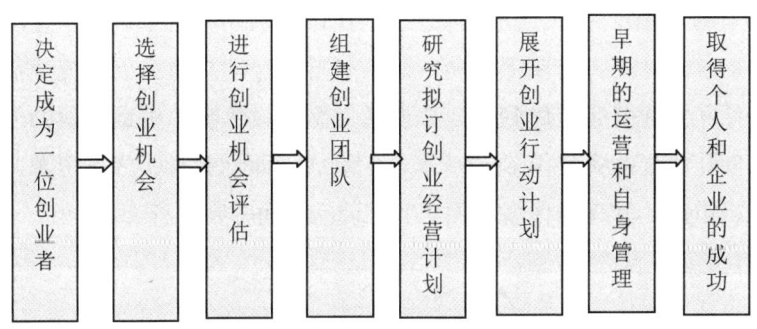

图 2.2　奥利夫定义的创业流程

集合以上两种观点，我们认为创业活动应该经历五大步骤，分别是：创业准备，市场机会识别、评估与选择，创业经营计划书启动与拟定，资源确认、获取与整合、新创企业管理。各步骤的主要内容如下：

（1）创业准备：包括创业心理准备、创业能力准备和创业基础知识学习。

（2）市场机会识别、评估与选择：包含市场分析（含行业分析、市场细分分析、竞争现状分析、顾客分析等）、机会评估（包括机会的价值、风险与回报等的评估）和机会选择三个方面。

（3）创业经营计划书启动与拟定：主要内容包括确定战略目标、组建创业团队、正式启动创业（公司注册、资金准备等）、拟定创业经营计划书。

（4）资源确认、获取与整合：包括确认现有资源并加以充分利用，针对资源缺口，通过一定渠道获取补充，对资源进行有效整合。

（5）新创企业管理：主要内容包括明确管理方式、创建企业文化、把握关键成功因素、全面实施创业经营计划、实施创业管理、实施自我管理、实施创业风险与危机管理。

这五大步骤更加贴近创业者的行动实际，根据各阶段的工作重心和工作内容清单能够比较清晰地掌握创业的基本步骤。需要说明的是，在实际创业过程中，并不需要千篇一律地按照以上步骤去实施。例如，完全有可能先发现某个创业机会，然后做好创业准备工作。又或者两个步骤是同步进行的。另外各步骤并不是孤立的，往往需要循环往复地实施。例如团队的动态组建过程，资源的不断获取与整合等，几乎都是需要通过循环往复的活动来持续完善的。

2.1.4 创业需要的条件

兵马未动，粮草先行。创业也必须是在自我认知、资金、技术资源等方面做好充分准备的条件下方可获得成功，而不可贸然行动。那么创业究竟需要具备哪些基本条件呢？你又是否做到了万事俱备，胸有成竹呢？根据大量的创业案例，我们认为创业需要的条件由 6 个基本要素组成，即创业者、战略资源、资金、技术、机会、市场，其理论模型如图 2.3 所示，下面分别进行介绍。

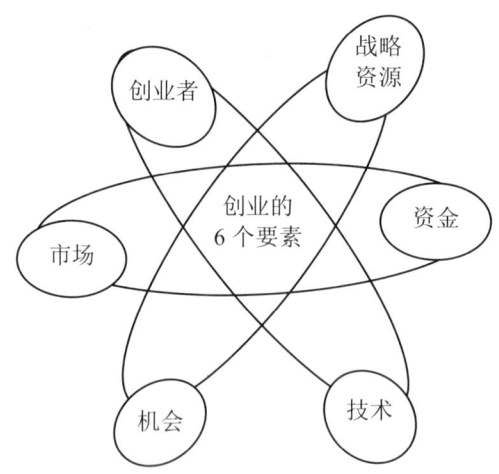

图 2.3　创业的 6 个基本要素

1. 创业者

创业者是指某个发现某种信息、资源、机会或掌握某种技术，利用或借用相应的平台或载体，将其发现的信息、资源、机会或掌握的技术，以一定的方式，转化、创造成更多的财富、价值，并实现某种追求或目标的过程的人。创业搭档是创业者，而创业合伙人不一定是创业者。

创业者一词由法国经济学家理查德·坎蒂隆（Richard Cantillon）于 1755 年首次引入经济学。1800 年，法国经济学家让·巴蒂斯特·萨伊（Jean-Baptiste Say）首次给出了创业者的定义，他将创业者描述为将经济资源从生产率较低的区域转移到生产率较高区域的人，并认为创业者是经济活动过程中的代理人。著名经济学家约瑟夫·熊彼特（Joseph Alois Schumpeter）则认为创业者应为创新者；这样，创业者概念中又加了一条，即具有发现和引入新的、更好的能赚钱的产品、服务和过程的能力。

2. 战略资源

战略资源是指能够在创业过程中建立竞争优势的资源，具体包括物质、技术、财务、人力资源、业务资源、商业环境资源、社会关系资源等。一般而言，战略资源应该具备四个特征：稀缺、有价值、难以复制和无可替代。实际上，这也是企业获取竞争优势，构建核心竞争力的基本要素。

3. 资金

资金是创业必需的核心财务资源。其主要来源有自己筹备、借钱或者贷款、融资和技术合作或者其他资源转换 4 种。

关于资金要素，需要注意以下 3 个问题：

（1）不能提倡"创业唯资金论"。创业条件中资金固然重要，但并非"无资金不创业"，实际上最重要的是创业者个人的经营能力，尤其是业务能力。当然，在创业团队商业模式都成熟的前提下，若有强大的资金支持，创业企业的成长一定会更快更好。

（2）在借钱或者贷款的过程中，一定要事先估计自己项目的偿还能力或者做好创业的财务预算，包括具体的回报周期，偿还的速度等。不可因"创业热"的冲动而盲目地借款或者贷款。

（3）在融资过程中一定要考虑到投资人的回报问题，并且在经营过程中注重与投资人关系的处理。

4. 技术

这里的技术主要是指创业者赢取客户信赖的技术或者服务，例如高技术含量的创新产品或者服务。技术最主要来源是自主创新、购买专利或者资源交换获取。尤其是在高新技术引领产业发展、产品服务更新迭代加速、大众创新的今天，具有核心竞争力的技术在创业过程中显得越来越重要。首先，核心技术是赢得市场的关键要素，其次，技术可以转化为资金等资源。尤其是拥有能够为客户带来超价值，引发市场革命的独有专利或技术，几乎就无需为资金发愁，可以尽情挑选那些踏破门槛主动来投资的"金龟婿"。当然，前提是初期商业运作成功，或者是具有强大的发展潜力。一方面也可以将技术资源直接转换为资金，从而减轻创业过程中的资金需求压力；另一方面，技术也可以成为不断融资、资本运营的利器，从而加快企业的发展进程，提高企业的成长速度。

5. 机会

创业机会源于发现、把握、利用某个或某些商业机会。其前提是能够创造市场需求，为顾客创造价值，且具有创造超额利润的潜力。正所谓机会难得，时不我待，如何有效识别评估，抓住一个好的创业机会是创业者必备的要素之一。

一般而言，创业识别过程中必须要具备以下两个条件。

（1）要能够发现价值，即获取高价值的商业信息，而这种信息往往是他人难以接触到的。

（2）要能够分析价值，即分析出商业信息的价值所在，并作出准确的判断与决策。

6. 市场

市场是指创业项目能够满足市场的哪些需求，能够为顾客提供哪些价值。创造客户价值是企业存在的根基，因此，满足市场需求，为顾客创造价值是创业成功的前提之一。即使拥有成熟的创业者能力素质、丰富的战略资源、充足的资金、先进的技术和良好的机会，如果无法满足或者适应市场的需求，创业也是失败的。因为创业者连企业最起码的生存问题都没有解决，谈何成功创业。

通常赢得市场需要有三大条件：一是发挥技术优势，快速赢得市场；二是善于识别创业机会，发现新的市场需求；三是整合资源，稳健经营。在能力素质、战略资源、资金、技术、机会等条件都具备的前提下，需要整合利用各类资源，高效管理团队，稳健经营企业，保持企业的持续增长，以持续稳定的间接优势赢得市场。

【案例阅读 2.4】

周鸿祎的创业故事[1]

1998 年，在北京的周鸿祎向领导提交了辞职信。同年的 6 月 8 日，周鸿祎带领创业团队推出了他人生的第一款产品：3721。此时，周鸿祎团队已经"弹尽粮绝"，凭借这个产品，他们顺利地拿到了第一笔 200 万元的投资，起死回生。当然，周鸿祎并非一直这么顺利。

1988 年，周鸿祎考进西安交通大学（简称西安交大），因为特殊原因损失了生活费而不敢和家人说，开始琢磨如何把损失挣回来，很快他想到"摆摊"这个主意，这还是源于他刚进大学时的观察。刚进西安交大时，他发现很多大四的师兄、师姐在摆摊，这种方式很像美国大学生最后的 Moving Sale（搬家销售）。将近毕业，毕业生要离开学校，他们就把自己不要的东西摆出来卖。旧东西便宜又实用，所以受到低年级同学的追捧。于是，周鸿祎想把这种模式山寨到他的母校——郑州九中门口。当时他的高中同学已经高考完毕，他挨个儿把用过的参考书收罗了上来。在郑州九中门口，将一块破布往地上一铺，薄的一元，厚的两元。当时，正是高二同学的暑假补习班开始的时候，没费多少劲，所有的参考书全卖掉了，他不仅弥补了经济损失，还小赚了一笔。如果说，周鸿祎的第一次摆摊是被逼无奈，那么第二次摆摊，完全是源于对智商税的探索。

他每天摆书摊时会路过一个集市，经常看到一位大叔用一台电脑帮人们"科学算命"。周鸿祎观察了一会，发现只不过是一套简单的算法。通过计算，人们就知道自己的智力什么时候是高峰值期，什么时候是低峰值期；什么时候情绪好，什么时候情绪糟。且不说靠不靠谱，但看起来蛮厉害的，而且，大叔算一次收费一元，竟然有不少人排队。钱，竟然这么好赚？周鸿祎动心了，回去后，他便开发出一个小程序，摆上了地摊。颇有营销思维的周鸿祎，还叫一位书法好的同学写了一个招牌，上面是八个字"科学算命，收费一元"。

刚开始，人比较少。不过，凭借自己的口舌，周鸿祎吸引了一群围观者。总有先吃螃蟹的人，有人抱着试试看的心理，最终被电脑屏幕上的一堆曲线，以及周鸿祎的高深解读所折服。很快生意就好了起来，一天竟然能挣 100 多元。即使

---

[1] 《周鸿祎：没摆过地摊，不足以谈人生》，个人图书馆。

分给帮忙的小伙伴，周鸿祎也还能剩下不少。

周鸿祎坦言，通过这两次小生意潜移默化地建立了自己对商业的兴趣和信心。

他第一次学习到了怎么周密地思考、怎么和人交流、怎么组织一个团队，甚至怎么对付各种无厘头的危机。在他的自传里，提及了两段地摊经历："当时觉得没有多少价值，但是对今后的创业有微妙的影响。开启了我对商业的无畏之心。"

2.1.5　创业者应具备的能力素质

作为一个创业者，应该具备哪些能力呢？

通过对大量成功创业者的能力素质和行为表现的分析，同时结合国内外领导力胜任特征的研究成果和相关资料发现，对于创业者而言，有20项能力素质至关重要。这20项能力素质包括成就导向或动力、竞争意识、冒险精神、顾客服务能力、人际理解与体谅、决策力或者个人视野、组织能力、团队协作能力、价值观引领、说服能力、关系建立能力、专业知识及学习能力、经验与技能、创新与变革能力、信息收集能力、诚信正直、自信心、纪律性、毅力以及适应能力。根据成功创业者核心素质模型，可以将这20项能力素质分成成就、服务与助人、管理、影响、认知和个人六大类特征。

1. 成就特征

成就特征包含三个要素：一是成就导向或者动力，指的是有努力工作实现个人目标的渴望，并且表现得积极主动；二是竞争意识，表示愿意参与竞争，主动接受挑战，并努力成为胜利者；三是冒险精神，敢于冒险，又有勇气面对风险与失败。

2. 服务与助人特征

服务与助人特征包含两个要素，一是顾客服务能力，指的是能够和顾客发展稳定的相互信任的关系；二是人际理解与体谅，指的是理解别人的言行、态度，善于倾听并帮助别人。

3. 管理特征

管理特征包含三个要素：一是决策力或者个人视野，指的是具有广阔的视野，能够在复杂的、不确定的或者极度危险的情况下，及时做出决策，决策的结果从更加深远或更长期的角度来看，是有利于企业的成功的；二是组织能力，指有能力安排好自己的工作与生活，使工作任务与信息条理化、逻辑清晰；三是团队协作能力，面对团队的冲突和问题能够采取有效的解决办法。

4. 影响特征

影响特征包含三个要素：一是价值观引领，指的是通常以价值观来引导与影响团队，其行为方式也集中体现组织所倡导的价值观；二是说服能力，能够通过劝服别人，让他人明白自己的观点并使对方对自己的观点感兴趣；三是关系建立能力，保持正常的社会性接触，在工作之外与同事或者顾客发展友好的个人关系，甚至发展家庭接触，扩大关系网。

5. 认知特征

认知特征包含四个要素：一是专业知识与学习能力，指的是熟练掌握与运用自己的专业知识且不断地主动更新；二是经验与技能，在业内具有卓越的声望和极具权威的专业技术技能；三是创新与变革能力，能够预测五年甚至十年后的形势，并创造机会或者避开问题，总是能够创造性地解决问题；四是信息收集能力，通过比较特殊的途径，及时获取有用的信息或者资料，善于发现机会，抓住机会。

6. 个人特征

个人特征包含五个要素：一是诚信正直，诚实守信并坚持实事求是，以诚待人，表现出高度的职业道德；自信心，相信自己能够完成计划中的任务，能够通过分析自己的行为找出不足，并在工作中予以弥补；三是纪律性，坚持自己的做事原则，严于律己，且具有较强的自控能力；四是毅力，明确自己的目标，并为之坚持不懈，即使遇到各种困难也不退缩；五是适应能力，能够适应各种环境的变化，具备应对各种新情况的能力，且能够创造性地提出问题的解决方案。

除了提炼成功因素，也要对部分创业失败者的能力素质或者行为表现进行了研究与分析，他们通常会有以下表现：一是缺乏创业者应该具备的心理素质、基本常识与基本能力；二是不能自力更生，同时缺乏吃苦精神，缺乏足够的耐心与毅力；三是胆小怕事，害怕挑战，缺乏自信，不愿意冒险；四是优越感过强或者看问题过于片面，傲慢，喜欢进行非理性或者赌博式的决策；五是不能凝聚一个创业团队，或者不能融入某个创业团队，或者不善于与人沟通交往；六是做事缺乏责任心，遇事爱逃避；七是缺乏变通性与灵活性，过分按部就班甚至固执己见，思维僵化、死板；八是原则性不强，做事过于随意且容易感情用事；九是急于求成且过于追求快速应付；十是患得患失，容易自我满足或者喜欢"小富即安"的状态。

如果某人有上述三项以上的表现，基本可以认定其不适合创业。当然，金无足赤，人无完人，并非所有的成功创业者都一定不会有以上表现。只要你的优点能够远远胜过缺点，或者能够及时改正缺点，你同样具备成为成功创业者的潜力，因此，关于不适合创业人士的分析仅供大家参考，目的是提醒同学们尽量改正可能存在的缺点与不足，切忌对号入座。

【案例阅读 2.5】

陈志文：海南天地科技有限公司的创始人[1]

陈志文，海南大学园艺园林学院海甸校区 2004 级园艺专业学生，2008 年毕业。现公司名称为海南天地企业管理有限公司。

陈志文自 2004 年入学以后，经院团委招聘选拔，进入学院宣传部工作，成为一名团委干事。在担任团委干事期间，陈志文不但做好了本职工作，而且主动提出帮助外联部工作。

人们都说，机会总是偏爱有准备的人。2005 年 5 月，南昌某生物有限公司设立海南办事处，并在校园招聘兼职业务代表，做生物学试剂销售。陈志文和几个同学一起报了名，并开始了新的征途。凭借着外联工作的基础，加上本身的勤奋与执着，陈志文的销售业绩一直在同时进入公司的同学当中遥遥领先，并很快被任命为该公司的首席业务代表，尽管他还只是一名大二的学生。

但是，陈志文的眼光更高也更远，他并没有满足于首席业务代表的职务，在了解公司运营模式后，凭借着积累起来的一点人脉，开始摸索自己的创业之路。2006 年 3 月，陈志文辞去首席业务代表职务，找来一名合作伙伴陈江（陈志文当时的师弟），共同成立了海口美兰天生化试剂经营部。陈志文的家庭并不富裕，营业部成立之初，启动资金总共不到 5 万元，还都是他与陈江两个人找亲戚朋友一点一点凑起来的，营业部的全体工作人员也只有 3 人，经营的业务范围仅限于生物学试剂和耗材。就在他们为筹集资金忙碌奔走的时候，一个客户同意无偿借给他们 20 万，用以帮助他们逐步扩大经营。这 20 万资金的注入使营业部的运营如

---

[1] 《海南大学生创业成功案例》，豆丁网。

鱼得水，施展的空间进一步加大。在不到一年的时间里，2006年的营业额已经达到100万余元。

2007年是一个丰收年，陈志文的营业部继续扩大规模，拓展客户市场，营业额在2006年的基础上翻了三番。为了进一步扩大市场和进军政府采购领域，2007年11月，海南天地科技有限公司正式注册成立了，同时，陈志文在自己的名片上印上了"总经理"三个字。2008年是2004级大学生的毕业年，当陈志文的同学们拿着毕业简历四处投递的时候，他已经把自己公司的招聘广告挂在校园招聘会上，并抱着一大堆求职简历逐个揣摩起来。大学毕业后，陈志文把全部的时间与精力投入到事业当中，尝试参与政府采购竞标，不仅公司的业绩再上了一个台阶，经营范围也进一步扩大，涵盖了科教仪器设备、工业仪器设备、生物试剂耗材、生化试剂耗材以及医药化工试剂耗材等，市场领域由原先的科研院所逐步渗透到高校、农业系统、海洋渔业系统、公安系统、进出口检验检疫系统、医疗系统等部门。至此，公司的经营范围和市场定位已经基本形成。

【案例阅读2.6】

岳阳90后休学创业，2年后杀进中关村获天使投资[1]

电影《中国合伙人》曾经让很多创业者看了大受感动。24岁的岳阳小伙张果就是其中之一。虽然年纪轻轻，张果却有着丰富的创业经历，从电影《中国合伙人》中，他仿佛看到了自己的影子。2011年，正在读大二的张果办理了休学手续，带着梦想和仅有的1000元钱前往北京创业。"什么是创业？就是脱离温暖带有束缚的怀抱，将想法付诸于实际行动中去！"如今，张果在北京中关村有了自己的公司，并获得了天使投资。他用追逐自己的创业梦的方式致青春。

动机：创业只为孝敬家人

在汨罗市汨罗镇雁塘村，张果也算是一个"名人"。他首次被全村人记住是在2009年，张果考上了吉首大学，成为当时村上唯一一个考上大学的年轻人。只有小学文化的父亲对张果期望甚高，希望他能够上大学，念研究生读博士，找一份稳定的工作。

然而，进入大学校园后，张果才发现原来大学有这么多的空闲时间。从小在

---

[1] 邓艳红：《岳阳90后休学创业 2年后杀进中关村获天使投资》，株洲新闻网。

外婆家长大的张果决定利用空余时间创业，赚点钱孝敬外公外婆。

2010年初，正在上大一的张果开始了自己人生中的第一笔生意。过年回家时，他的一个亲戚正为库存的健力宝饮料发愁，于是他决定到学校里推销健力宝，并给自己封了一个头衔——"健力宝校园总代理"，通过向每个寝室免费送货上门，先消费后付款的方式，他赚到了人生的第一桶金。尝到甜头的张果又开始琢磨互联网。大二上学期，张果成立了吉首大学购物网和吉首大学校园网。

抉择：休学北上闯荡

2011年，对互联网情有独钟的张果在大三到来前向学校递交了休学申请，决定赴北京学习编程技术。他通过电话将休学创业的决定告诉了父母，随即遭到了家人的强烈反对，亲朋好友的劝说电话一个接一个。

咬定目标的张果不顾家人反对，从吉首坐了20多个小时的火车，独自一人来到北京"闯荡"，寻找创业机会。"一个人走出车站，看到'北京西站'四个字，非常激动，感觉创业梦就要起飞了。"那天，他从北京西站坐地铁来到位于天通苑的培训学校报到。

对于创业者来说，创业初期的资金是一道"门槛"。张果和朋友们除了自己掏腰包垫付外，也尝试过向银行申请无抵押贷款，但没有成功。正在他有点迷茫时，他邂逅了"车库咖啡"。"车库咖啡"不仅仅是一个咖啡店，那里提供24小时的开放网络，很多初到北京的创业者云集在此，为自己的创业梦想拼搏。

奋斗：成功入驻中关村

经过半年多的努力，2013年4月，张果的北京必趣网络科技有限公司在中关村正式成立，这是一个致力于打造赏心悦目的微电影的播放平台。"必趣，必须有趣，必须要去"，张果解释公司名字时这样说。

2013年5月，必趣网正式上线。同年6月23日，中央电视台一套和中央电视台新闻频道《朝闻天下》栏目机播出了"出彩人生：中国梦，我的梦"系列报道"用梦想，致青春"，专门报道了张果和他的团队的创业故事。

之后，张果的创业之路越走越顺，2013年11月，张果和他的团队获得了一笔百万级的天使投资。这使他暂时不用为资金发愁，也被他视为一种宝贵的认可。他将更多的精力放到了必趣网平台本身的建设上，"许多微电影都是在上面放视频，下面放评论。而必趣网的着力点是社交，把评论做得更有趣。"

2.1.6　创业前必读的法律法规

在创业的道路上，了解和遵守相关的法律法规是非常重要的。以下是一些创业必读的法律法规，以及它们对创业过程的影响和重要性。

1. 公司法

公司法是创业初期必须了解的重要法律法规之一。它规定了公司的组织形式、设立程序、运营规范和变更流程等方面的内容。创业者需要了解不同类型公司的特点和要求，如有限责任公司、股份有限公司等，并选择适合自己的组织形式。同时，公司法还规定了公司的治理结构和管理职责，如股东会、董事会、监事会等机构的职责和运作规则，以及公司高管的管理权限和责任。创业者需要建立合理的治理结构和管理制度，确保公司的规范运营和合法性。

2. 合同法

合同法是商业活动中必不可少的一部法律，它规定了合同的基本要素、订立程序、履行方式和违约责任等方面的内容。创业者需要了解合同法的规定，确保在签订合同时不违反法律规定，保障企业的合法权益。同时，合同法还规定了合同的解除、变更和终止等方面的内容，创业者需要了解这些规定，以避免不必要的纠纷和经济损失。

3. 知识产权法

知识产权法是保护企业创新和知识产权的重要法律。它规定了专利、商标、著作权等知识产权的申请、保护和实施等方面的内容。创业者需要了解知识产权法的规定，确保自己的创新成果和知识产权得到合法保护，避免侵权行为和纠纷。同时，知识产权法还规定了知识产权的转让、许可和维权等方面的内容，创业者需要了解这些规定，以避免知识产权方面的风险和损失。

4. 反不正当竞争法

反不正当竞争法是规范商业行为的重要法律之一。它规定了不正当竞争行为的定义和类型，如虚假宣传、误导消费者、诋毁竞争对手等行为。创业者需要了解反不正当竞争法的规定，确保自己的商业行为合法合规，避免不正当竞争行为引起的纠纷和经济损失。同时，反不正当竞争法还规定了监管部门的职责和处罚措施，创业者需要了解这些规定，以避免企业受到法律制裁和声誉损失。

5. 环境保护法

环境保护法是规范企业环保责任和环保行为的重要法律。它规定了企业的环保责任和义务，如环境污染防治、资源节约利用等方面的内容。创业者需要了解环境保护法的规定，确保企业在运营过程中遵守环保要求，避免环境污染和资源浪费等问题。同时，环境保护法还规定了监管部门的职责和处罚措施，创业者需要了解这些规定，以避免企业受到法律制裁和声誉损失。

6. 劳动法

劳动法是规范企业劳动用工和劳动者权益的重要法律。它规定了劳动合同的签订、劳动报酬、工作时间、社会保险等方面的内容。创业者需要了解劳动法的规定，确保企业的用工行为合法合规，保障劳动者的合法权益。同时，劳动法还规定了监管部门的职责和处罚措施，创业者需要了解这些规定，以避免企业受到法律制裁和声誉损失。

7. 税法

税法是规定企业纳税义务和税收管理的重要法律。它规定了企业的纳税义务和纳税程序，如增值税、所得税等税种的纳税义务和税率等方面的内容。创业者需要了解税法的规定，确保企业的纳税行为合法合规，避免偷税漏税等违法行为引起的法律责任和经济损失。同时，税法还规定了税收优惠政策和税收筹划等方面的内容，创业者需要了解这些政策和企业税务筹划的合法性及技巧，以降低企业税负和增加经济效益。

【案例阅读 2.7】

王兴的创业故事[1]

一提到王兴，很多人脑海里边第一个想到的词汇即是连环创业者，由于他是校内网、饭否网、美团网这三个我国大名鼎鼎的网站的联合创始人，除此之外，他还有另外一层身份——大学生创业者，在结业（博士没读完）以后，没有丰富的职业阅历就开始创业的人。他是一名人们口中的天才少年，没有参与高考就被保送到我国名牌学府清华大学，毕业后拿到全额奖学金去了美国特拉华大学，师从第一位取得 MIT 计算机科学博士学位的内地学者高光荣，随后归国创业，在前

---

[1] 许清：《典型创业案例分析》，应届毕业生网。

一两次不算成功的创业以后，王兴创立了我国版脸书（Facebook，现名为 Meta）——校内网，并很快风行于大学校园当中。校内网于 2006 年 10 月被千橡互动集团以 200 万美元收购。2007 年 5 月 12 日，王兴创办了饭否网，这也是我国第一个类推特（Twitter）项目，但饭否在发展势头大好之际被关闭，让王兴工作遭到波折。此后连环创业客王兴于 2010 年 3 月上线新项目——美团网，并在千团大战当中脱颖而出，稳居行业前三，并先后取得红杉和阿里的两轮数千万美金的融资，这个连环创业客的工作正逐步走上正轨。

2.1.7 大学生创业领域选择

由于大学生越来越多，岗位供不应求，所以对于大学生来说，创业确实是一条出路，而且对于大学生创业，政府也是鼓励的。

1. 适合大学生创业的领域

总结大学生创业经验，以下几个领域对于大学生来说创业相对容易。

（1）智力服务领域。智力是大学生创业的资本，在智力服务领域创业，大学生更有优势，如素质教育培训等行业。一方面，这是大学生勤工俭学的传统渠道，已经积累了丰富的经验；另一方面，大学生能够充分利用高校教育资源，更容易赚到"第一桶金"。

（2）日用小商品产销领域。浙江义乌小商品市场、上海的襄阳路小商品市场等，为什么都远近闻名、生意兴隆？就是因为日用小商品和人们的生活息息相关，可以说是永不没落的产业，而且这一领域多为劳动密集型产业，产销投资小，经营灵活，特别适于民营经济、个人创业。

（3）服务领域。诸如西点咖啡、中西快餐、服饰鞋帽、居家装饰、视听娱乐、产品租售、美容护肤、花卉租售、便利连锁等服务行业一般都以店面经营为主，可分为独立开店与加盟连锁两种。

（4）科技领域。在网络及计算机科技如此发达的情况下，科技相关领域的创业机会也相当多，包括软件设计、小程序开发、网页设计、网站规划、网络营销、科技文件翻译、科技公关等。

（5）专业配套领域。从我国的经济发展态势来看，今后国有资本将集中投向基础性领域、支柱型产业和尖端科技；同时，随着我国坚持积极主动的对外开放战略和高水平对外开放实施,外国资本和大型企业在我国的投资将不断扩大。总体而言,大企业和中小企业将相辅相成,像汽车、机械、会展等行业的发展会带动一大批中小企业发展起来。即使是国外进入我国的大企业,也离不开当地中小企业的配套服务。

(6)现代农业领域。党的二十大在擘画全面建成社会主义现代化强国宏伟蓝图时,对农业农村工作进行了总体部署。概括地讲:未来5年"三农"工作要全面推进乡村振兴,到2035年基本实现农业现代化,到本世纪中叶建成农业强国。这是党中央着眼全面建成社会主义现代化强国作出的战略部署。强国必先强农,农强方能国强。没有农业强国就没有整个现代化强国;没有农业农村现代化,社会主义现代化就是不全面的。必须深刻领会党中央这一战略部署,把加快建设农业强国摆上建设社会主义现代化强国的重要位置。

(7)进出口领域。目前我国已经成为一百四十多个国家和地区的主要贸易伙伴,货物贸易总额居世界第一。进出口贸易、跨境电商业务发展迅猛,随着"跨境电商+产业带"发展模式的推进,跨境电商业务将迎来新的发展机遇。民营经济将在外贸中扮演重要角色。我国拥有巨大的购买市场及巨大的出口产能,在目前全球经济处于疲软时期,是最具活力的经济体之一。这个领域最适合商务类专业的学生创业。

(8)培训领域。近年来,各种计算机培训、考研培训、外语培训、素质教育培训等已成为最引人注目的"淘金地"。该领域的创业项目起点低,有着"短、平、快"的特点,正在以低投入和高产出的高额盈利吸引着越来越多的创业者。这类创业项目只要确定培训对象,拥有相应的师资力量,同时培训产品适销对路,就能拉起"大旗"。来自高校的大学生无疑有着这方面的资源优势。

(9)设计领域。我国正处在全面建设社会主义现代化强国、实现第二个百年奋斗目标的时期。城市规划、室内装潢等社会需求给创业带来了前所未有的发展空间和机遇。与设计相关的创业项目属于智力密集型项目,这些创业项目只要有技术即可,对资金的要求不高,创业风险也较低,适合专业科班出身的大学生。目前,最具发展潜力的热点领域包括室内设计、纺织品设计、平面设计、工业造型设计等。

(10)现在比较热门的网络新媒体行业。网络新媒体包括互联网新闻、网络视频、网络社交等。网络直播是随着移动互联网等技术发展诞生的新兴业态。在国家文化政策支持、网络基础设施和移动宽带加速普及、视频技术日趋成熟、资本助推等利好因素推动下，网络直播行业高速发展，直播电商也成为目前自主创业的一个重要渠道。

除了以上几个领域外，在环境保护、休闲旅游等领域创业也有很大的发展空间，而国家垄断性行业，如石油化工、邮电通信、广播电视等，其投资大、风险较大，不适合毕业生选择。

2. 为大学生创业提供的环境支持

为大学生创业提供的环境支持如下。

（1）创业培训班。在我国各个城市基本都有创业培训班。开设这类培训班主要是为了帮助大学生和下岗职工自主创业，培训内容包括政策介绍、产品选择、市场分析以及财务管理。讲课的老师有心理分析师、各方面的专家，以及工商局、税务局、银行的相关人员等。课后还可开展各种活动，如学员可以找老师办手续，并享受"售后服务"，与老师面对面地交流，进行创业心理测试；模拟应聘；搭建与工商税务部门打交道的"临时平台"；到样板小企业实地考察实习等。

（2）创业服务中心及孵化器的建设。进入创业服务中心或孵化器是走向创业的重要一步。创业服务中心及孵化器既是开展创业的教育培训者，又是实际创业的直接支持者。所谓孵化器，就是为一些创业者提供一个得以破壳而出的温暖的"窝"，一般由科技创业服务中心管理，在企业起步时给其较为优惠的政策和良好的信息环境、技术环境、资本环境、人才环境、市场环境，以扶持和培育创业者成长。

（3）留学人员创业园区。此类园区是为留学生回国创业而提供的创业支持，主要由中央及地方政府、大学、民间科技机构创办。创业园区具有政策措施大致相同、可以减免地方税和享受房租优惠、各类设施综合服务齐全、服务态度好等特点，是培育留学人员高新技术企业的孵化基地，企业达到较大规模后将搬出创业园继续发展，在一定程度上起到凝聚优秀科技人才的作用。

（4）大学孵化器。此举为高校教授兼顾教学、科研、开发提供了方便，为大学生创业提供了实习的机会，加快了高校科技成果向产业的转化。例如，上海交通大学创建的硅谷科技孵化基地已为近100个高科技企业服务。大学生既可以单独去孵化基地创业，又可以和老师合伙创业，充分发挥高校在智力资源、信息资源和开发研究方面的优势，促进技术创新。

（5）其他孵化器。例如，北京京海科技企业孵化器有限公司主要面向全国创业大学生，强调入驻企业必须由大学生创办，必须涉足高新技术领域及从事科技成果的转化。目前，我国为大学生创业提供了一些环境支持，但总体上讲，社会环境对大学生创业的培植还不够，大学生创业仍然受到传统观念的制约，有的家长甚至对子女选择创业持否定态度。

（6）大学生创业教育。大学生创业教育是大学生创业内、外部影响因素的"融合剂"。它一方面可以培养和训练大学生创业应具备的素质和技能；另一方面可以促进社会各阶层对大学生创业的认同与支持，优化和规范大学生的创业环境。

【拓展阅读2.1】

大学生创业的5个"不如"

1. 用品不如食品。民以食为天，中国人有闻名世界的饮食文化。逢年过节，婚丧嫁娶，食品市场是十分庞大而持久不衰的，而且政府除了技术监督、卫生管理外，对食品的规模、品种、布局、结构，一般不予干涉。食品业投资可大可小，进入容易，选择余地大。

2. 做"男"不如做"女"。全社会购买力70%以上掌握在女人的手中，女人不但执掌着大部分中国家庭的"财政大权"，而且相当部分商品是由女人直接消费的。高档时装、鞋帽、名贵首饰、化妆品，无不是女人的世界，因此，若在消费品领域投资，无论是生产还是销售，把客户定向于女人，通常会发现更多的机会。

3. 大人不如孩子。小孩代表未来，因此中国的儿童消费品市场很有特色。在零售食品、用品方面，很大一部分是儿童消费品的市场。这种市场投资，是一种富有生命力的选择。尤其要看到，在我国，满足了小孩的需求，在很大程度上就满足了父母们的需求。

4. 轻工不如重工。重工业是国民经济发展的基石，轻工业却是发展的龙头。重工业投资周期长、回收慢，一般不是民间资本角逐的领域。无论是生产加工，还是流通贸易，经营工业产品尤其消费品，风险小，投资难度小，容易在短期内见效，因此特别适合民间资本。

5. 新建不如租赁。购买设备、招聘员工，这是投资者的项目上马后相继要做的事情，但投资不一定都要从头开始。经济发展到一定阶段，有许多投资项目可以利用现成的人才、设备、厂房、门面,甚至管理机构等,从而缩短投资周期,节省资金。实现这种效果的有效投资方式就是租赁。可通过向技术、设备、建筑物等经济资源的所有者缴付一定的租金,从而取得这些资源的经营使用管理权。

对于一个大学毕业生来说,选择什么样的创业领域非常重要,不妨先考虑以下几方面。第一,这个行业现在的发展前景如何。发展前景好的行业将会使创业者有发展空间和生存空间,不至于一下子就处于激烈的同行竞争之中。第二,这个行业现在进行的时机如何。时机成熟是创业者轻而易举站住脚的关键,这将使创业者能够获得较好的利润,而不必冒太大的风险。第三,这个行业熟悉与否。应该在自己熟悉的行业和领域选择创业,能敏锐地了解该行业的发展动向,否则永远不可能有争取主动的机会。

因此,创业过程中必须综合考虑这 3 个方面,才能选择正确的创业方向,继而为成功创业打下坚实的基础。

2.1.8 创业实践训练

(1)毕业畅想。活动目的:
- 了解自己的职业规划。
- 让学生畅想未来,激发学生的热情。

活动规则:
- 每组 6 人,每个成员 1 张便签纸,写出自己毕业时的打算,即就业或是创业,就业的方向或创业的方向。
- 书记员作好统计,每组组长宣讲。
- 每组有 3 个以上就业方向或创业畅想,并且组长总结,宣讲好的小组获胜。

点评要点:
大学毕业是人生的一大转折点,大学生作好自己的职业规划,并有计划地为达到自己的目标而努力,毕业时才能少走弯路,顺利实现自己的目标。

(2)班级创业团队针对自己的项目,分析可能面临的风险种类,制定应对预案,进行分享和小组互评。

(3)创业机会筛选大比拼。

案例:2022 年北京冬季奥运会商机无限。2022 冬奥会带来的创业机会包括旅游以及周边产业、冰雪产业等。通过研究冬奥会带来的商机,并从中选出适合自己创业的商机,这对大学生将来创业具有一定的现实意义。

- 创业机会的研究和筛选:将全班同学分成6人一个小组,分组讨论,进行商机筛选,并说明理由。
- 学生可将筛选的结果和理由以文字呈现出来,并进行简要陈述。教师进行结果评价。

(4)拓展活动——可视化自己。

- 活动内容:你的优势是什么?怎样能够把你的优势发挥出来?什么事情在阻挠你发挥自己的优势?究竟是什么让你成为一个独一无二的人?
- 活动反思:与同学分享你的画布,见表2.1。

表2.1 可视化自己的画布

性格(优点:关键词3个;缺点:关键词3个)	兴趣(关键词:不少于3个)	价值观(对事物是非、重要性、必要性的价值取向)	技能(你有什么本领,能用什么工具等)	知识(学的专业、考过的证书等都可以算在知识内)
	我是谁(写上你目前的角色有哪些,并写出你认为最重要的那个角色)		能力(更多的指通用能力,比如沟通等)	
现状(我要付出什么)			目标(我能收获什么)	

（5）个人价值画布、个人潜力画布。找出最有成就感的一件事情分享给小组内的伙伴。可以根据表 2.2 分析最有成就感的事情所体现的价值等。然后分析未来的潜力，见表 2.3。这样通过对自己的过去回顾了解自我，同时根据对未来自己潜在价值的评估找出兴趣点，分析所需资源，尽早开展人生规划。

表 2.2　个人价值画布

谁能帮助我	我要做什么	我有什么用	如何让他知道	我能帮助谁
	我有什么		如何给到他	
我要付出什么			我能得到什么	

表 2.3　个人潜力画布

谁能帮助我	我还要做什么	我还有什么用	还有什么方法让他知道	我还能帮助谁
	我有什么		还有什么渠道能够给到他	
我要付出什么			我能得到什么	

（6）大学生活规划画布。规则：每人完成自己大学生活规划画布，并使用9人评估法（评估过程要有文字记录等）评价自己的学习规划画布，见表2.4。

表2.4 大学生活规划画布

如何学好一门专业技能（掌握哪些方面的技能：如电工技能等）	想要获得哪些证书（英语、计算机、职业资格证书、驾驶证等）	参加过或想要参加什么社会实践（志愿服务、假期实践等）	参加哪些专业学生社团（兴趣与专业方面）	制订读书计划（列出自己大学期间要读的书）
			如何拥有一群大学朋友（如何社交，通过哪些渠道）	

建议1： 签名1：	建议4： 签名4：	建议7： 签名7：
建议2： 签名2	建议5： 签名5：	建议8： 签名8：
建议3： 签名3：	建议6： 签名6：	建议9： 签名9：

2.2 创业机会

2.2.1 创业机会的来源

【情景】

小王怎么一个人在这喝闷酒啊?唉,事业不顺,壮志未酬啊。怎么了?遇到什么挫折了?碌碌无为算不算挫折?十年前我想创业做电商,后来担心不靠谱,没做。五年前,朋友想跟我合伙做物流,家里又不同意。两年前我就想投身共享经济做点事业,但是唉,一事无成啊!

机不可失,时不再来。创业路上,我们一定要珍惜每一次稍纵即逝的机会。那么,每一个珍贵的创业机会又是如何诞生的呢?一般来说,环境变化、顾客需求、创新变革、市场竞争等因素都可以成为创业的契机。当然,这些创业机会的来源并不是所谓的标准答案,只是提供给大家做一个参考。

【案例阅读 2.8】

校友杨国华的创业事迹[1]

杨国华,广州工商学院 05 级艺术系毕业生,曾在立白集团承担企业文化建设工作及对外公关工作,并创立中国年代摄影工作室,现任负责人,曾策划拍摄中国女排国家队形象片。

崭露头角

在有限的大学时光里,杨国华加入了学校团委,面试进了团委编辑部,开始了他的社团工作。编辑部的工作是为学院做好文学文化传播,编辑部的工作也总是红红火火的,杨国华慢慢地开始发表一些文章,参加一些学院的比赛。

在当时的学校团委书记黄鹏的带领下,杨国华和他的伙伴们开始尝试参加一些省级、全国性的大赛,甚至是国际性的大赛,并且不再局限于文学类别的大赛,而是逐渐扩展到摄影类、文艺类、技能类,而且屡获佳绩。

---

[1] 广州工商学院校友会供稿。

2006年，杨国华代表学校去参加在北京人民大会堂举办的全国明日之星评选暨中韩交流之星大赛，并获得了摄影组全国总冠军，代表中国高校出访韩国，在韩国获得了"中韩友谊使者"和"中韩交流之星"的称号。在韩国学习期间，杨国华拍摄了不少摄影作品，并获得了不少奖项，比如，在邮轮上拍摄的《海鸥》获得了广东省大学生摄影大赛二等奖，《民族的盛宴》入选了第二届亚洲大学生摄影展，并在亚洲十多个国家进行展出。

2006年底，杨国华被广东省团委评为"广东省优秀团员"，并加入了中国共产党。

大展拳脚

2007年4月，杨国华离开了学校，走进社会，开启他人生的第二段旅程。他在《南方日报》佛山记者站实习期间，负责社会新闻、教育、政府、科技的线路。在陌生的城市，他找到了前所未有的感觉，每天跟着资深的一线记者东奔西跑，哪里有事故、火警就往哪里跑，无法进入案发第一现场时，就想办法找到一个合适的高位，保证第二天见报的图片是正面的，内容是最丰富的。那一年，本来就消瘦的他变得更瘦了，但他却感到十分充实，富有激情。

2009年，他在立白集团开始了为期4年的企业工作之旅，并在同年创立了中国年代摄影工作室（即现在的广州左点广告有限公司），一边创业一边上班，熬夜加班成了常态。

2013年，杨国华辞去了立白集团的工作，全力管理公司。经过多年的发展和沉淀，他成立的工作室已经变成了一家集影视广告、摄影、品牌策划于一体的民营企业，致力于影视广告及平面广告行业，分别在广州、佛山、深圳、东莞开设了分公司，业务遍及全国各地以及港澳地区。广州左点广告有限公司旗下设有影视广告事业部、平面广告事业部、品牌策划事业部和创意设计事业部四大部门。影视事业部与国家广播电视总局、电视台有着紧密的合作，获得众多得天独厚的技术支持和媒体资源，凭着一流的影像设备，娴熟的技术和专业的人员，制作出最高水准的影视广告、宣传片、形象片。平面广告事业部服务于各大企业单位，进行企业形象高端定制，同时也服务于生产厂家、中外批发商家、淘宝以及eBay商家等。多年广告摄影经验，使用顶级高像素单反、专业镜头和业内顶级搭景布光系统，为产品打造特色图片，让产品销量超越竞争对手，迅速占领市场。同时，公司致力于企业品牌包装、形象推广及设计包装。开阔的视野、丰富的经验、创造性的思维为企业的品牌包装和形象推广制定出一套完整的市场传播方案。

坚持初衷

尽管杨国华已经在事业上取得了成功,但他没有忘记自己的梦想。他一直想要在广东省摄影影视的圈子里占有自己的一席之地。2016年7月9日,广东省摄影行业协会电商摄影专业委员会在广州正式成立,广州左点广告有限公司作为省内最大的10家摄影企业联合发起单位之一,被广东省摄影行业协会电商摄影专业委员会授予副会长单位。同年11月,广州左点广告有限公司将作为骨干企业担任广东省摄影行业协会影视专业委员会会长职责,为行业规范、发展贡献一点力量。

杨国华一直坚持自己的信念,一直为自己的事业不懈奋斗。当问及他的成功之路时,他说:"其实我们一直都在路上,谈不上成功。"

他相信坚持就是胜利,也相信品牌的力量!

【案例阅读2.9】

五笔字型与王码公司的创业

有五千年中华文明的汉字,在计算机时代遇到了历史性的挑战。如果汉字无法进入26个键位的现代电子计算机,就难以适应信息时代,那么汉字就有可能被淘汰。

20世纪70年代初,名不见经传的青年王永民决心在茫茫的汉字汪洋中奋勇开拓,他以《现代汉语词典》为研究对象,把分布在其中的12000多个汉字逐字拆分,反复琢磨,终于在汉字输入技术上获得突破性的发明创造。

1983年,五笔字型终于突破了汉字电脑化的"瓶颈",在国内引起轰动,被新华社评价为不亚于活字印刷术的伟大发明。1998年,王永民推出98版五笔字型输入法,提出了世界上第一个汉字键盘输入的全面解决方案,获得了中、美、英三国专利,Microsoft、IBM、CASIO、日立等20余家公司先后购买了专利使用权,联合国总部也在使用王码五笔字型技术。王永民被誉为"把中国带入信息时代的人"。

1998年,王永民创办了王码公司,经营"五笔字型"汉卡。"五笔字型"汉卡给王永民创造了可观的经济效益。在那个年代,王码公司一年的纯利润就已经达到上千万元。

【案例阅读 2.10】

她家的育苗机发芽率近 100%

"创业只有两条路,要么成功,要么失败,怕就什么也做不成。"长沙紫龙珠农业科技开发有限公司的女老板岳丽和一般的女生不一样,黝黑的皮肤是她做农业项目的最好标志。为了解决蔬菜种子在恶劣天气中发芽率低的问题,她通过学习,成功研发出育苗机,并已经申请了专利。

岳丽出生于浏阳一个普通的农民家庭。因为家里条件不好,岳丽上了两年大学就辍学了,被迫开始打工维持生计。后来,因长沙县良好的创业环境,再加之很多朋友都在此创业,岳丽就把自己的工作室安在了长沙县泉塘镇。

"在别人的农业工厂积累了一些经验,也攒了一点钱,便有了自己的基地。"岳丽说,要想发财就得自己动手干,她发现种植有机蔬菜市场不错,于是就花钱引进了一批国外有机蔬菜的种子,进行产业化生产,"2012 年梅雨季节,国外引进的新品种在雨期根本不发芽,投入的几万块钱全亏了。"

岳丽当时没有放弃,她意识到自己眼界不够开阔,于是想办法到国外各大农场进行学习。如果要让自己种植的蔬菜发芽率可控,不受天气左右,那必须提升技术的科技含量。偶然的机会,岳丽看见一家农场的育苗技术,通过科学的光照和温室条件,使菜苗在最适宜的环境中成长,让苗的成长受到保护。

后来,岳丽开始效仿国外技术研发育苗机。"研究成功的第一代产品可以保证发芽率在 80% 左右,但是价格太贵,传统农户都不愿意买。"之后她稍微调整了市场定位,既然传统农户难以接受,就向大型的产业化农场推销。经过改进的第二代产品技术能使发芽率接近 100%。"你们现在看到的这批货已经被温州一家厂子定了,销量还不错。"现在岳丽已经找准了市场地位,育苗机也已经申请了专利。

育苗机让其找到了商机,但她的创业之路并不止步于此。"去年年底我在干杉花 120 万买了一座葡萄园,用我自己的育苗技术种植有机葡萄。"岳丽找准一个项目后,再一次选择了投入,这一次连房子车子都做了抵押,她说要成功就必须勇敢地相信自己。

关于创业机会的来源,理论界尚未形成权威共识。综合各方面定义,创业机会主要源自变化、需求、创造发明、竞争、新知识和新技术的产生5个方面。

(1)机会来源于环境变化。著名管理学大师彼得·F.德鲁克(Peter F.Drucker)将创业者定义为"寻找变化,并积极反应,把它当作机会,充分利用起来的人"。变化就是机会,环境变化是创业机会的重要来源。尤其是在今天,唯一能够确定的就是不确定性的复杂动态环境中蕴藏着各种良机。例如,产业结构调整带来的新产业发展契机,顾客消费观念转变带来的新商机等。其变化主要包括宏观经济政策和制度变化、产业经济结构变化、社会和人口结构变化、价值观与生活理念变化、竞争与环境变化、技术变革等。

(2)机会来源于顾客需求。公司存在的根本目的就是为顾客创造价值,无论环境是否变化,创业机会源于顾客需求,都是永恒的真理。

因此,创业机会必定来源于顾客正想要解决的问题,顾客生活中感到非常头疼的问题,顾客新增的需求,而这一切或许是顾客明确的需求问题催生出的新创业机会,或许是被人忽略的市场引发的创业机会,又或许是创业者挖掘出顾客的潜在需求而产生的创业机会。寻找创业机会的一个重要途径是善于发现和体会自己和他人在需求方面的问题或生活中的难处,新的需求的出现及需求方式的改变往往产生新的问题,有经验的创业者就可能从中找到富有价值的创业机会。

(3)机会来源于创新变革。每一个发明创造,每一次技术革命,通常都会带来具有变革性的,有超额价值的新产品、新服务。能更好地满足顾客的需求,伴随而来的则是无处不在的创业机会。一方面,创新变革者本身凭借长期积累的技术优势、创新实力,自然会创造出来之不易的创业机会。另一方面,即使你不是变革者,只要善于发现机会,同样可以抓住对你来说"得来容易"的创业机会,成为受益者。例如互联网技术革命时代,无需进军互联网技术变革领域,成为时代的弄潮者,但是完全可以通过掌握基本的互联网知识与技能,利用互联网平台开设一个网店,成为互联网大潮中的一名普通创业者。

(4)机会来源于市场竞争。在分析竞争对手时,我们通常都会对自己与竞争对手之间的优势与劣势进行比较分析,目的是采取扬长避短或者差异化的策略,进而更好地满足顾客需求,拓展市场。因此,在市场竞争过程中,如果能够针对竞争对手的不足将自己的优势充分发挥出来,或者采取差异化的产品或者服务方案,为顾客提供更具价值的产品或者服务,那么就找到了夹缝竞争中的绝佳创业机会。

举个例子来说，2017年最大的风口——共享单车行业在资本市场的接棒下，迅速刷新融资纪录。许多创业者纷纷寻求机会进入这一行业。但事实上，OfO和摩拜占据了接近95%的市场份额。双寡头的垄断格局注定第二梯队的玩家已基本失去了进入中局的资格。从2017年6月以来，许多共享单车平台相继出现经营困难和倒闭潮，但到2020年，共享单车市场又发生了巨大的变化，摩拜被美团收购，滴滴的青桔脱颖而出，变成了四强（青桔、哈啰、美团、OfO）争霸的局面。所以如果你将来选择创业这条道路，一定要结合以上各方面的因素综合评估，制定出合理的创业方案。

（5）机会来源于新知识、新技术。新知识、新技术的出现改变了企业间的竞争手段和模式，也使得拥有新知识、新技术的人成功地发现和利用机会的能力大大提高，从而使得创业机会激增。例如，近年来，人工智能、元宇宙、区块链、移动互联网、3D打印等新的技术必将带来无限的创业机会。

2.2.2 创业机会的识别方法

【情景】

小创：小杰，你说那些特别牛的创业者是不是都有第六感？

小杰：我不知道，我只知道女生有第六感。不过如果没有第六感，那些成功的创业者怎么能看到别人错过的机会，抓住一般人发现不了的创业机会呢？

小创：其实我觉得跟创业者自身的经验也有关系。在某个领域经验丰富的人士相对于外行人士来说，会更有商业敏感度。

【拓展阅读2.2】

"互联网+"大潮下的十大创业机会[1]

一是延伸服务。"互联网+"的兴起衍生一大批在政府与企业之间的第三方服务企业，即"互联网+"服务商。它们会帮助线上及线下双方的协作，从事的是双方的对接工作，盈利方式则是收取双方对接成功后的服务费用以及各种增值服务

---

[1] 摘自于微信公众号"中青创想创就业教育"。

费用。这些增值服务包罗万象，包括培训、招聘、资源寻找、方案设计、设备引进、车间改造等。

二是工业领域。"互联网+工业"即传统制造业企业采用移动互联网，如"移动互联网+工业""云计算+工业""物联网+工业""网络众包+工业"等新型结合形式。在互联网的帮助下，企业通过自建或借助现有的"众包"平台，可以发布研发创意需求，广泛收集客户和外部人员的想法与智慧，大大扩展了创意来源。

三是金融领域。"互联网+金融"从组织形式上看，至少有3种方式。第一种是互联网公司做金融；第二种是金融机构的互联网化；第三种是互联网公司和金融机构合作。从2013年开始，以在线理财、支付、电商小贷、P2P、众筹等为代表的细分互联网嫁接金融的模式进入大众视野。

四是商贸领域。在零售、电子商务等领域，过去几年都可以看到和互联网的结合，特别是移动互联网对原有的商贸行业起到了很大的升级换代的作用。面对实体零售渠道变革、"零售业+互联网"概念的提出，传统的商贸企业也开始互联网化。

五是通信领域。"互联网+交通"已经在交通运输领域产生了"化学效应"，从国外的Uber、Lyft到国内的滴滴打车、快的打车，移动互联网催生了一批打车、拼车、专车软件，虽然在世界不同的地方仍存在不同的争议，但它们通过把移动互联网和传统的交通出行相结合，改善了人们出行的方式，增加了车辆的使用率，推动了互联网共享经济的发展。

六是民生领域。现今你可以在各级政府的公众账号享受服务，如某地交警可以在60秒内完成罚款收取等，移动电子政务成为推进国家治理体系的工具。

七是医疗领域。现实中存在看病难、看病贵等难题，"移动医疗+互联网"有望改善这一医疗生态。具体来讲，互联网将优化传统的诊疗模式，为患者提供一条龙的健康管理服务。

八是教育领域。一根网线、一个移动终端、几百万学生，学校任你挑，老师由你选，这就是"互联网+教育"。在教育领域，面向中小学、大学、职业教育、IT培训等多层次人群开放课程，可以足不出户在家上课。"互联网+教育"的结果，将使未来一切的教与学活动都围绕互联网进行。

九是政务领域。截至2014年11月27日，有数据统计的全国政务微信公众号有16446个。其中，中央部委及其直属机构政务微信公众号有213个，省（自治区、直辖市)、地市、区县三级地方类政务微公众号有 16233 个。"互联网+"在政务领域的一项重要应用就是将交通、医疗、社保等一系列政府政务接入微信，把原来需要东奔西走排大队办理的业务通过手机完成，节约时间、提高效率。

十是农业领域。农业看起来离互联网最远，但"互联网+农业"的潜力却是巨大的，农业是中国最传统的基础产业，须用数字技术提升农业生产效率，通过信息技术对地块的土壤、肥力、气候等进行大数据分析，然后据此提供种植、施肥相关的解决方案，大大提升农业生产效率。面对万亿元以上的农资市场以及近七亿的农村用户人口，农村电商面临巨大的市场空间。

识别创业机会靠的可不是第六感，而是基于一定的分析和调查来推断是否适合创业。在识别创业机会的过程中，首先应该具备以下 2 个条件。

(1) 要能够发现价值，即获取高价值的商业信息，而这种信息往往是他人难以接触到的。这主要从信息获取渠道以及创业愿望两个方面来理解。例如，拥有有助于获取信息的工作或者生活圈子，具备优越的社会资本条件，时刻保持创业警觉以及强烈的创业愿望，能获取他人难以接触到的高价值信息。

(2) 要能够分析价值，即分析出商业信息的价值所在，并作出准确的判断与决策。当然，影响信息分析能力的因素有创业者个人或者团队的智力结构与经验及创新思维能力。创业者是否拥有乐观的心态，创业者是否具备敏锐的洞察力等。

以上两者缺一不可。如果创业者能够发现价值信息，却不会分析处理和运用，所获信息便变得一文不值；如果创业者只具备强大的信息分析与处理能力，而没有价值信息来源，也只能是巧妇难为无米之炊。

常用的创业机会识别方法有 4 种：市场调研发现机会、系统分析发现机会、问题导向发现机会、创新变革获得机会。

(1) **市场调研发现机会**。这里的市场调研主要强调一手资料获取与二手资料获取两方面。一是通过与顾客、供应商、代理商等面对面沟通，获取鲜活的一手资料与信息。了解现在发生了什么，以及未来将要发生什么。二是通过各类媒体、出版物、数据库获取想要的资料与信息，了解通过面对面沟通可能无法触及的一些信息。获得这些一手资料与二手资料后，要对这些资料进行分类并编码，以便自己查询使用。尤其是针对自己某个特定想法时，也可以精准地通过现有的市场相应数据来发现可能的创业机会。水滴石穿非一日之功，冰冻三尺非一日之寒。调研、分析、记录想法，再调研、分析，这是一个日积月累、厚积薄发的过程。

例如，瑞士最大的音响设计公司的创始人说，他就有这样一个笔记本，当记录到第 200 个想法时，他坐下来，回顾所有的想法，然后开办了自己的公司。

（2）系统分析发现机会。在市场经济发展日渐成熟的现状下，过去那种野蛮生长方式很难生存，处处是顾客与商机的时代已经一去不复返了。现实中，更多的企业往往是在夹缝中求生存，在变化中寻商机。因此，今天绝大多数的创业机会都需要通过系统的分析才能够得以发现。我们唯一要做的就是借助市场调研的方式，从企业的宏观环境（政治、社会、法律、技术、人口等）与微观环境（细分市场、顾客、竞争对手、供应商等）的变化中，寻找新的顾客需求与新的商机。这已经成为当今时代创业机会识别最常用、最有效的方法之一。

（3）问题导向发现机会。问题导向是指你的创业机会识别源于一个组织或者个人面临的某个问题或者明确的需求。这可能是创业机会识别最快速、最精准、最有效的方法。因为创业的根本目的是为顾客创造新的价值，解决顾客面临的问题。在这个过程中，常用的方法就是不断与顾客沟通，不断汲取顾客的建议，基于顾客的需求，创造性地推出新的产品或者服务。当然，在此基础上进行市场调研和系统分析就显得更为科学严谨。不过在问题导向发现机会的过程中，要注意把控问题的难易度，不可不切实际地探寻问题解决方案，那样只会徒劳无获。

（4）创新变革获得机会。通过创新变革获得创业机会的方式在高新技术及互联网行业中最为常见。这种创业机会识别过程中通常是对目前明确的或者未来潜在的市场需求，探索相应的新技术、新方法、新知识或者新模式；或者是利用已有的某项技术或商业创意来实现新的商业价值。而且一旦获得成功，创业者凭借其具有变革性的超额价值的新产品或者新服务，很容易在市场中处于压倒性的主导地位。但是任何新生事物的成长都要经历艰难曲折，与其他任何方式相比，创新变革的方式难度更大，风险系数也更高。

因为新技术或者新知识是否能够真正满足顾客的需求，尚需经过市场的考验。只有对其稳定性、先进性有了十足的把握，才能称得上获得了真正的创业机会。而且新技术的发明通常需要大量的、持续的资金、人力、物资投入。这个过程也是极其漫长与艰难的。为了方便大家进行创意机会的识别，这里推荐一个操作性强且便于理解的评估工具——蒂蒙斯的创业机会评价框架，见表 2.5。创业者可以利用这个体系模型对行业和市场问题、竞争优势、财务指标、管理团队和致命缺陷的作出判断，以此评价一个创业项目的投资价值和机会。

表2.5 蒂蒙斯创业机会评价框架

评级要素	评价指标
产业与市场	1．市场容易识别，可以带来持续收入
	2．顾客可以接受产品或服务，愿意为此付费
	3．商品的附加价值高
	4．商品对市场的影响力高
	5．将要开发的产品生命长久
	6．目前所在的产业是新兴产业，竞争不完善
	7．市场规模大，销售额潜力达到1000万～10亿元
	8．市场成长率在30%～50%，甚至更高
	9．现有厂商的生产能力几乎完全饱和
	10．在5年内能占据市场的领导地位，占有率达到20%以上
	11．拥有低成本的供货商，具有成本优势
竞争优势	1．固定成本和可变成本低
	2．对成本、价格和销售的控制较高
	3．已经获得或可以获得对专利所有权的保护
	4．竞争对手尚未觉醒，竞争较弱
	5．有专利或具有某种独占性
	6．拥有发展良好的网络关系，容易获得合同
	7．拥有杰出的关键人员和管理团队
收获条件	1．项目带来的附加价值具有较高的战略意义
	2．现有的或可预料的退出方式
	3．资本市场环境有利，可以实现资本的流动
经济因素	1．达到盈亏平衡点所需要的时间在1.5～2年之间
	2．盈亏平衡点不会逐渐提高
	3．投资回报率在25%以上
	4．项目对资金的要求不是很大，能够获得融资
	5．销售额的年增长率高于15%
	6．有良好的现金流量，能占到销售额的20%～30%
	7．能获得持久的毛利，毛利率要达到40%以上
	8．能获得持久的税后利润，税后利润率要超过10%
	9．资产集中程度低
	10．运营资金不多，需求量是逐渐增加的
	11．研究开发工作对资金的要求不高

续表

评级要素	评价指标
管理团队	1. 创业团队是一个优秀管理者的组合
	2. 行业和技术经验达到了本行业内的最高水平
	3. 管理团队的正直廉洁程度能达到最高水准
	4. 管理团队知道自己缺乏哪方面的知识
致命缺陷	不存在致命缺陷
理想与现实的战略差距	1. 理想与现实情况相吻合
	2. 管理团队已经是最好的
	3. 在客户服务管理方面有很好的服务理念
	4. 所创办的事业顺应时代潮流
	5. 所采取的技术具有突破性，不存在许多替代品或竞争对手
	6. 具备灵活的适应能力，能快速地进行取舍
	7. 始终在寻找新的机会
	8. 定价与市场领先者几乎持平
	9. 能够获得销售渠道，或已经拥有现成的网络
	10. 能够允许失败
创业家的个人标准	1. 个人目标与创业活动相符合
	2. 创业家可以做到在有限的风险下实现成功
	3. 创业家能接受薪水减少等损失
	4. 创业家盼望进行创业这种生活方式，而不只是为了赚大钱
	5. 创业家可以承受适当的风险
	6. 创业家在压力下状态依然良好

2.2.3 行业与市场分析

阿里巴巴创始人马云曾经总结说，准确的市场定位是创业成功的关键。正确选择目标市场对于创业者来说至关重要，也是一个新企业获取成功的第一步。那么应该如何正确选择目标市场呢？

首要应确认创业机会有吸引力、持久性、及时性，并依附于创业者的产品、服务或者业务。这个确认的过程实际上就是创业者对创业机会的识别与评估过程，而识别以及评估的依据又主要来自于行业及市场的分析。下面介绍一个行业与市场分析的工具——SWOT 分析法，又称态势分析法，是能够比较客观而准确地分析和研究一个企业现实情况的方法，即根据企业自身的既定内在条件进行分析，找出企业的优势、劣势及核心竞争力所在，以制定适合企业实际情况的经营战略和策略。SWOT 四个英文字母分别代表 Strengths（优势）、Weaknesses（劣势）、Opportunities（机会）和 Threats（威胁），如图 2.4 所示。SWOT 分析法的原理如图 2.5 所示，是将与研究对象密切相关的各种主要内部优势、劣势、外部的机会和威胁等通过调查列举出来，并以矩阵形式排列，然后用系统分析的思想把各种因素相互匹配起来加以分析，从中得出一系列相应的结论，这样的结论通常带有一定的决策性。运用这种方法，创业者可以对自己的创业项目进行全面、系统、准确地研究，并根据研究结果制定相应的发展战略、计划以及对策等。例如，如何在市场竞争中扬长避短，如何借助良好的机遇实现成功创业，如何及时弥补自己的缺点，如何化解可能存在的威胁，如何找准自己的目标与方向。

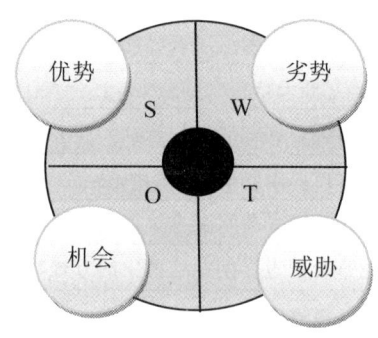

图 2.4　SWOT 分析法

图 2.5　SWOT 分析法原理

图 2.6 是 SWOT 分析法的内外部环境示意图。其中优势属于内部环境因素，一般指相对于竞争者的优势方面，例如，有利的竞争态势、充足的资金支持、雄厚的技术力量、一流的产品质量、良好的企业形象、具有规模经济、市场占有率高、具备成本优势和品牌推广优势等。劣势属于内部环境因素，一般指相对于竞争者的劣势方面，例如，核心竞争力弱、缺少关键技术、研究开发落后、设备老化、资金短缺、管理混乱、经营不善、产品积压、人力资源素质差等。机会属于外部环境因素，是指对企业发展有利的外部机会，具体包括新的利好政策出台，行业发展趋势良好，新产品、新市场、新需求出现，市场壁垒解除，竞争对手失误等。威胁属于外部环境因素，是指对企业发展不利的外部威胁，具体包括行业政策变化、市场紧缩、经济衰退、新的竞争对手出现、替代产品增多、客户偏好改变、用户观念转变、突发事件出现等。

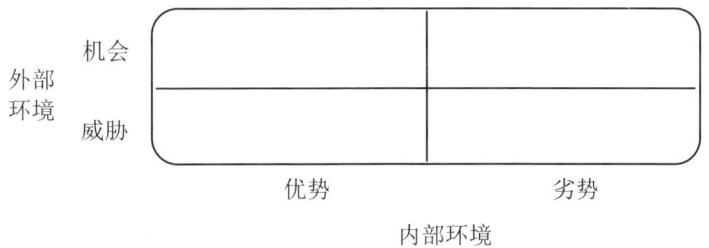

图 2.6　SWOT 分析法内外部环境

那么 SWOT 分析法具体该怎么做呢？一般可以分为 3 个步骤。

（1）分析因素。指运用各种调查研究方法，找出企业所处的各种环境要素。要求罗列出优势、劣势、机会、威胁等各要素涵盖的细分关键子因素，即影响企业发展的重要因素，进而清楚地知道企业内部的竞争优势与劣势，以及企业外部环境所带来的发展机遇与威胁，同时明确问题的轻重缓急及未来的发展方向。

（2）构建矩阵。甚至将调查分析得出的各种因素根据轻重缓急或影响程度等排序，构建 SWOT 矩阵，并进一步进行矩阵分析，见表 2.6。

在这一过程中，要将对企业发展最重要、最紧迫的影响因素优先排列出来，将次要的、不紧迫的影响因素排在后面。同时通过矩阵分析，初步形成清晰的增长型战略、扭转型战略、多种经营战略和防御型战略，如图 2.7 所示。

表 2.6 SWOT 矩阵

外部环境因素	内部环境因素	
	优势	劣势
机会	SO 战略（增长型战略）发挥优势，利用机会	WO 战略（扭转型战略）利用机会，弥补优势
威胁	ST 战略（多种经营战略）利用优势，降低威胁	WO 战略（防御型战略）减少劣势，回避威胁

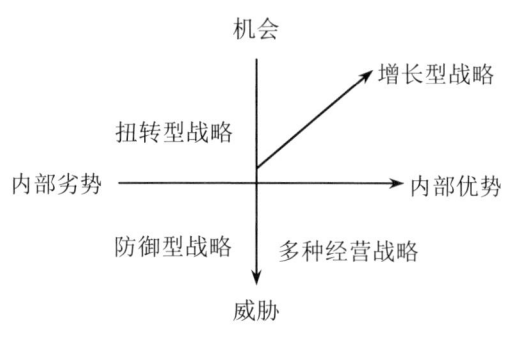

图 2.7 战略分析

（3）制订计划。依据以上内外部环境因素分析与 SWOT 的矩阵分析结果，制订适合自身实际情况的行动计划。制订计划的基本思路有：扬长避短，即在充分发挥和利用优势的同时弥补劣势；抢"机"化"危"，即充分利用机会因素化解或者回避威胁因素；全盘考虑，系统规划，即基于考虑过去、立足当前、着眼未来，运用系统分析的方法，将矩阵分析的各种因素相互联系并加以组合，得出一系列满足企业实际需求与未来发展规划的经营战略与具体策略。

在应用 SWOT 分析法时，应该注意以下几个问题。

1）必须全盘考虑内外部环节间各类因素，并立足于公司的现状与未来。

2）必须对公司的优势与劣势有客观的认识。

3）最好与竞争对手进行比较分析，尤其是优劣势对比分析。

4）注重简洁化，避免复杂化与过度分析。

5）该方法最好和其他工具同时使用。

除了 SWOT 分析法以外，常用的行业与市场分析工具还有市场营销调研内容清单、市场开拓可行性分析表等。

2.2.4 市场细分与产品定位

【情景】

店员：您好，请问有什么可以帮您的吗？

顾客1：我想买个新手机，拍照功能好的那种。

店员：那您可要看看我们的女性手机专柜了，这是专门针对女性消费者打造的，高贵的气质、深度的内涵、糖果的外观如同女性的真实写照，而且这款手机的拍照功能也是非常强大，前置摄像头1600万像素，后置1200万像素，双镜头光学防抖，帮您拍出生活中的美丽瞬间。

店员：大爷您好，您想买款什么样的手机呀？

顾客2：我不太懂这个，不要太多功能，主要就是打打电话。

店员：大爷，我们这边有老年机专柜，您看这款手机屏幕大、字体大、声音响、防水、防震、超长待机，而且价格超级便宜。

上面的场景相信大家都不陌生，根据消费者的年龄、性别等的差异，商家会推荐不同的商品类型。这里就涉及市场细分的概念，在创业过程中，在做产品定位时，一定要了解这一概念。

1. 产品细分概念

市场细分概念是美国营销学者温德尔·R.史密斯（Wendell R.Smith）于20世纪50年代中期提出的，是指营销者通过市场调研，依据消费者的需要和欲望、购买行为和购买习惯等方面的差异，把某一产品的市场整体划分为若干消费者群的过程。可以说每一个细分市场都是由具体类似需求倾向的消费者构成的群体，而每一类消费者群实际上就是一个细分市场。精准的市场细分可以帮助企业迅速有效地选择自己的目标市场，制定正确的营销策略，避开与行业巨头的正面竞争，甚至找到自己的"蓝海"市场，是一个企业快速有效获取营销成功的关键。尤其是在这个瞬息万变、竞争日益激烈的时代，创业者想要迈出成功的第一步，更加需要遵循这一重要法则。举个例子，小米公司从2011年进军手机市场以来，便保持了令世界惊讶的增长速度，能够在竞争激烈的手机市场快速占有一席之地，离不开小米精准的市场细分和定位。熟悉小米手机的朋友都知道小米手机是小米公司研发的一款高性能发烧手机，主要针对手机发烧友，采取线上销售模式，在年龄层次上更适合年轻人购买，在性别上男女都适合，在市场价格方面，小米手机价格普遍偏低，突出它的高性价比，符合市场价格主流。

那么如何进行市场细分呢？市场细分可以具体分为消费品市场细分和生产资料市场细分两大类。以消费品市场细分为例，介绍细分的标准和变量。消费品市场细分的变量包括地理因素、人口统计因素、心理因素和行为因素四大类。其中每一个变量又包含若干细分变量。

（1）地理因素包括地理位置、地形地貌、气候特征和人口密集度等细分变量。

（2）人口统计因素包括年龄、性别、收入水平、教育水平、职业、家庭人口、家庭生命周期、民族宗教、国籍、社会阶层等细分变量。比如，根据年龄可以划分为儿童市场、青年市场、中年市场、老年市场。不同年龄段的消费者由于生理、性格、爱好、经济状况的不同，对消费品的需求往往存在很大差异。按性别可以将市场划分为男性市场和女性市场，在消费需求、购买行为、购买动机等方面，男女之间存在很大的差异。根据收入水平的高低，可以划分为高收入、次高收入、中等收入、次低收入、低收入 5 个消费群体。收入水平直接决定了消费者的购买力。

（3）心理因素包括生活方式、个性特征、购买动机（包括个性偏好）等细分变量。按照消费者的生活方式特征可以划分为节俭型、奢侈型、传统型、新潮型等。生活方式是指人们对工作、消费、娱乐的特定习惯和模式，不同的生活方式会产生不同的消费需求偏好。按照消费者所追求的利益和价值的差异可以划分为追求实惠、追求廉价、追求新鲜、追求时尚、追求美丽、追求名牌等。不同的购买动机，其购买行为、习惯必然存在很大的差异。

（4）行为因素包括购买时间、购买地点、购买数量、购买频率和购买习惯。明确了市场细分的标准和变量，来看看几个常用的表格工具。

2. 表格工具

（1）目标市场特征调查分析及策略制定表，见表2.7。这一表格适用于针对目标市场特征的调查分析与营销策略。具体调查内容主要涵盖消费者购买动机、购买习惯、购买需求、购买能力等。可在此基础上进行统计分析，并制定相应的营销策略。在使用过程中，可以根据不同产品特性及细分市场差异性进行内容调整。

表 2.7 目标市场特征调查分析及策略制定表

制表人：　　　　　　　部门：　　　　　　　时间：

项目	问卷问题	回答结果统计	营销策略（如何满足市场需求）
市场需求	消费者需要什么样的产品		
	消费者追求的价值和利益是什么		
市场现状	消费者对产品性能的评价		
	消费者对价格评价		
	消费者对外观及包装的评价		
	消费者对品质的喜好		
	消费者对功能、特点的喜好		
	消费者对服务的要求		
消费者购买地点/渠道	消费者在哪里购买该产品		
	消费者在哪里使用该产品		
	消费者为什么到 A 店（实体店）购买，而不到 B 店（网店）购买		
消费者购买时间	消费者一般何时购买该产品		
	消费者一般在何时必须使用该产品		
消费者购买方式	消费者是直接购买还是推荐购买		
	消费者是线下购买还是线上购买		
	消费者是单独购买还是团购		
消费者购买频率	消费者大概隔多长时间购买一次		
	影响消费者购买频率的原因是什么		
消费者购买数量	消费者一定周期内的购买量是多少		
	消费者人均购买量是多少		
消费者品牌忠诚度	消费者对本品牌的忠诚度如何		
	消费者是否经常更换品牌		
	有哪些因素会使得消费者增加购买该产品		
	有哪些因素会导致消费者经常更换品牌或者放弃该产品		
消费者对广告促销的反馈	消费者习惯接受哪些媒体广告		
	消费者习惯接受哪些促销方式和活动		
消费者结构	按照性别、年龄、职业、职位、学历、收入、家庭成员等选项进行分类说明		

（2）市场定位产品差异分析表，见表 2.8。这个表格适用于市场定位产品差异分析，主要针对竞争产品进行调查，并与本公司产品进行对比分析，找出差异所在。具体项目包括产品性能分析、规格、价格、包装、营销力度、广告投入、销售投入、售后服务、品牌影响力、市场占有率等。

表 2.8　市场定位产品差异分析表

调查人：　　　部门：　　　调研地点（卖场/超市）：　　　时间：

项目	竞争产品 1	竞争产品 2	竞争产品 3	本公司产品	对比分析/差异描述
产品功能与特点					
零售价					
产品规格					
包装方式					
品质稳定度					
耐用性					
故障率					
使用方便性（难易程度）					
产品生命周期（适应市场的期限）					
营销力度（包括销售方式、渠道等）					
广告投入（数量及方式）					
促销投入（活动、展示方式、展示数量）					
售后服务					
品牌影响力					
顾客对产品的评价					
当前销量					
当前市场占有率					

（3）细分市场可行性分析表，见表 2.9。这一表格主要适用于细分市场的可行性分析，分别从战略、市场需求及现状、竞争优势、资源、环境等几个方面进行综合评估和分析，帮助创业者全面了解项目未来进入细分市场可能面临的优势、劣势、机会以及威胁，从而准确判断开拓细分市场的可行性。

表 2.9 细分市场可行性分析表

项目	问题	细分市场（评价）		
		细分市场 A	细分市场 B	细分市场 C
战略	开发细分市场是否与总体目标一致			
市场需求	消费者分析（该细分市场特性）			
	市场增长空间			
	细分市场客户			
	预计销售额			
	预计市场占有率			
	预计利润率			
竞争	竞争性（规模、市场份额、质量、价格、人才队伍等）			
	有何竞争优势			
资源	是否有必需的营销、生产、资金、技术、人力资源予以支撑，能否获得			
环境	环境综合因素是否对细分市场有利（具有包括宏观经济、技术水平、政治、法律、文化和社会因素）			
	评级			

（4）市场细分标准及变量详细说明表，见表 2.10。列举了市场细分过程中的关键要素，即市场细分标准及细分变量说明，具体分为消费品市场细分和生产资料市场细分两大类，并列出了各类细分变量的详细说明，可以帮助创业者精准、高效进行市场细分。

表 2.10 市场细分标准及变量详细说明表

维度	变量分类	细分变量	变量说明
消费品市场细分	地理因素	地理位置	按照行政区域或者地理区域划分,不同区域消费者的消费习惯、需求、偏好等都存在一定的差异
		地形地貌	按地形地貌特征可划分为平原、丘陵、山区、沙漠地带等。不同地形区域的消费者,某些消费需求差异会很大
		气候特征	按气候特征可分为热带、亚热带、温带、寒带等,例如御寒保暖、防暑降温、空气干燥或者加湿之类的消费品就可按不同的气候带进行市场细分
		人口密集度	不同区域的人口密集度往往直接决定了消费品的需求量
	人口统计因素	年龄	可划分为儿童市场、青年市场、中年市场、老年市场。不同年龄段的消费者由于生理、性格、爱好、经济状况的不同,对消费品的需求往往存在很大差异
		性别	按性别可将市场划分为男性市场和女性市场。在消费需求、购买行为、购买动机等方面,男女之间存在很大差异
		收入水平	根据平均收入水平的高低,可划分为高收入、次高收入、中等收入、次低收入、低收入 5 个消费群体。收入水平直接决定了消费者的购买力
		职业	按照职业可划分为公务员、教师、医生、企业管理者、公司职员、演员、文艺工作者等。不同职业的消费者由于知识水平、工作条件和生活方式等不同,其消费需求存在很大差异
		教育水平	按照教育水平可划分为硕士及以上、本科、大专、中专、高中、高中以下等几个维度。不同教育水平的消费者,在个人素养、兴趣爱好、生活方式、价值观念等方面存在较大差异,将直接影响其购买行为、购买习惯等
		家庭人口	按照家庭成员数量、婚姻状况等因素,可分为单身家庭、单亲家庭、小家庭(2~3 人)、大家庭(4~6 人,或 6 人以上),不同类型家庭的消费需求量、消费习惯及消费偏好都存在较大差异
		家庭生命周期	按照家庭成员年龄、婚姻和子女状况,可分为单身、新婚、满巢、空巢和孤独 5 个阶段。在不同阶段,家庭购买力、消费需求与偏好有很大差异
		民族、宗教、国籍	按照民族、宗教、国籍划分标准分类即可。不同民族、宗教或者国籍的消费者,都有自己独特的传统习俗、生活方式,从而呈现出不同的消费需求
		社会阶层	按照社会中具有相对同质性和持久性的群体特征可划分为高净值群体、企业高管群体、娱乐圈群体、白领群体、农民工群体、失业群体等。处于同一阶层的成员具有类似的价值观、兴趣爱好和行为方式,而不同阶层成员之间购买力、消费需求、消费习惯等都有很大差异

续表

维度	变量分类	细分变量	变量说明
消费品市场细分	心理因素	生活方式	按照消费者生活方式特征可划分为节俭型、奢侈型、传统型、新潮型等。生活方式是指人们对工作、消费、娱乐的特定习惯和模式，不同的生活方式会产生不同的消费需求与偏好
		个性特征	按照个性特征可划分性格外向、内向、乐观、悲观、自信、顺从、保守、激进、热情等。个性特征是指一个人比较稳定的心理倾向与心理特征，不同个性特征消费者的消费需求与偏好差异很大
		购买动机（包括个人偏好）	按照消费者所追求的利益与价值的差异，可划分为追求实惠、追求价廉、追求新鲜、追求时尚、追求美丽、追求名牌等。不同购买动机，其购买行为、习惯必然存在很大差异
	行为因素	购买时间	按照消费者购买产品时间或者使用时机的特点，一般划分为不同的节假日或者特殊的时间段（如入学期、升学期、购房、拆迁、搬家、结婚、离婚、形成习惯的促销打折日等）。许多商品的消费具有极强的时间性，例如烟花爆竹消费主要集中在春节期间，月饼消费主要在中秋节以前，很多电商也经常会推出商品促销打折的特殊日子
		购买地点	按照消费者习惯购买商品的场所，可划分为商场、超市、门店、网络商城、网店等。不同场所的消费群体、商品档次都存在很大的差异
		购买数量	按照用户规模或者某一消费群体所消费商品数量的规模可划分为大量用户、中量用户、少量用户和非用户。如图书的大量购买者为知识分子和学生，化妆品的大量使用者为中青年女性
		购买频率	按照消费者的购买频率，可划分为经常购买、一般购买、不常购买（潜在购买者）3类。甚至可以精确到具体的间隔时间，例如化妆品多长时间购买一次，烟酒多长时间购买一次
		购买习惯（主要指品牌忠诚度）	按照消费者对品牌的不同忠诚度，可划分为单一品牌忠诚者、多品牌忠诚者、无品牌忠诚者等，不同消费者的品牌忠诚程度与其购买力、生活方式、个性特征、购买动机都有密切的关系
生产资料市场细分	用户经营规模		按照用户经营规模，可划分为大用户、中用户、小用户。用户经营规模直接决定其购买能力的大小，因此，用户经营规模是细分生产资料市场的重要标准
	用户需求		按照不同用户的不同需求特征，可以用自定义的方式对生产资料市场进行分类。例如，晶体管厂的用户可细分为军工市场、工业市场和商业市场，因为各类用户都有其个性化需求。又如，同样是钢材，可能分别适用于部队武器装备生产、飞机制造、船舶制造、重型机械制造、餐具生产、房地产建筑等领域。因此，企业常常会先根据用户需求的差异性对其科学系统地分类，然后有针对性地提供个性化产品或者服务，以满足用户的不同要求

续表

维度	变量分类	细分变量	变量说明
生产资料市场细分	用户实际购买数量		按照用户实际购买数量大小可以划分为大客户、一般客户、小客户等类别。企业往往会针对不同级别的客户结合其个性化需求，采取不同的营销组合方案。（需要注意的是，具有很强购买力的经营规模大的用户，不一定就是实际交易中的大客户）
	用户购买方式		按照用户购买方式可划分为直接重购、调整重购及新购买等类别。不同的购买方式的采购程度、决策过程存在很大差异，这就要求企业灵活地采取不同的营销策略

注：高净值人群一般指个人金融资产和投资性房产等可投资资产较高（大部分媒体对中国一般用 600 万元人民币作为基准线）的社会群体。

说明：消费品市场的细分标准有很多同样适用于生产资料市场的细分，如地理位置、地形气候、人口特征、购买动机等，这里不重复列举。

2.2.5 竞争对手的调查与分析

【情景】

老李：老张，你在商场里鬼鬼祟祟地干什么呢？

老张：我正在偷偷调查竞争对手家的产品销售情况呢。

老李：这么麻烦，你上网查查资料不就行了。

老张：纸上得来终觉浅，那些都是二手资料，不一定靠谱，我还是得多跑跑现场掌握一手资料。

在进行竞争对手分析之前，首先要明确竞争对手是谁，然后要分析如何获取竞争对手的情报，并进一步建立分析数据库，为最终得出结论提供可靠的依据，如图 2.8 所示。

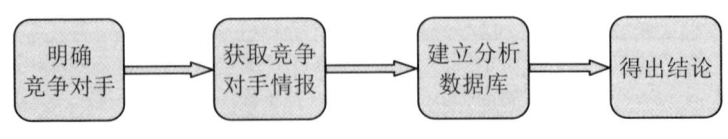

图 2.8　竞争对手调查与分析环节

（1）明确竞争对手。竞争对手是指生产或者经营与自己类似或可以相互替代的产品或服务的企业，一般而言，竞争对手分为现有直接竞争对手和潜在的竞争对手两类，我们应该以前者作为分析的重点。

现有直接竞争对手是指生产或者经营与本企业相似的企业，这些企业通常与本企业同速增长或者比本企业增长更快。分析过程中尤其要密切关注那些已经或者有能力对本企业的核心业务产生威胁的竞争对手。

潜在竞争对手是指暂时对本企业未构成威胁但是具有潜在威胁的竞争对手。这类竞争对手也不可忽略，一旦产生威胁，通常都具有极强的破坏力。比如利用自身的技术、资源、规模等优势突破竞争壁垒，成为本企业的竞争对手。甚至完全打破现有的市场结构。

（2）获取竞争对手情报。明确了竞争对手之后，就该收集目标对象的信息情报。一般来说，可以从以下几个渠道获取竞争对手的信息。

1）竞争对手的各种文献资料，主要包括以下几类：
- 公司公开出版的书籍或者发表的重要文件资料等。例如，公司的出版物、公司年鉴、财务数据报告、年度报告、社会责任报告、公司管理制度、员工手册、消费者服务承诺、售后服务手册，这些资料通常与公司的战略规划、内部运营管理、业务发展、经营策略等有关。
- 公司内部人员公开发表的内容。例如公司领导发表的文章或者公开演讲的内容，销售经理发布的销售报告，财务经理透露的财务数据等。
- 公司宣传资料。包括产品宣传手册、公司介绍、企业文化手册、营销资料等。
- 企业内刊。包括报纸、杂志、网络刊物等各类自媒体。

2）竞争对手信息的另外一个重要来源就是行业内的文献和资料，主要包括以下几个方面：
- 行业内公开出版的或者发布的重要文件资料，例如行业年鉴、行业年度报告、其他各种行业出版物，行业组织机构发表的各类重要资料与信息等。
- 行业内媒体，例如行业内知名刊物、行业组织机构官方网站。
- 供应商的有关报告，例如，供应商发布的一些官方报告可能涉及与竞争对手的战略合作意图，已经开展的重要合作项目等信息。
- 行业权威的数据分析报告或者相关信息。例如行业分析师或者权威人士发表的研究报告、文章及评论。此外，媒体发布的数据、资料、竞品的促销信息以及专业数据提供商或者咨询机构提供的信息等，都可以作为竞争对手分析的重要资料。

不管是竞争对手文献还是行业文献,这些渠道获取的都是文献类的二手资料,缺乏一定的实证性,在进行竞争对手调查时,还有必要开展一些现场调研工作。一来可以补充情况信息,二来可以对众多二手资料进行求证,以确保数据信息准确无误。常用的调查方法如下。

1) 人员访谈或者问卷调查。对象包括同行业人员、非同行业相关人员、供应商、渠道商、合作机构、消费者、社会大众等。例如,通过向竞争者的消费者、供应商、渠道商等开展问卷调查,获得对方顾客对竞争产品的反馈及供应商、渠道商对竞争者的评价。另外,有两个非常重要的群体值得重视:一是相关专业人士或者专业咨询机构,尤其是为竞争者提供过服务的专业人士,能够帮助创业者挖掘到非常有价值的情报信息,并提供权威的意见;二是从竞争者那里退休的管理人员,能够直接为创业者提供高价值的情报信息与个人擅长领域的专业意见。

2) 实地考察调查。主要是指到竞争者的营销活动区域、生产基地、办公现场等进行实地考察与深入调研,更直观地掌握有关数据信息。在做竞争对手调查时,应该主要考察以下几个方面的内容:①竞争者的基本信息,包括地域分布、规模效益、产能、组织结构等;②竞争者的战略目标与规划;③竞争者的企业文化、内部运营管理环境、内部管理水平与工作效率;④竞争企业各类产品在市场中的地位、市场占有率、产品的滞销性、顾客评价、产品系列的深度与宽度;⑤竞争者产品的特性、质量以及产品竞争力,及其与本公司产品的优劣对比分析;⑥竞争者的产品价格策略;⑦竞争者销售渠道的广度与深度、销售渠道的效率与实力、销售渠道的服务能力、对销售网点的援助和指导情况;⑧竞争者促销推广的方式、策略,促销活动的特性、频率;⑨竞争者广告及宣传推广的方法、主题内容、频率、投入金额、渗透情况等;⑩竞争者营销人员的数量、素质培训情况;⑪竞争者售后服务的方法及质量;⑫竞争者的消费者与供应商情况;⑬竞争者仓储、物流的支撑情况。

(3) 建立分析数据库。通过上述途径收集到竞争对手的资料与情报之后,应该建立一个完善的竞争对手分析数据库,用来分析和评价竞争对手未来的战略行动并提出获取竞争优势,赢取顾客与市场的建议。竞争对手数据库的建立可以依据情报信息要点,将从各种渠道获得的情报信息进行归类整理,并对每一个要点进行进一步的细分,编码入库,便于查询使用。

（4）得出结论。通过一定的数据分析方法，即可得出数据分析结论，作为调整公司战略的重要参考，知己知彼才能百战百胜。表 2.11 是竞争对手调查与分析表，内容涵盖竞争对手的基本信息、产品、价格、渠道、销售服务人员素质等方面，并列出了重要的分析项目，使用者可根据需要增减表格中的调研项目及内容。

表 2.11 竞争对手调查与分析表

调查人：_____ 部门：_____ 时间：_____

基本信息			
公司名称			
注册地址		注册资金	
成立时间		法人代表	
固定电话		企业性质	
上年度营业总额		员工人数	
经营范围			
联系人		联系方式	
营销情况			
产品名称		品牌概述	
产品种类		产品性能	
市场占有率		产品品质	
产品价格		顾客评价（对产品）	
销售渠道地域分布		销售网络数量	
销售渠道的实力	规模、硬件	销售渠道服务能力	
对销售渠道的支持	方式、频率	重点客户	包括终端客户
广告宣传方式及频率		广告宣传渗透情况	
广告宣传投入		广告宣传效果	
促销方法和策略		促销频率	
促销投入			
营销人员数量		营销人员素质	
营销人员培训情况		营销人员给客户的印象	
售后服务流程		售后服务质量	
售后服务水平		顾客对服务的评价	
业内综合评价			

续表

营销动态	
重大事件或者调整	包括新产品推出、研发动态、促销政策、策略调整等
媒体报道	
市场环境变化	
对比分析	
产品对比分析	性能、品质、种类
品牌对比分析	
价格对比分析	
渠道对比分析	
广告对比分析	
促销对比分析	
人员素质对比分析	
服务对比分析	
投入对比分析	包括培训投入、市场调研投入等

2.2.6 用户分析

【情景】

老师：小瑞干嘛呢？

小瑞：做问卷呢，我准备针对产品更新进行一次市场调研，想知道大家对产品的具体需求在哪里，但是不知道该如何开始。

老师：嗯，了解了。推荐你先了解一下用户画像这个工具，它可以帮助你更加精确地找到用户需求，这样产品更新的方向就能更加明确了。

小瑞：我对用户画像不太了解。

老师：那请听听老师是怎么讲的。

1. 用户画像的概念

所谓用户画像，是根据用户的社会属性、生活习惯和消费行为等信息而抽象出的一个标签化的用户模型。

用户画像可以使产品的服务对象更加聚焦、更加专注，这一点对于创业公司来说至关重要。在行业中,我们经常看到这样一种现象,做一个产品,期望后端用户能涵盖所有人,如男人、女人、老人、小孩、专家、小白、文青,然而通常这样的产品会很快走向消亡。因为每一个产品都是为特定目标群的共同标准而服务的,当目标群的基数越大,这个标准就越低。换句话说,如果这个产品适合每一个人,那么其实它是为最低的标准服务的,这样的产品要么毫无特色,要么过于简陋。纵览成功的产品案例,其服务的目标用户通常都非常清晰,特征明显,体现在产品上就是专注、极致,能解决核心问题。

比如苹果公司(Apple)的产品一直都为有态度、追求品质、特立独行的人群服务,赢得了良好的用户口碑及市场份额。

又比如豆瓣,专注文艺事业十多年,只为文艺青年服务。文艺青年在这里能找到知音,找到归宿。所以给特定群体提供专注的服务远比给广泛人群提供低标准的服务更接近成功。

其次,用户画像可以在一定程度上避免产品设计人员草率地代表用户。代替用户发声是在产品设计中常出现的现象,产品设计人员经常不自觉地认为用户的期望跟他们是一致的,而且还总打着为用户服务的旗号,这样的后果往往是精心设计的服务并不被用户买账,甚至觉得很糟糕。因此,在进行产品定位和设计时,必须了解以下信息:产品用户群的心理、生理和社会特征,喜好、年龄、身份地位,以及经验和认知程度。当然,用户不仅仅局限于直接用户,还应该包括间接用户。只有了解用户,才能有的放矢地设计产品。常用的用户分析工具有消费者调查问卷、消费者购买倾向分析表、消费者结构分析表、消费者消费情况统计与分析表。

(1)消费者调查问卷。主要内容包括消费者结构、购买动机、购买时间、购买能力和购买频率、品牌态度、品牌偏好、品牌忠诚度、产品和服务满意度等。所列的内容是消费者调查中使用频率最高的细分选项。大家可以根据选项拟定相应的题目或者延伸设计出相关的问答题目。具体形式可采用封闭式或开放式问答等,现在可以使用大数据技术和移动终端(手机)等开展调查,如问卷星等。

(2)消费者购买倾向分析表。这一表格主要用于调查与分析某区域范围内消费者的购买倾向,一般与消费者市场调查问卷相结合,涵盖消费者结构分析、消费者观念分析、消费者需求分析三部分内容。根据每一项的调查结果,提出相应的应对策略。

（3）消费者结构分析表。该表格主要用于消费者结构相关数据的统计与分析。一般与消费者市场调查问卷配合使用。使用者可以根据需要就不同的细分项目进行调整，如年龄段分类、职业分类等。

（4）消费者消费情况统计与分析表。该表格主要用于针对各种产品的销量以及消费者消费情况进行统计分析，帮助我们更好地了解用户特征，明确用户需求。

【训练题】

1．各小组根据自身优势，进一步明确拟创业项目。
2．用 SWOT 分析法对本小组创业项目进行分析。
3．对本小组项目进行市场调查，并撰写调查分析报告。
4．用用户画像形式对本小组项目进行用户分析。

第3章　创业团队建设

【本章要点】

1. 团队概念认知
2. 高效团队核心要素
3. 领导力与执行力
4. 团队软实力建设
5. 综合训练
6. 拓展活动

【学习目标】

通过本课程的学习，使学生系统地掌握创业团队概念、高效团队的核心要素、领导力与执行力、团队建设的软实力和复杂任务的执行情况。

【技能目标】

通过本章的学习，使学生能够区分团队和团体的概念，并掌握如何在创业活动中组建高效团队，并能够在团队中明确并发挥自己的创造力，提升学生创新技能与创业能力。

【素养目标】

通过本章的学习，培养学生的团队意识，形成对人生价值的正确认识和积极向上的人生观、价值观，养成对国家、民族、社会和他人的责任感和奉献精神，塑造学生正确的创新创业观、健全的人格与企业家精神。

3.1　团队概念认知

【情境】

老师：大家是怎么理解团队这个概念的呢？怎么样才能叫作一个团队？在一个教室上课的我们算是一个团队吗？

学生1：我觉得团队应该是一群人为了共同的目标而努力，起码要有两个人以上才能算一个团队，单个人是无法称为团队的。

学生2：如果仅仅是在一个教室上课，应该算不上一个团队，可能仅仅是空间上的聚集，既没有共同的目标，也没有彼此之间的协作。

学生3：说到团队我想到一个非常经典的西游团队。师徒四人一行去西天取经，历经千难险阻，大家共同努力，互相协作，最终实现了目标，我认为这就是一个很好的团队。

学生4：说一个我身边的团队，在大学里我加入了一个5个人的创业团队，大家有不同的知识与能力，彼此都有不同的优缺点，大家彼此能够互补，我觉得这种互补对于团队来说相当重要。

老师：大家谈得非常好，每个人对团队都有自己不同的理解。有的人提到了西游记中的师徒团队，还有的同学提到了自己的创业团队。那么团队的概念应该是什么呢？

1. 团队的概念

通过以上的情境活动，可以总结出：一个"团队"可以概括为两个或两个以上相互作用的个体，在共同、特定的目标下，按照一定的规则结合在一起的组织。

创业团队是指在创业初期由一群才能互补、责任共担，愿为共同的创业目标而奋斗的人所组成的核心团队。开始创业之前，就需要把必要的伙伴及合伙人找齐，如一个互联网创业团队一般由3~5人组成：一个负责在外代表公司的CEO、一个产品负责人、一个市场负责人、一个技术工程师。

2. 团队和群体的区别

团队不等于群体。坐在教室一起上课的一个班里的学生,算是一个团队还是一个群体呢?只能算是一个群体,因为他们还没有形成一个共同的目标并且为之努力。群体与个体相对,是个体的共同体,具有抱团取暖的自然属性。不同个体按某种特征结合在一起进行共同活动、相互交往就形成了群体。

群体的主要功能是通过成员之间的相互沟通、相互作用来实现信息的共享,并在此基础上作出决策和行动。群体中的人在相互作用时必然产生 1+1 不等于 2 的协同效应,经常出现所谓 1+1<2 的社会惰化效应,而这种社会惰化会随着群体人数的增加而增加,而团队的核心是团队目标的实现,团队需要通过团队内成员的共同努力而产生良好的协同作用,促使团队的总体绩效大于每个成员绩效的总和,实现 1+1>2 效果,这就是团队和群体区别,也是团队的重要性。

如果没有团队,大多数工作根本无法开展。比如体育运动中的很多项目比赛,足球、篮球、排球等都是需要几个人组成团队才能参加的,而且比赛的过程中,大家要向着共同的目标积极配合才行,如果球员参加篮球比赛的时候,目标不是为了获得胜利,不关注团队的胜利和荣誉,而是为了引起粉丝的关注,那么这场比赛注定是失败的。

在做软件项目开发的时候,也需要整合团队的力量,因为在一个项目的开发过程中,个人的技能匹配是有限的,有些人会 Java,有些人会 C++,有些人负责设计,有些人负责测试,只有大家共同努力,才能达到预期的效果。

从硬性指标考虑,很多任务在执行的过程中没有一个团队是进行不下去的,而且团队成员间的能力互补、相互配合也是解决复杂任务至关重要的因素。

一个优秀的团队既能够充分激发个人潜能,又能促进成员间相互协作,成员间积极配合才能完美实现目标。

总之团队是一切事业成功的基础,只有把个人的愿望和团队的目标结合起来,依靠团队成员之间紧密配合才能超越个体的局限,迸发出更大的力量。

3. 实操练习

班级学生自由组合团队,每队 6~8 人,学生在课前提前观看熟悉电影《长津湖》,课堂上播放部分电影片段。

活动目的:
- 提高学生对团队合作的理解,区别团队和群体;

- 理解团队目标和精神的重要性。

活动步骤：
- 课上老师播放《长津湖》部分片段；
- 小组成员从团队合作角度讨论观后感，并记录下来；
- 各小组选取代表上讲台分享感悟。

活动总结：在本次活动中，通过观看红色电影，让学生思考和理解团队内涵和团队精神。中国人民志愿军的任意一支部队、一名战士，都具有强烈的团队意识。遇到没有空军掩护，运输条件又差等各种困难时，都丝毫没有减弱战士们的战斗意志和必胜信心。在追击作战中，许多冻伤的战士只要还能走，就坚决要求参加追击，有的战士说："我们就是爬也要爬到前线去"。大家有着一致的信念——保家卫国，用共同的使命与价值观统一思想，上下同频激发出空前的战斗力。同样，在创业过程当中也会遇上各种困难，对于一个创业者，一个创业团队，坚定信念，增强团队意识、大局意识尤为重要。

3.2 高效团队的核心要素

要组建一个高效的团队，需要满足 4 个条件：目标明确、角色分工、数量合理以及合理的监控与激励机制。

3.2.1 目标明确

团队建设之前，应该首先确定团队的目标，只有清晰明确的目标才是有效的目标，才能让团队成员明确努力的方向。这里要注意，团队目标的制定必须做到结合实际，如果目标制定过高，则会成为空话或者口号，如果目标制定过低，则发挥不出团队的最大价值。因此制定团队目标应该从实际出发，源于实际的同时又要高于实际。在目标确定以后，创业者还要清楚地知道如何去实现这个目标，可以用目标管理的 SMART 原则。具体来说，S（Specific）是指具体的、明确的，即制定目标要避免模棱两可；M（Measurable）是指可量化的，具有衡量标准的；A（Achievable）是指能够实现，符合实际情况，即目标是可达到的；R（Relevant）是指相关性，即目标与私人之间关联度较高；T（Timebased）是指时效性，即要合理设置目标的完成期限。举个例子来说，现在以通过大学英语四级考试为目标，那么在词汇量上学生至少要掌握 4500 个单词，计划每天记住 30 个单词，5 个月可完成目标。大家可以根据自己的实际情况制订计划。又如，为了让自己更健康，很多人制订减肥计划。有些人计划一个月瘦 10 斤、20 斤，甚至是 30 斤、50 斤，这样不是不可以，不过如果影响了健康就毫无意义，所以要健康减肥，制定合理的瘦身目标，达成这个目标最健康有效的方法就是管着嘴、迈开腿。遵循 SMART 原则，这里给出的建议是，每周进行 4 次有氧运动，每次 40 分钟，根据身体的适应性情况，适量增加次数和时间，用这种状态持续 3 个月，就可以有非常明显的效果。

3.2.2　角色分工

在一个高效的团队中应该存在 5 种角色：领导者、执行者、监督者、协调者和外交官。这 5 种角色有着不同的定位，领导者掌握着团队的总目标和方向，执行者是团队的主力军，监督者主要监督工作的执行，促成任务的达成，协调者解决团队的内部冲突，外交官寻求其他的资源或者帮助。下面一起来分析西游记中的师徒四人各属于什么角色。唐僧掌握了团队的总目标和方向，即要到西天把经书取回，很明显是领导者的角色。一路上的障碍解除，孙悟空是主力军，遇到任何的困难，他都会先去探究和查看，遇到解决不了的问题，会寻求各路神仙的帮助，所以执行者和外交官的角色都扮演得很到位。再看看协调者猪八戒，虽然他的执行力不行，但是途中每次孙悟空和师傅有冲突的时候，他能起到很好的协调作用，是协调者。沙和尚在任务的执行过程中非常细致、谨慎，是一个任劳任怨的执行者的角色。假如调换一下角色，孙悟空是领导者，一个跟头就到西天了，还能历经九九八十一难吗？要是让唐僧去干执行者和外交官的角色，早就被蜘蛛精吃掉了。如果让猪八戒去当执行者和外交官，也许他就在高老庄当上门女婿了。所以，应该怎样去理解角色分工呢？就是每个人都清楚自己在团队中的最大优势并发挥这个优势，才能保证团队高效地完成任务。

3.2.3　数量合理

我们经常听到"人多力量大"的说法，也听说过三个和尚的故事，一个和尚挑水喝，两个和尚抬水喝，三个和尚没水喝。在一个团队中，有时人多反而让工作效率大大降低，因为人一多就会导致责任不明确、责任重叠、分工不明等问题，那么应该如何考量一个团队到底多少人合适呢？一般建议把任务大小和难易程度作为考核的指标。例如要举办学校的一场演讲比赛，从策划、筹备、组织、举办各个环节考虑，5~7人会比较合适。第一是比较好管理，第二是任务的分配比较均匀，不会因为人少而影响任务进度，也不会因为人太多而导致一部分成员没有工作的激情，所以让每一个成员在这个团队中发挥有效的作用很关键，团队成员数量的确定的不是用人多力量大的原则，而是在清楚任务的前提下，依据任务大小和难易程度来评估，宁缺毋滥。据统计，少于3人或多于5人的创始团队成功率很低。

3.2.4 合理的监控与激励机制

合理的监控与激励机制是保障团队任务完成的必备因素。具体来说，要做好以下几点：建立竞争机制、建立奖惩机制、明确职责和制度流程。首先建立竞争机制，让每个人都有上进心，竞争是激励团队成员上进的最有效的办法。没有竞争就没有活力，也没有压力，团队也好，个人也好，都不能发挥出全部的能力。其次，建立合理的奖惩机制可以有效引导和驱动成员的主观能动性，如A公司给销售冠军100万元现金奖励，这对该员工自身和其他同事都是一种非常有效引导。如果因为某人的失职，导致公司利益受损严重而对其相应的惩罚，不是为了罚而罚，而是为了让他不再犯同样的错误。最后，明确职责和制度流程，锁定责任就不会给他人推卸责任留下空间，另外建立一对一的责任反馈机制，有利于提高任务完成的效率，让团队的管理更加规范。

3.2.5 实操练习

班级学生自由组合团队，每队6~8人，团队合作完成传递数字的项目。

活动目的：

（1）提高对团队的概念及重要性的理解；

（2）理解并感悟团队协作能力的重要性，在和其他队友一起配合下高效沟通并完成任务。

游戏步骤：

（1）每组选派一名组员出来担任监督员；

（2）所有参赛的组员排纵列，队列的最后一人到讲台上，老师向全体参赛学生和监督员宣布游戏规则。

活动规则：

（1）各队最后一名队员到讲台上，老师说："我将给你们看一个五位数，你们必须把这个数字通过肢体语言传递给你前面一个队友，依次往前传，最后让小组的第一个队员将这个数字写到讲台前的白纸上（写上组名），看哪个队伍速度最快，最准确。"

（2）小组排成一列，全过程不允许说话，后面一个队员只能够通过肢体语言向前一个队员进行表达，通过这样的方式层层传递，直到第一个队员将这个数字写在白纸上；

（3）比赛进行三局，每局休息 1 分 15 秒，期间小组内可以商讨下一局对策，第一局胜利积 5 分，第二局胜利积 8 分，第三局胜利积 10 分。

小组讨论：

（1）p（计划）d（实施）c（检查）a（改善行动）循环在这个游戏中如何得到体现？

（2）在游戏中，总结团队合作的重要性。

点评要点：在团队合作中，高效沟通尤为重要，活动中每个人承担不同的角色，高效完成任务的关键在于团队成员之间的相互配合，理解团队的重要性及团队的协同能力。在创业活动当中，创业者也会遇到很多一个人不可能完成的任务，想要快速且准确地完成任务，团队高效配合沟通快速执行尤为重要，好团队会让一个人成长，对个人的执行力和创造力都会有很大的提升。

3.3　执行力与领导力

拥有较强的执行力和领导力是两个组建高效团队必不可少的前提条件。好的执行力，能够帮助团队尽快地解决问题，好的领导力能够帮助团队迈上一个更高的台阶。好的执行力表现在任务执行的效率和质量都很高，好的领导力表现在有较强的判断力、决策力和人格魅力，能够带领整个团队表现出超强的执行力和凝聚力。不管是领导力的培养还是执行力的提升，都是在追求团队绩效的高度达成。那么具体该怎么做呢？

3.3.1 执行力

好的执行力指高效率、高质量地完成任务。那么如何才能提升执行力呢？重点是要做好三点：一想做，二做好，三做得更好。

（1）想做。有一个成语叫心想事成，只有心想才能事成。不想做、不愿做就不可能成事。做事的第一步是要想做。如果不想做，任何正确的决策、严格的制度、缜密的计划、完善的措施都将是一纸空文，任何创新的思路、有效的方法都只能是画饼充饥，任何辉煌的前途、美好的梦想、伟大的目标都只能是水中月、镜中花。

（2）做好。优秀的团队成员不仅内心想做、主动做，而且想做好。他们不满足于平平淡淡的工作成效，不满足于得过且过的工作状态，总是在琢磨处理问题有没有最佳的解决方案，工作方法能否不断地优化，即使简单的工作也要做出精彩来，如果连简单的工作都做不好，又何谈复杂的工作呢？海尔集团创始人张瑞敏先生说过："什么是不容易？把容易的事情坚持做好了就是不容易；什么是不简单？把简单的事情坚持做好了就是不简单。"

（3）做得更好。卓越的团队成员不仅想做、做好，而且追求做得更好。各行各业出类拔萃的领军人物都有一个共同也是基本的特点：以高度的热忱、专注以及精通去面对每一项平凡而简单的工作。因为热忱，所以能够投入强大的动力和能量，因为专注才能心无旁骛地勇往直前，因为对精通的追求才能不断地要求自己达到专业领域的顶峰。当一个人能够始终保持想做、做好、做得更好的态度和方法来对待日常的每一项工作的时候，他不但是一名卓越的团队执行者，假以时日也一定会成为团队中的领头羊，从而逐渐转变成为领导者的角色。那么当团队角色发生变化时又将如何成为一名优秀的领导者呢？

3.3.2 领导力

领导力又有哪些具体的表现呢？在这里概括为三点：知人善用、供人所求、以德为上。

（1）知人善用。一个团队由不同的成员组成，每一个成员都有自己的特质和优势，关键看有没有把合适的成员放在合适的岗位上，把好钢用到刀刃上。一个优秀的领导者要学会倾听，以便了解团队成员的特质和能力，随时观察他们的举止和行为。只有清晰地认识到每一个成员的优势、劣势,才能把他们匹配到合适的位置上,这样才能让团队中的成员发挥出最大的优势。

(2)供人所求。同样是工作 8 个小时,能做出多少事情和一个人的主观能动性关系巨大。用心的领导者会发现,雇用一个人不能只雇用他的双手,而必须连双手的主人一起雇用。不要试图用道理去说服,只要给员工一个理由,让员工激发自己。优秀的领导者会在自己的能力范围内帮助员工解决工作以外的其他需求,让他们把所有的精力和时间都放在任务目标的达成和能力提升方面,以此提升团队成员的执行力。

(3)以德为上。领导者所具备的各种能力中,这是最重要的一点,也是领导者的人格魅力的体现。团队的凝聚力和执行力的好与差,很大程度看这个团队领导者的为人,只注重权力而不修炼人格的领导,是绝对不会领导好团队的,更谈不上领导能力的提高。领导者一定要尊重团队成员的人格尊严,关心爱护他们,给成员学习、工作和发展的机会,切不可居高临下、目中无人,摆架子、讲威风,以发号施令、盛气凌人的态度自居,更不能片面地认为距离产生权威,人为地设置感情屏障,在团队成员心目中领导者应该始终是值得信赖和依靠的人。

对于领导者来说,重要的事情一般都与团队有关。领导者能够做的重要的事情之一就是影响团队,帮助团队成员实现他们自己都没想到能够做成功的事情。领导者首先要做的事情就是找到合适的人组成团队,在这个团队中,应该包含多样的思维方式和实践途径。团队应该具有包容性,让每个人都感受到能够为最终结果作出有意义的贡献。领导者还应该思考能够激励团队的方法,使团队中的任何人对于自己如何做、做什么有清醒的认知并愿意与他人分享。好的领导者,懂得如何构建团队,知道什么时候应该放手让团队成员去完成任务,知道什么时间应该参与到团队当中。团队有共同且清晰的战略目标,所有人都朝着共同的方向努力。好的领导者既能吸引员工又能挖掘员工潜力,能够让团队持续拥有强大的凝聚力和统一的目标,知道随情境的变化而转变自己的角色。

3.3.3 实操练习

老师发给每个团队一张任务卡,任务卡的内容是关于将一种商品推销给一种人群,这些任务看上去是不可能完成的,因为商品对于那些人来说是不需要的,因此需要通过团队的协作共同制定出可以实施的方案和广告语,让特定的人群购买产品。

卡片任务：将羽绒服卖给非洲人；将45码的鞋卖给脚大小只有37码的人；将冰箱卖给爱斯基摩人；将笔记本卖给78岁的老年人；将梳子卖给寺庙的和尚。

项目要求：

（1）7人一组，用10分钟时间设计一条20秒的广告语，向特定人群推销自己的产品。广告语要契合相应人群的特点，让他们喜欢上你的产品，最重要的是要打动他们，让他们购买产品。在每个团队都完成自己的广告语后，各自需要集中进行展示，其他团队成员扮演那些需要购买商品的人群。

（2）广告语展示结束后，举手表达自己的购买意向，举手人数越多的团队，说明广告语的设计越成功，按团队数量进行打分，有几个团队支持即记几分。

（3）每个团队有10分钟时间向有意向人群进行现场销售，售出一件计10分，以此类推。

考核评价：销售得分+广告语得分，总分最高的团队获胜。

活动总结：在这个活动中，有利于学生发挥创造力，学会利用发散性思维看待问题、分析问题，团队成员的相互沟通和配合，对于团队的协作能力提出了一定的考验。同时，看似不可能完成的任务对团队成员的心理素质也是一种锻炼，在今后的工作中，当面对一些看似不可能完成的任务时能理智地进行分析，最终解决问题。

【案例阅读3.1】

《亮剑》中的执行力

在大家熟悉的电视剧《亮剑》里有这么个细节：李云龙和政委商量挑选会功夫的战士，搞一个特别小队出来。政委说，这主意不错，这事你尽快去办。李云龙桌子一拍，不用尽快，我现在就去办！这就是为什么李云龙带的部队有战斗力的原因，说干就干，从不拖泥带水，从上到下，都受这样的文化影响。其实，我们大多数人之间的条件和资质都是差不多的。真正差距就是在行动上、耐力上、执行力上，而强烈的执行力，正是干事创业中必不可少的，也是需要我们学习和发扬的。

【拓展阅读 3.1】

提高决策力的 5 个关键

1. 定义问题

定义问题是为了设定决策范围,弄清决策细节。将目前的问题切割成若干个更小的问题,更容易看清楚问题的原貌。值得注意的是,不同类型的问题有不同的处理方式。属于程序性的问题,如关于行政方面的问题,通常都有既定的规定或是政策作为依据,不需要花费太多的时间与精力。如果属于突发状况,就必须加以重视,在完成所有决策的步骤后再做选择。因为突发状况往往代表了未来的趋势或者新商机的来临。

2. 确定希望的结果

创业者不可能同时达成所有的目标,因而在确定目标时要列出优先顺序,并有所取舍。例如,在确定新产品的营销策略之前,必须先想清楚希望达成什么样的目标,是提升公司的市场份额还是增加盈利?或者是打响公司知名度?一般而言,不同目标之间很难兼顾,需要取舍。

3. 搜集有意义的信息

在开始搜集资料之前,必须先评估自己拥有的资料信息中还缺少哪些资料。需要根据信息与决策目标之间的关联性以及相对重要性,判断哪些信息是需要的,哪些可以忽略。信息并非越多越好,有时过多的信息只会造成困扰,并不会提高决策成功的机会。

4. 考虑各种可能的解决方案

这个阶段的重点在于征集尽量多的解决方案,头脑风暴法可以在这个阶段派上用场。团队成员集思广益,提出各种想法,尤其要鼓励提出奇特的点子,不要考虑后续可行性的问题。在想法提出来之后,针对每种想法再详细讨论,使其更为完整,并试着将不同的想法整合成更好、更完整的方案,最后筛选出若干可选方案。

5. 仔细评价可选方案

在这个步骤,创业者必须清楚每一种方案的优缺点、可能造成的结果以及与事先设定的预期目标之间的契合程度,并将先前搜集的客观数据作为评价依据,评估采取该项选择方案所对应的资源约束。

3.4 团队软实力建设

3.4.1 团队软实力的概念和作用

团队软实力是一个团队的文化、价值取向、团队制度等,影响团队自身发展潜力和感召力的因素,它是团队成员共同认可的一种集体意识,是凝聚团队,推动团队发展的精神力量。

团队软实力对团队成员的集体共同意识具有一种强化作用,可以推动团队的营销运作和发展,提高组织的整体效率。一个具有良好的软实力的团队往往显示出高涨的士气。团队成员对团队具有强烈的归属感和集体荣誉感,把自己的前途与团队的命运联系在一起,愿意为团队的利益和目标尽心尽力,从而保证了团队高效的工作状态。

3.4.2 团队软实力的形成和提升

团队中成员存在着协同合作倾向,协同合作可以满足团队成员在单独情况下无法达成目标的各种需要,也可以消除孤独感,调节心理和行为。

另一方面,团队作为一个组织,其目标在于完成任务和达成设定成果,为此要求团队中所有成员要齐心协力、团结合作,形成凝聚力。该如何提升团队的软实力呢?

(1)增强相互之间的沟通。团队中所有工作的开展都是借助于沟通才得以顺利地进行,它是实施各项管理的主要方式和方法。在一个团队中,沟通是团队管理的核心,没有沟通就没有管理上的创新,就没有良好的人际关系,团队的管理也就成了空中楼阁。在团队建设的初期,会遇到各种各样的问题,一旦问题出现,相互沟通就成为维系同事领导关系的关键要素。所以有什么话不要憋在肚子里,成员和领导多沟通,领导也应该让成员更了解自己,这样可以避免许多无谓的误会和矛盾,通过良好有效的沟通才能找准问题的症结,通过分析讨论拿出方案,及时将问题解决。沟通是维持团队良好状态的前提,也是保证团队正常运行的关键。

（2）增强团队成员之间互相信任。互相信任是团队合作的基石。如果团队成员之间缺乏信任，在执行任务的过程中，容易产生无法达到团队目标的结果，从而导致在实际的执行过程中缺乏有效的投入。那么如何提高团队成员之间的信任呢？首先应该给予团队成员足够的尊重，尊重他们的技术和能力、意见和观点，以及对组织的全部贡献。不光内部的每一个成员能够互相尊重、彼此理解，团队领导者也要为团队营造互相尊重的氛围。只有这样，团队的潜力才能被无限地激发。

（3）换位思考。团队中成员与成员之间需要互相理解信任，并且要学会换位思考，这是团队合作良好表现的基础，互相宽容理解，站在对方的角度上想一想，或许结果就会有所不同。在一个团队中只有换位思考，才可能增强凝聚力，减少合作的阻力。在团队中作为领导者，换位思考的能力是能否成功进行团队管理的一个重要因素，如果在团队中领导者认为成员在工作中没有尽心尽责，而成员觉得领导是故意找麻烦，或领导觉得团队成员不服从管理，而成员觉得领导不了解实际情况，这就是因为不同角色不能相互理解、不能换位思考造成的沟通障碍。试想一下，如果领导和下属能够换位思考、互相理解，那么工作是不是更加容易开展呢？因此，凡事不要把自己的想法强加给对方，遇到问题的时候多进行一下换位思考，站在对方的角度上想一想。

3.4.3　实操练习

活动规则：每组 8~10 人左右，每组一张海报、一盒彩笔。现场进行团队文化建设，时间 25 分钟。内容包括口号、精神文化、名称、队歌、标志等。对比哪组的团队文化最有创意，最能体现本团队的特色。每组 10 分钟，进行各自团队的成果展示和团队介绍。最终最有创意、最能体现本团队特色的小组获胜。

活动总结：在团队建设中，成为高效团队的核心要素，除领导者的领导力、成员的执行力之外，还会有很多影响团队的要素。本次活动通过组建小组，构建团队文化，增进了小组成员之间的沟通和了解，各成员之间的头脑风暴，也能提高团队成员之间的创新意识和创造力。

【案例阅读 3.2】

华为公司的企业文化[1]

华为技术有限公司，成立于 1987 年，总部位于广东省深圳市龙岗区。华为是全球领先的信息与通信技术（ICT）解决方案供应商，专注于 ICT 领域，坚持稳健经营、持续创新、开放合作，在电信运营商、企业、终端和云计算等领域构筑了端到端的解决方案优势，为运营商客户、企业客户和消费者提供有竞争力的 ICT 解决方案、产品和服务，并致力于实现未来信息社会、构建更美好的全联接世界。

华为不仅在经济领域取得了巨大发展，而且形成了强有力的企业文化。因为华为人深知，文化资源生生不息，在企业物质资源十分有限的情况下，只有靠文化资源，靠精神和文化的力量，才能战胜困难，获得发展。

一、民族文化、政治文化企业化：华为人认为，企业文化离不开民族文化与政治文化，中国的政治文化就是社会主义文化，华为把党的最低纲领分解为可操作的标准，来约束和发展企业高中层管理者，以高中层管理者的行为带动全体员工的进步。华为管理层在号召员工向雷锋、焦裕禄学习的同时，又奉行决不让"雷锋"吃亏的原则，坚持以物质文明巩固精神文明，以精神文明促进物质文明来形成千百个"雷锋"成长且源远流长的政策。华为把实现先辈的繁荣梦想，民族的振兴希望，时代的革新精神，作为华为人义不容辞的责任，铸造华为人的品格。坚持宏伟抱负的牵引原则、实事求是的科学原则和艰苦奋斗的工作原则，使政治文化、经济文化、民族文化与企业文化融为一体。

二、双重利益驱动：华为人坚持为祖国昌盛、为民族振兴、为家庭幸福而努力奋斗的双重利益驱动原则。这是因为，没有为国家的个人奉献精神，就会变成自私自利的小人。随着现代高科技的发展，决定了必须集体奋斗不自私的人，才能结成一个团结的集体。同样，没有促成自己体面生活的物质欲望，没有以劳动来实现欲望的理想，就会因循守旧，固步自封，进而滋生懒惰。因此，华为提倡欲望驱动，正派手段，使群体形成蓬勃向上、励精图治的风尚。

三、同甘共苦，荣辱与共：团结协作、集体奋斗是华为企业文化之魂。成功

---

[1] 《案例 31 生生不息的华为文化》，聊城大学成教精品公开课课程网站。

是集体努力的结果，失败是集体的责任，不将成绩归于个人，也不把失败视为个人的责任，一切都由集体来共担，"官兵"一律同甘苦，除了工作上的差异外，华为人的高层领导不设专车，吃饭、看病一样排队，付同样的费用。在工作和生活中，上下平等。华为无人享受特权，大家同甘共苦，人人平等，集体奋斗，任何个人的利益都必须服从集体的利益，将个人努力融入集体奋斗之中。自强不息，荣辱与共，胜则举杯同庆，败则拼死相救的团结协作精神，在华为得到了充分体现。

四、"华为基本法"：从1996年初开始，公司开展了"华为基本法"的起草活动。"华为基本法"总结、提升了公司成功的管理经验，确定华为二次创业的观念、战略、方针和基本政策，构筑公司未来发展的宏伟架构。华为人依照国际标准建设公司管理系统，不遗余力地进行人力资源的开发与利用，强化内部管理，致力于制度创新，优化公司形象，极力拓展市场，建立具有华为特色的企业文化。

【拓展阅读3.2】

培养思考力的方法

1. 发现联系

许多发明和创新都源于发明者发现了事物、过程、材料、技术和人之间新的关系。若想提高思考力，就尝试寻找身边的人和事之间不同寻常的关系。对这些关系的洞察可以产生新的创意、产品和服务。

例如，把果汁加到饮料中就成了果汁饮料；把内燃机技术和车轮结合在一起就发明了汽车。选择手表作为创造的对象，再列举一些与手表无关的事物，如话筒、计算机、动物、鲜花等，然后把它们结合起来：手表与话筒的结合变成报时的手表，会听话的手表，会说话的手表，可以打电话的手表；手表与计算机的结合变成带有计算器的手表，智能手表；手表与动物的结合变成不同动物形状的手表，十二生肖礼品手表，带有热爱动物提示和标示的手表；手表与鲜花结合变成色彩鲜艳的手表，花形手表，可变色的手表。

2. 触发创意

每天会有很多触动你的东西，都可用来激发你的思维：抽象画、鼓舞人心的故事、不完整的想法、小技巧等。把这些能触动你的东西放在经常看得到的地方，如冰箱上、电话旁等。你永远不会知道什么时候它们会消除你的心理阻碍并与你思考的问题联系起来。

3. 梦想法

所谓"日有所思，夜有所梦"，梦想法即因创业者经常冥思苦想，以致在做梦的时候出现"灵感"，来发现问题及其解决的办法。但这种灵感往往是稍纵即逝的，因此对每个灵感都应立即记录下来，并做进一步的调查研究。对"梦来之笔"，不必考虑所有负面因素或对资源的要求。换句话说，产生的想法、创意应该进一步开发而不必考虑任何约束条件，直到创意被开发成切实可行的形式。

3.5 课外综合训练

请大家在3个小时的时间内，以团队为单位完成5个任务，5个任务分别是信息采集、人群分析、线索搜集、快乐合影和产品销售。

第1个任务：信息采集。采用线上信息采集的方式，收集自己学校的校训、校徽、校长姓名、学校排名、学校人数以及学院情况。老师将根据团队信息搜集的完备性与准确性进行评分，评分标准如下：

校训、校徽、校长姓名——各1分；

学校排名——1~2分；

学校人数——0~2分；

学院情况——2~3分。

第2个任务：人群分析。要求学生们对学校5个人群最集中的区域进行走访调查并拍照，另外要求学生们与学校的5种人群进行合影留念，人群的界定标准自定，但不允许重复。具体的评分标准如下：

5个地点——各2分，选择的标准要给出合理理由，口述或文字均可；

5种人群——各2分，界定的标准需一致且合理，不可混淆。

第3个任务：线索搜集，在学校的任意地点拍摄教学楼、行政楼、图书馆、体育馆等建筑物外观，附带的四个英文字母或者汉字，最后拼图组成"GZGS 德学五进"，大小写必须一致，完成任务后发布朋友圈或者微博，让朋友为你们点赞助威，具体评分标准如下：

内容完整——7分（缺任意一个均不给分）；

大小写一致——3分；

拼图——3分；

发微博/朋友圈等公众平台——2分。

第4个任务：组织一次快乐合影。团队成员加上10名观众，共同呼喊正能量口号，并加上"××团队加油"，需要录制视频进行任务提交，注意其他团队的成员不允许充当观众，否则扣分。具体评分标准如下：

正能量口号——2分；

××团队加油——2分；

观众数量符合要求——6分。

第5个任务：产品销售。要求大家将一瓶1.5升的矿泉水通过各种途径进行公益拍卖，价格越高越好。整个成交画面都要录制下来，评分标准如下：

依据纯利润排序打分，第一名20分，第二名15分，依此类推。

最后将5项任务的总分加起来即为团队的最终得分，得分最高的团队为获胜团队。

在3个小时内完成以上5项任务，非常考验团队成员的执行力和团队领导的领导力。任务执行的过程中，团队领导是否能够明确任务目标，规划任务执行的顺序，并进行合理的人员分工，是任务高效完成的关键，而每一位团队成员是否能够根据目标要求高效率、高质量地完成任务，也是评价任务效果的重要方面。

任务完成后，学生们可以进行一个简单的成功反馈，从个人执行能力出发，回顾任务执行的关键步骤，也可以从团队建设的角度出发，讲解任务领导关键步骤。

通过具体的任务执行深刻地理解团队的意义，在团队中获得更多的个人成长。如果对团队建设感兴趣，可以看看这两本书：《领导梯队：全力打造领导力驱动型公司》❶和《执行：如何完成任务的学问》❷，希望对大家有所帮助。

【案例阅读3.3】

新东方的团队精神

虽然新东方因为"双减"政策，一夜之间走下了神坛，但不妨思考新东方在

---

❶ 拉姆·查兰，斯蒂芬·德罗特，詹姆斯·诺埃尔. 领导梯队：全力打造领导力驱动型公司[M]. 2版. 林嵩，译. 北京：机械工业出版社，2011.

❷ 拉里·博西迪，拉姆·查兰，查尔斯·伯克. 执行：如何完成任务的学问[M]. 刘祥亚，译. 北京：机械工业出版社，2011.

"双减"之前为什么能这么出名呢？新东方从1993创办到2021年，之所以能走过几十年，是因为它拥有非常优秀的团队。一个人的力量是有限的，但是一群人的力量是无限的。我们很容易把一根树枝折断，但很难把捆在一起的10根树枝一起折断。但做事情仅有一群人还不行，这群人必须是具备团队精神的一群人，也是一群有着同样精神状态、奋斗目标和进取精神的人。

新东方的第一批团队成员实际上是一批下岗工人——十来个四五十岁的中年妇女。她们帮助新东方管理教室、打扫卫生、印刷资料、处理各种社会关系、帮助服务学生等，这批在国有企业中已经完全失去活力的妇女们，在新东方爆发出了空前的工作激情，以每天工作16个小时还不罢休的热情投入到工作之中，把新东方搞得蒸蒸日上、日新月异。

新东方的第二批重要团队成员是新东方最初的十几个老师，这批人包括了现在在学生中还赫赫有名的钱坤强、夏红卫、杨继、宋吴、钱永强等人物。1995年，俞敏洪放弃了出国读书的打算，下定决心要把新东方当作终生事业来做。俞敏洪只身飞到美国、加拿大，一是走马观花看看这些国家，了却心中踏上北美土地的愿望；二是拜访大学时的同窗好友，看看有没有机会说服他们回到中国和他一起做新东方。在无数次的喝酒聊天悲歌欢笑之后，俞敏洪终于打动了几个胸怀大志的朋友，他们背起行囊又回到了伟大的祖国。这些人组成了新东方最具魅力的一个团队，以他们的激情、眼光和胸怀，一次次打动学生，一次次使新东方升华。这批人把新东方从一个简单的培训学校，打造成了具有现代化管理结构的国际上市公司，把俞敏洪从一个只会英语教学的老师，推上了上市公司老总的管理平台。这些朋友，至今依然在新东方发挥着重要的作用，他们就是学生一听到名字就翘首仰视的王强、徐小平、包凡一等人。他们以思想、激情和梦想，在整整10年的时光里，感动了成千上万的学生，让他们相信未来、热爱生命。

随着新东方的发展，新东方的团队越来越强大，充满个性和魅力的人物越来越多，无数才华横溢的老师从四面八方来到新东方，无数热爱教育的人才从五湖四海汇聚到新东方，新东方已经壮大成为一个有着两万多名员工、老师和管理者的强大团队。新东方的办公地点变了，新东方的组织结构变了，但有一点新东方一直保持着本色不变，那就是令人羡慕的、拥有强大精神力量的新东方团队。拥有这样的精神，相信未来新东方会很快找到正确的新发展方向，重振旗鼓。

【案例阅读 3.4】

蒋大奎和陆谟的合作❶

蒋大奎和陆谟经过 3 年苦读获得了 MBA 学位。1996 年初，他俩想自己出去闯天下，自立门户，二人分析了自己的长处与不足，又做过初步市场调研后，决定涉足中、短途公路物资运输。经过筹备，办起了"神驼物资运输有限责任公司"，董事会决定，先小规模试探，买下三台旧卡车，择吉开张。

蒋、陆两人既兴奋又不安，他们学的是 MBA，对管理理论是熟悉的，知道应该先务虚，再务实，即先制定公司文化与战略这些"软件"，再搞运营、销售，公关等这些"硬件"。

他们观察本地公路运输服务业，觉得彼此差异不大，没有特色，这正犯兵家之大忌。神驼必须创造自己独有的特色！经仔细推敲，决定"神驼"就是要在服务方面出类拔萃。但要做到这一点，需要适当的人来保证。蒋、陆二人觉得在创业阶段，公司结构与人员都必须贯彻"少而精"的原则；为此组织结构只设两层，他俩都不要助理和秘书，直接一抓到底。分配上基本是平均的，工资也属行业中等，但奖金与企业效益直接挂钩，部分奖金不发现金，改取优惠价折算的本企业股票。基层的职工只分内、外勤，外勤即司机和押送员，内勤则是分管职能工作的职员，他们的岗位职责并不太明确，而是编成自治小组，高度自主。有活一起干，有福一同享，分工多学技能知识，锻炼成多面手。为此，他们在选聘职工时十分仔细，并轮流向应聘者介绍公司的宗旨和目标。

头半年确实很辛苦，但似乎是得大于失的。这种团结一致、拼命向前的气势和决心，确实使"神驼"的服务质量在用户中一枝独秀，口碑载道。一开始是派人上门招引用户，半年下来，反是用户来登门恳请提供服务，用户们还辗转相告，层层推荐，"神驼"的业务像滚雪球似的增长。

---

❶ 广南子：《人力资源管理案例集》，个人图书馆。

【案例阅读 3.5】

"饿了么"大学生创业团队的故事

"饿了么"作为一个新型的一门式订餐服务平台,在 2009 年获得上海市党群大学生创业基金 10 万元人民币的资助,2011 年又得到了来自美国硅谷的 100 万美元风险投资,由此团队带头人、上海交通大学研究生张旭豪将企业带入了发展的快车道。

创意来源。最初,张旭豪和几位同学仅仅是因为玩游戏玩到半夜 12 点,饿了却无处叫餐。"为什么晚上没有地方叫外卖呢?"这一未被满足的需求就被他们发现了。大家一阵热烈的讨论之后,有人说:我们来包个外卖吧!没想到,创业激情从此点燃了。

观察市场。他们先是暗访一家家的饭店,观察他们的午间、晚间到底接多少外卖电话、送多少外卖,发现市场需求确实很大。于是他们承揽下订餐和送餐的业务。几个月下来,竟然有了 17 家的外卖被他们包了下来。于是,他们印广告、接电话、订餐、送餐,忙得不亦乐乎。从午间到晚间,就有了 150~200 张订单,但是问题出现了:他们实在是忙不过来了。

开发平台。在业务越来越忙时,张旭豪开始考虑 C2C 的模式,就是客户订餐以后,由饭店直接送餐。为了实现顾客可以在任意地方搜到周边饭店 – 进行订餐 – 饭店客户端收到订单 – 饭店送餐这个流程,他和他的团队整整花了半年的时间开发平台,又用了两年的时间"饿了么"网站终于上线了。上线以后,加盟店迅速达到了 30 家,每天的订单增加到 500~600 份,同时也获得了各类创业大赛的奖励和基金的扶持。

积累客户。"饿了么"团队拿下上海交通大学所在的闵行区客户之后,又开始进军华东师范大学、松江大学,每开发一个市场,他们的诀窍就是"扫街",一家家饭店去谈,一家家签约,有时拿下一个合同竟然谈了四十多个回合!就这样一点点积累客户,"饿了么"团队完成了从量变到质变的过程,在 2011 年得到了来自美国硅谷的风险投资,开始向全国市场进军!"做餐饮业的淘宝!"这就是张旭豪团队的雄心!

【案例阅读 3.6】

招不到优秀的员工是因为投入不够❶

小米公司合伙人的故事非常精彩、公司除 7 个创始人以外都没有职位，实行超扁平化管理，合伙人各自负责一个业务板块，互不干涉。高效的协作让小米公司的合伙人制度成为人们竞相模仿的对象。

团队是小米公司成功的核心原因：一群聪明人一起共事。雷军为了挖到"聪明人"，不惜一切代价。"如果你招不到人才，实际上是因为你投入的精力不够多。"雷军说，早期他每天都要花费一半以上的时间用来招募人才。对前 100 名员工，每名员工入职，他都亲自见面并沟通。当时招募优秀的硬件工程师尤其困难。有一次，一个非常资深和出色的硬件工程师被请来小米公司面试，他没有创业的决心，对小米公司的前途也有些怀疑。几个合伙人轮流和他交流，整整 12 个小时，打动了他。最后这名工程师说："好吧，我已经体力不支了，还是答应你们算了。"

3.6 拓 展 活 动

1. 西游记中团队角色分析

唐僧，心地善良，慈悲心肠，人妖不分，肉眼凡胎，要求严格。

孙悟空，勇猛善战，机智勇敢，坚持正义，忠心耿耿，勇于反抗，神通广大，嫉恶如仇，除恶务尽。

猪八戒：好吃懒做，憨厚勇敢，贪吃好色。

沙和尚：忠心耿耿，心地善良，敬佩大师兄。

西游记中，唐僧、孙悟空、沙和尚、猪八戒去西天取经的故事是大家都耳熟能详的，许多人会被这个群体中 4 位性格各异、兴趣不同的人物所感染。人们不禁会诧异：在各方面差异如此之大的 4 个人竟然能容在一个群体中，而且能相处得很融洽，甚至能做出去西天取经这样的大事情来，难道这是神仙、菩萨的旨意，而绝非凡人力所能及的吗？

---

❶ 《创业初期如何找合伙人？雷军王兴们是这样做的》，i 黑马网。

分析：不是的，这是因为他们分别扮演了不同的角色。唐僧起着凝聚和完善的作用，孙悟空起着创新和推进的作用，猪八戒起着收集信息和监督的作用，沙和尚起着协调和实干的作用。

协调者：对事物具有判断是非曲直的能力；对自己把握事态发展的能力有充分的自信；处理问题时能控制自己的情绪和态度，具有较强的抑制力。

推进者：常常表现得思维敏捷，对事物具有举一反三的能力。看问题思路比较开阔，能从多方面考虑解决问题的方法。这种人往往性格比较开朗，容易与人接触，能很快适应新的环境；能利用各种资源，善于克服困难和改进工作流程。

创新者：具有鲜明的个性，思考比较深刻，对许多问题的看法与众不同，对一些问题有自己独到的见解，考虑问题不拘一格，思维比较活跃。

收集信息者：性格比较外向，对人、对事总是充满热情，表现出很强的好奇心，与外界联系比较广泛，各方面的消息都很灵通。

监督者：头脑比较清醒，处理问题比较理智，言行谨慎，公平客观。喜欢比较团队成员的行为，喜欢观察团队的各种活动过程。

凝聚者：擅长日常生活中的人际交往，能与人保持和善友好的关系，为人处世比较温和，对人、对事都表现得比较敏感。

完善者：做事情很勤奋努力，并且很有秩序；为人处世都很认真，对待事物力求完美。

实干者：对社会上出现的新生事物从来不感兴趣，甚至对新生事物存在着一种本能的抗拒心理。当上司交给他们工作任务时，他们会按上司的意图兢兢业业、踏踏实实地把事情做好。他们给别人特别是领导留下一种务实可靠的印象。

判断一下，你在团队中扮演的角色是哪一种。

2. 创业者画像

每个小组在讨论的基础上画出团队成员心目中的创业者画像，并将创业者的典型特征标注在图画中的相应位置上，然后由每个小组的代表对自己团队的作品进行展示。相信学生们通过画图，一定会对创业者的典型特征印象深刻，甚至终生难忘。

3. 击打掌心

活动内容：伸出左手，掌心向上，先用右手的1个手指去击打左手掌心，接着用2个手指击打，依此类推，直到5个手指，乃至整个右手手掌去击打伸开的左手掌心。

活动结果：通过开放式讨论的方式引出团队的力量，以此来说明团队的力量，一个人的力量可能弱小，但团队的力量不能小觑。

4. 团队分工推演

请各个团队按照团队建设的需要、成员的爱好等标准进行人员分工，可以借助表3.1来完成。表的行数根据团队人数来增加。团队分工也可以采用表3.2的形式。

表3.1 人员分工

岗位名称	岗位职责	所需素质	所需技能	所需人数

表3.2 创业团队角色评估

角色	兴趣（愿意做什么）	能力（擅长做什么）	性格（适合做什么）
精神领袖			
技术领袖			
执行领袖			

做完上述工作之后，由小组全体成员设计一个动作作为其一起完成该任务的承诺或团队图腾，并留照纪念，将团队照片发到管理用的微信群中。这种仪式会增强团队成员的责任感和使命感，促使其更好地完成学习任务和团队项目。

【训练题】

1. 什么是创业团队？
2. 创业团队由哪些人组成？
3. 创业团队组建原则有哪些？
4. 本组项目团队目前存在哪些缺陷？
5. 如何提升本组项目团队的软实力？

第4章 创业风险

【本章要点】

1. 创业风险的定义、特征、来源和类型
2. 创业风险规避

【学习目标】

通过本章的学习,使学生全面了解和掌握创业风险的概念及特征、创业风险的类型及规避方法,培养学生综合运用所学的创业风险理论知识的能力。

【技能目标】

通过本章的学习,使学生能够在创业风险案例分析和实训中运用所学知识分析问题及解决问题,提升学生的创新风险分析、管理及规避能力。

【素养目标】

通过本章的学习,培养学生的创业风险管理技能,增强学生创业风险管理意识,增强创业风险管理能力,并应用于增强国家建设的创新创业实践中。

【案例阅读 4.1】

华为经历过的风险[1]

一个企业开始创立的时候,主要面临的是生存风险,当生存风险过后,面临的就是发展风险。其实在发展阶段,大家可以感觉到,其实最大的风险是企业不发展,就是没有抓住市场机会。当然,在发展的过程中,可能会遇到各种意外,可能有些企业就扛不住了,可能就会倒闭。

自 1987 年创立到现在,华为其实也一路伴随着风险和危机的产生以及解决成

---

[1] 苗北光:《为什么每一次重大危机,华为都变得更强》,华夏基石 e 洞察。

长起来的。

第一次危机：2002 年"华为的冬天"

2001 年互联网经济出现崩溃，当时很多的互联网上市企业的市值一下跌到只有高峰期的 10%，很多企业没钱投资了。当时华为公司在海外市场上还没拓展开，主要还是在国内市场上。那么当时面临的情景是什么？第一个挑战，2002 年华为公司收入下滑，是华为公司 30 多年的历史中唯一的一次收入下滑，面对突如其来的负增长，员工人心惶惶，有的要求退股，有的要求离职并要求公司兑现股权，甚至要求股权重组。更可怕的是，当时华为公司的少数领导从公司走了之后，把产品和技术也带走了，反过来，就是挖华为的人承诺工资可能涨 30%、50%，有些甚至加倍。当时公司内部人心惶惶，很多人都被挖走了，整个骨干队伍面临崩溃的风险。这是当时遇到的第二个挑战。第三个挑战其实更严重，当时无线的产品在国内卖不出去，只有支出，没有收入，所以说这是当时面临的一个很大的危机。

面临这些危机该怎么处理？当时华为公司做了这几条：第一条，所有的中高层领导降薪；第二条，不裁员；第三条，卖掉一个子公司；最后一条，就是做反向扩张，在 2002 年下滑采取措施，到 2003 年站稳脚跟之后，华为公司开始面向海外拓展。

第二次危机：2013—2014 年，互联网冲击下的行业危机

互联网疯狂到可以颠覆一切的地步。在互联网冲击下，其他各行业都觉得过两天自己就要被淘汰，传统企业仿佛摇摇欲坠，危机四伏。很多华为内部员工都认为华为的商业模式过时了，想去做互联网。企业再次出现人心浮动的局面。

4.1 创业风险的概念及特征

【案例阅读 4.2】

让"大象"翩翩起舞——晋亿螺丝整合资源控制风险[1]

螺丝又称"工业之米"，就如同经营粮食一样，螺丝制造行业也面临着规模和利润的两难选择：一来生产螺丝的利润微薄，必须依靠规模实现效益；二来因为

---

[1] Liuweijgl：《晋亿螺丝：垂直整合与超级库存的高效互动》，个人图书馆。

螺丝种类繁多，扩大规模必将带来大量库存，这样会占用大量周转资金，进一步拉低利润率。为了提高利润率，必须降低成本。因此，晋亿螺丝有限公司（以下简称晋亿螺丝）的降低成本之路从整合角度出发，在上游原材料供应方面，投资上游工厂设备，整合钢铁材料与材质处理；因为运输成本占总成本的25%~30%，在下游运输环节方面加以系统规划，晋亿螺丝首先选择位于沪杭铁路、302国道和大运河三线交汇的浙江嘉善作为厂址，并将自己的原料库与大运河河岸直接相通，且自建三座私人码头接驳货物。

为了解决库存管理的困难，晋亿螺丝建立了自动化立体仓库。自动化立体仓库采用开放式立体储存结构，其存放空间相当于传统仓库的5倍；自动仓库与制造系统构成了一个一体化的物流体系，其中半成品与模具自动仓库相配合，提高了制造工序的作业效率，而成品自动仓库成为实现企业内、外产品转移的物流中心。晋亿螺丝的信息管理系统包括业务、生产、技术、成本、采购、材料及制成品等相互关联的子系统，实现生产、采购、配置库存和交货一体化。在灵活的信息化手段支持下，晋亿螺丝的超级库存这只"大象"不仅没有成为包袱，反而成为企业规模发展的不二利器，使企业在瞬息万变的市场中从容起舞。

晋亿螺丝的目标并不止于制造业，更重要的战略升级是运用其成熟的物流管理技术做中国第一家五金行业的专业第三方物流公司。信息平台让螺丝产业不再是单纯的制造业，而变成集管理与服务优先型的新产业形态。

螺丝生产行业的企业特点是规模小且分散（这种分散不仅表现在企业地点分布上，更多表现在螺丝的种类分布上），低端产品（通用件）可以采取规模化生产，但由于生产企业太多，产品同质化严重，大大拉低了利润率；高端市场（非标件）利润丰厚，但是难以实现规模化，只能采取订单式生产，生产企业数量有限，规模不大。晋亿螺丝的商业模式的核心秘密在于，利用垂直整合的利润优势支持超级库存的规模效益，二者在信息系统和物流系统的高效准确支持下形成良好的互动和有效循环，靠整合大赚效率和物流的钱。并且，晋亿螺丝紧紧抓住了下游客户的需求特征以及需求的时效性这两大核心，一方面全方位满足了客户需求，降低客户工作量；另一方面对客户需求量能快速满足，解决了客户的时效性需求，从而获得了强大的竞争力。

创业是一种高风险的活动，创业的过程是机遇与挑战、成功与失败并存的过程，是承担风险和化解风险的过程。商场如战场，竞争过程是没有硝烟的战争，和所有企业一样,创业企业会面临各种企业运行的风险,相比较而言,创业企业的风险会更大。创业初期是创业的最危险时期;处于成长阶段的新创企业也同样面临多方危机,甚至面临着生存与发展、倒闭与持续创业的局面。一般来说,创业的收益率与风险性成正比,收益越高,风险就越大。因此,每个创业者都必须增强风险意识,强化风险与危机管理。

4.1.1 创业风险的概念

创业风险是指企业在创业过程中遇到和存在的风险,是由于创业环境的不确定性,创业机会与创业企业的复杂性,创业者、创业团队与创业投资者的能力与实力的有限性而导致的创业活动偏离预期目标的可能性。

相比已经正常运行的企业而言,创业企业所遇到的风险是比较高的;认识创业风险和合理规避与化解风险是创业者面临的一个重要任务。一般来讲,在创业过程中,创业者需要投入大量的人力、物力和财力,需要采用和引入各种新的技术、产品、市场资源及生产要素,需要建立或者改造现有的组织架构、管理体系、业务流程等。由于技术不断更新换代和市场复杂多变,创业企业必然会遇到各种意想不到的情况和各式各样的困难,从而使得经营结果偏离了创业初期的设想,导致创业的期望与现实背离。而这些与创业活动相关的各种因素的不确定性也会带来创业风险。

一旦出现创业风险,创业企业的利益一定会受到一定程度的损害,甚至给创业企业带来极大的生存威胁。应对创业风险,一定要迅速做出反应,拖延只会错失最佳调控时机,使情况更加严重,乃至失控进而使企业利益受损。创业风险的不确定性会引起潜在的负面影响,会对企业的组织及其员工、产品、服务、资产和声誉造成巨大损失。

4.1.2 创业风险的特征

创业风险产生于与创业企业活动相关的各种因素的不确定性,因此,依据主要的影响因素,创业风险的特征主要表现在如下几个方面。

(1)创业风险的客观存在性。一个新生的创业企业,面临的不确定性因素决定了风险产生的必然性。企业管理界普遍认为创业企业除了死亡、税收外,没有什么是确定的,换言之,创业风险就像地震、台风、洪水、瘟疫、意外事故的发生等，都不以人的意志为转移，是独立于人的意志之外的客观现象。创业企业只能在一定的时间和空间内，改善创业风险存在和发生的条件，以降低风险发生的频率和风险给创业企业带来损失的程度，而不能彻底消除风险。创业风险的客观存在性要求创业者正视创业风险，并积极对待创业风险，通过各种技术、手段来减少损失。

（2）创业风险的不确定性。创业的过程往往是将创业者的创新技术或奇思妙想变为现实的产品或服务的过程，这个过程本身就存在各种各样的不确定因素，而这些影响创业的各种因素经常受各种条件的影响而不断变化，难以预测，这就决定了创业风险的不确定性特征。创业者可以分析以往发生的一系列类似事件的统计资料，对某种投资风险发生的频率及造成的经济损失程度作出主观上的判断，从而对可能发生的风险进行预测和衡量。风险的测量过程就是对风险的分析过程。这种经验主义式的风险分析过程对风险的控制与防范、决策与管理具有举足轻重的影响。

（3）创业风险的损益双重性。如果能正确认识并充分利用风险，会使收益有很大程度的增加。例如，开发一个房地产项目，若预期收益很大，那么风险也必定大，如果形势不好，极有可能发生亏损；若形势转为有利，收益也会大为增加，这就是损益的双重性。风险结果的双重性说明对待风险不应该消极地预防，更不应该惧怕，而是要将风险当作一种经营机会，敢于承担风险，积极应对，并在同风险的博弈中规避和战胜风险。

（4）创业风险的可变性。这个特征有两重含义，一方面是创业风险的可控性，另一方面是创业风险的可转化。创业风险在一定条件下是可以转化的。这种转化包括三个方面。

1）风险量的变化。随着创业者风险意识的增强和风险管理方法的完善，某些风险在一定程度上可以控制，以降低其发生的频率和损失程度。

2）某些风险在一定的空间和时间范围内可被消除。

3）新的风险产生。

（5）创业风险的可测性。个别情况下创业风险的发生是偶然的，不可预知的。但通过对大量风险事件的观察和总结，可以发现其规律。还可以大量资料为依据，利用概率和数理统计的方法测算风险事故发生的概率及损失程度，并构造出损失分布模型，以作为风险估测的基础。

4.2 创业风险的来源

创业企业的成功取决于创业环境、创业机会、创业者及创业团队的能力、创业投资者的实力等条件，而创业环境具有不确定性，创业机会与创业企业本身存在复杂多变的特点，创业者、创业团队与创业投资者的能力与实力本身就是有限的，这些是创业风险的根本来源。普遍情况下，创业过程往往是将创业者的创新技术或奇思妙想变为现实的产品或服务的过程，在这一过程中，存在着几个基本的、相互联系的缺口，它们是上述不确定性、复杂性和有限性的主要来源。创业风险在给定的宏观条件下，主要来源于以下这些缺口。

4.2.1 融资缺口

创业者往往没有足够的资金将其技术或构思实现商品化，从而给创业带来发展资金缺口，造成一定的风险。通常，只有极少数投资者愿意鼓励创业者跨越这个缺口，如富有的个人、专门进行早期项目风险投资的公司，以及政府资助计划等。投资者往往因不能确定创业者构想的可行性，没有看到创业者的技术或构思的产品或服务的商品化事实，为规避投资风险而驻足观察，等待创业者所描述的产业市场局面的出现。

4.2.2 技术和市场缺口

如果创业项目仅是创业者个人认为一个特定的科学突破或技术突破可能成为的商业产品，此时仅仅停留在创业者自己满意的论证程度上。然而，这种程度的论证是不可行的，在将预想的产品真正转化为商业化产品（大量生产的产品，即具备有效的性能、低廉的成本和高质量的产品）的过程中，在能从市场竞争中生存下来的过程中，需要大量复杂而且可能耗资巨大的研究工作（有时需要几年时间），从而形成创业风险。

4.2.3 信息和信任缺口

信息和信任缺口存在于技术专家和管理者（投资者）之间。技术专家知道哪些内容在科学上是合理的，哪些内容在技术层上是可行的，哪些内容是无法实现的。在失败的创业案例中，技术专家要承担的风险一般表现在学术上、声誉上受到影响，以及没有金钱上的回报。管理者（投资者）通常比较了解将新产品引进市场的程序，但当涉及具体项目的技术部分时，他们不得不依赖技术专家，可以说管理者（投资者）是在拿别人的钱冒险。如果技术专家和管理者（投资者）不能充分信任对方，或者不能够进行有效的交流，那么这一缺口将会变得更深，带来更大的风险。

4.2.4 资源缺口

可利用的资源多寡决定了创业者成功的可能性的大小。没有足够支撑创业成功所需的资源，创业者将一筹莫展，创业也就无从谈起。在大多数情况下，创业者不一定也不可能拥有所需的全部资源，这就形成了资源缺口。如果创业者没有能力弥补相应的资源缺口，要么创业无法起步，要么在创业中受制于人，从而形成创业风险。

4.2.5 管理缺口

创业者不一定是出色的企业家，不一定具备出色的企业管理才能。这种缺口通常表现为两种：一是创业者利用某一新技术进行创业，创业者可能是技术方面的专门人才，却不一定具备专业的管理才能，从而形成管理缺口；二是创业者往往有某种奇思妙想，可能是新的商业点子，但在战略规划上不具备出色的才能，或不擅长管理具体的事务，从而形成管理缺口。

4.3 创业风险的类型

【案例阅读4.3】

李晓华：在大风险中大赢[1]

2000年，李晓华被美国《福布斯》杂志评选为中国50富豪第11位，拥有个人资产2.5亿美元。李晓华的创业，处处充满了美国西部牛仔闯世界的味道，他

---

[1] admin：《李晓华：在大风险中赢》，高顿网校。

一次次大胆的"投注"就像冒险家在征服世界。

1. 代理"章光101"

1978年，李晓华从北大荒回到了北京。那时，中国正值改革开放初期，李晓华内心充满对新鲜事物的强烈渴求。他第一次到广州进货，正值T恤衫、变色眼镜走俏，虽然利润丰厚，但他并未为之所动。他来到广州商品交易会陈列馆，一台美国进口的冷饮机吸引了他。当他把冷饮机运回北京时，已经囊中空空了。

没有多久，就进入夏天了。李晓华把这台新鲜玩意儿运到北戴河海滨。他向当地人介绍说："这是新玩意，在中国是第一台。如果你们同意，你们出场地、人员，办营业执照，我出设备。赚钱各拿一半。"

这个夏天他净赚了十几万元。第二年入夏前，他果断卖掉了这台冷饮机，果然，这年夏天北戴河到处都是冷饮机。很多投资做冷饮的人血本无归。

在日本留学期间，他无意中发现老板桌上的报纸有条不起眼的新闻："中国生产的'101'毛发再生精在日本价格一路上扬。"李晓华立即返回国内。几番周折与"101"结成了生意伙伴，并成为"101"毛发再生精在日本的经销代理商。

在他的策划下，"101"风靡了整个日本。在不到一年的时间里，李晓华成了亿万富翁。

2. 马来西亚淘金

李晓华通过各种渠道了解到，马来西亚要修一条公路，因为马来西亚发现了一个很好的油气田。但是马来西亚并没有对外公布油气田的消息，因为消息一旦公布，公路两边或者公路上的土地就会大幅度增值。

李晓华认为自己的机会又来了。但让李晓华为难的是，这个项目要十多亿美金，而他自己并没有那么多资金，李晓华说："我所有的资产加起来也做不成这个事情，因为它的资金量太大了。"

这时候，他开始游说银行，为了获得贷款，李晓华把他所有的资产，包括他的房屋、车辆等全部放到银行里面抵押。一等就是好几个月，油气田的消息却一点没有。李晓华开始住在马来西亚的五星级酒店里等待消息，接着转到四星级酒店，再后来，他交不起房钱了。

一个老华侨同情地对李晓华说："你住到我这儿吧。"李晓华就在老华侨的仓库里支起了一张床，吃最便宜的盒饭。

就在半年贷款期限刚刚要过的时候，也就是说银行需要李晓华马上偿还贷款的时候，他等待的消息终于公布了。几天后，很多人找李晓华买地，他把购买的土地以购买时几倍的价格全卖了。

李晓华赢了，他面对风险时的巨大承受力，使他又一次成了商场上的大赢家，这是他商旅中最险的一笔。

创业企业从创业之初到成长期间，所面临的风险多种多样。根据风险的发生、发展和破坏性等规律，创业风险总体上可从5个方面进行划分。

1. 按风险来源的主客观性分类

按风险来源的主客观性划分，创业风险可分为主观创业风险和客观创业风险。创业者的身体与心理素质等主观方面的因素一定会影响到创业的成败，如果这些主观影响因素导致创业失败，则称为主观创业风险。在创业阶段，市场的变动、政策的变化、竞争对手的出现、创业资金的缺乏等客观因素也可能导致创业失败，这些客观因素所导致的创业风险就是客观创业风险。

2. 按创业风险的内容分类

按创业风险的内容划分，可分为技术风险、市场风险、政治风险、管理风险、生产风险和经济风险。

由于技术方面的因素及其变化的不确定性而导致创业失败，称为技术风险。由于市场情况的不确定性导致创业者或创业企业损失，称为市场风险。由于战争、国际关系变化或有关国家政权更迭、政策改变而导致创业者或企业蒙受损失，称为政治风险。由于创业企业管理不善而产生的风险，称为管理风险。由于创业企业提供的产品或服务从小批试制到大批生产而导致的风险，称为生产风险。由于宏观经济环境发生大幅度波动或调整而使创业者或创业投资者蒙受损失，称为经济风险。

3. 按风险对所投入资金即创业投资的影响程度分类

按风险对所投入资金即创业投资的影响程度划分，可分为安全性风险、收益性风险和流动性风险。创业投资的投资方包括专业投资者与投入自身财产的创业者。

从创业投资的安全性角度来看，不仅预期实际收益有损失的可能，而且专业投资者与创业者自身投入的其他财产也可能蒙受损失，即投资方的财产安全存在危险，就是安全性风险。虽然投资方的资本和其他财产不会蒙受损失，但预期实际收益有损失的可能性，就是收益性风险。投资方虽然投资，但是资金有可能不能按期转移或支付,造成资金运营的停滞,使投资方蒙受损失,从而形成的是流动性风险。一般情况下,流动性风险不会导致投资方的资本、其他财产以及预期实际收益蒙受损失。

4. 按创业过程分类

按创业过程划分,创业风险可分为机会的识别与评估风险、确定并获取创业资源风险和新创企业管理风险。机会的识别与评估、确定并获取创业资源、新创企业管理是创业过程所必须经历的三个主要阶段,这三个阶段都存在风险。

(1)机会的识别与评估风险。一方面创业必须择机而行,就是要对创业机会进行识别与评估。在这个过程中,由于各种主客观因素,如信息获取量不足,把握不准确或推理偏误等,创业一开始就面临方向错误的风险。另一方面存在机会风险,即由于创业而放弃了原有职业所面临的机会成本风险。

(2)确定并获取创业资源风险。创业一定存在资源缺口,而创业者无法获得所需的关键资源,或获得这些资源的成本较高,从而给创业活动带来一定风险。

(3)新创企业管理风险。创业企业必须进行有效管理,主要包括管理方式的确定、企业文化的选取与创建、企业发展战略的制定、核心技术的开发与应用、高效营销活动的策划与组织实施等全方位管理。这些企业管理过程中存在的风险,构成了新创企业管理风险。

5. 按创业与市场和技术的关系分类

按创业与市场和技术的关系划分,创业风险可分为改良型风险、杠杆型风险、跨越型风险和激进型风险。

(1)改良型风险,是指利用现有的市场、现有的技术进行创业所存在的风险。这种创业风险最低,经济回报有限,较难获取较高的经济回报,生存和发展比较困难。因为一方面会遭遇已有市场竞争者的排斥或进入既有市场壁垒的限制;另一方面,即便进入,想要占有一定的市场份额也非常困难。

(2)杠杆型风险,是指利用新的市场、现有的技术进行创业存在的风险。这种风险比较高,对一个全球公司来说,这种风险往往是地理上的,常见于挖掘未开辟的市场,如彩电行业利用原有技术进入农村市场。

(3)跨越型风险,是指利用现有市场、新的技术进行创业存在的风险。这也是一种风险较大的创业,主要体现在创新技术的应用方面,主要体现为技术的替代,常见于企业的二次创业,领先者可获得一定的竞争优势,但模仿者很快就会跟上，其技术创新带来的市场领先优势很快被抹平。

（4）激进型风险，是指利用新的市场、新的技术进行创业存在的风险。该风险最大，如果市场很大，可能会带来巨大的机会，对于第一个行动者而言，其优势在于竞争风险较低；但是知识产权保护力度很弱，市场需求不确定等，均会带来巨大风险，从而形成激进型风险。

4.4 创业风险的规避

【案例阅读4.4】

"稻草人"连过两次创业风险[1]

1. 发现稻草商机——成功创业

20世纪80年代，邢雪森做起了出口贸易。一个偶然机会，他发现当时在国内不值钱的稻草在日本却卖得比大米还贵。他顺藤摸瓜了解了一下，原来这种稻草在日本被专门用作一种牛的饲料。有了这个重大发现后，邢雪森就开始在东北三省专门收购稻草，经过压缩、烘干等多道工序后出口到日本。几年下来，稻草出口给他带来了不菲的收入。

从2000年开始，邢雪森出口稻草的生意遇到了麻烦。由于日本对稻草质量标准的提高，邢雪森收购的稻草中每年都有2000多吨因不达标而积压在手里。稻草放在仓库里浪费空间，烧掉了又可惜，这让邢雪森很是为难。

2. 投身黑牛养殖——规避风险

手中的稻草该如何处理，邢雪森急于找到一个妥善的解决办法。他最终决定引进吃稻草的高档牛，这样既利用了不达出口标准的稻草，又可以开拓高档牛肉市场。

不久，他从澳大利亚引进黑牛的胚胎进行繁殖，很快就繁殖出了1万头黑牛。邢雪森在大连建起了现代化的牧场，并把靠出口稻草赚的利润源源不断地投到黑牛饲养上。然而，问题还是出现了。

---

[1] 刘岩：《一公斤卖2000元的牛肉》，中国网络电视台。

3. 预留资金——再度化解风险

2005年6月，出差在外的邢雪森接到来自日本的电话，日本方面如数退回了他此次出口的3000吨稻草，同时宣布暂停对稻草的进口。退回稻草的损失不说，暂停进口意味着切断了邢雪森所有的资金来源。而此时牧场里的近2万头黑牛正处在催肥阶段，不可一日无粮。资金链一断，牧场的亿元投资将付诸东流。情急之中，邢雪森连夜赶回大连。

此时唯一的办法就是迅速筹到百万资金，可此时邢雪森已经把所有的钱都投到了牧场上。邢雪森做好了破产的准备。

正所谓"置之死地而后生"，原来总管财务的邢雪森的妻子早就留了一手，在公司账户之外留了一笔风险备用金。这笔"救命"钱帮他们的生意再度化险为夷。

创业的过程，就是创业者不断规避风险的过程。趋利避害是人类的本能，而主动挑战风险的创业者更应该具备规避风险的能力，这是防止创业失败和减少损失的必要条件。常见的规避创业风险的方法如下所述。

4.4.1 培养风险意识，敢于面对风险

创业风险难以避免，不敢承担风险的企业难以发展壮大。利润与风险往往成正比，要想获得创业的成功，就必须敢于冒更大的风险。风险本身并不可怕，可怕的是不敢面对。古人云，"生于忧患，死于安乐"，导入创业风险管理范围里，就是提醒创业者要提高风险意识，不仅要正视风险、预见风险产生的可能性，而且要敢于面对风险。

创业涉及的领域和知识是多方面的，创业者应虚心征询多方意见，不同的意见往往是预测和识别风险的重要渠道。这些意见中，尤其要重视反对意见。创业者要善于听取多方意见，善于综合不同意见并找到适合自己企业的解决办法，而不能忽视或回避意见。

当风险出现的时候，创业者要冷静面对，理性处理，从长远利益和企业的发展出发，争取将损失降到最小。1995年，某知名保健品公司的一种止疼药被人掺进了毒药，有的患者因此而丧生。在这种情况下，该公司可以有两种典型的处理办法。其一，收回该药，但这会造成巨大损失，消费者会转向其他品牌。其二，公司可以召开新闻发布会，声称技术指标还没有定论，整个局势都在控制中，这样可以稳住公众，减少损失。但是此时，它们还是恪守了"公司首要的职责是对

医护人员、患者及其家属负责"这一坚持多年的价值观。它们收回了市面上所有的这种止疼药。这当然损失惨重，但是，凭借公司的信誉和产品质量，该公司很快又回到了市场占有率第一的位置。

4.4.2 预测风险，谨慎决策，理性分析

激烈的市场竞争要求创业者每走一步都要慎之又慎，稍有疏忽，就可能导致创业失败。因此，创业者要经常预测风险、识别风险并根据可能发生的风险采取理性的决策。风险并不是没有规律的，事先科学的预测与周密的防范措施都有助于创业者规避风险。以下是部分预测和防范风险的方法，有助于创业者理性决策。

（1）慎选项目，不要盲目冒进，也不要过分求稳和保守。未经冷静的分析和调查，不要盲目打入陌生市场；避免在影响资金周转的项目上投资，也不要轻易同时经营好几个项目；在市场变化的同时，不能原地踏步。总之，创业者应当根据不断变化的市场需求，预测可能的风险，并理性决策，戒骄戒躁。

（2）重视竞争。市场竞争是非常残酷的，创业者往往在最初低估了来自竞争者的反抗，最后经历了种种磨难，遭遇了种种风险，才明白原来一切都来自竞争的压力。

（3）重视营销。在市场竞争中不要相信"酒香不怕巷子深"的神话。创业者在起草营销计划时，胸中应该有两笔账：一是实事求是的商业预算，二是产品上市初期的惨淡经营。在市场经济环境下，创业者不主动出击，是难以有客户主动上门的。

（4）不要对外部支持期望太高。不要靠外援创业，少与犹豫不决的客户打交道，避免与付款记录不佳的客户合作。一般情况下，银行对新创企业都不太信任，所以在企业出现些许财政问题时就会放弃对企业的支持。

4.4.3 控制风险，建立风险处理和防范机制

控制风险是指在预测和识别风险的基础上，在风险发生之前就采取措施，使发生风险时损失最小，甚至使风险不发生。控制风险在操作上难度很大，它要求创业者一方面要牢固树立风险意识，随时掌握企业潜在的风险，从而尽量提前调整；另一方面要有快速的反应能力，有强有力的风险防范手段。以下是部分控制和防范风险的方法，有助于创业者建立风险处理和防范机制。

（1）不要在起草文件时留下后患。在起草文件、合同时应该求助于法律顾问，因为国家对每种形式的经济主体在法律和税收等方面都有一些特殊的规定，而创业者必须对此了如指掌。

（2）在人事上慎选慎用。创业者在录用新人的时候不能只看候选人的业务能力，同时还必须考察他的品质和他与企业相融、共同进退的可能性。此外，为了避免浪费时间，创业者需要对工作日程做妥善的安排，一位称职的秘书往往能起到很重要的作用。

（3）不要将支出预算定得太少。由于创业者大多急于尽快将可行性计划付之于实践，所以他们往往忽视支出预算问题。风险投资专家认为，按照各项技术指标计算出的支出预算总额和收入预算总额在实践中都有 20%～30%的出入。企业在运行过程中，无论何时都可能需要增加一些计划外的开支，而收入则会因一些偶然因素的影响而减少。

（4）建立紧急事件预警和处理机制。紧急事件预警和处理机制有助于减轻或消除意外风险对企业的影响和破坏，同时，由于权责到人，一些其他风险都能在一定程度上得以被有效预防。

某口服液曾经风靡一时，1996年的销售额达到80亿元。在一些城市，人们因买某口服液排起了长龙。然而就在1996年6月，某市77岁的陈某经医生推荐服用某口服液，同年9月，陈某皮肤出现病状，经医治无效后死亡。他的儿子认定是喝了某口服液造成的，于同年12月向某市中级人民法院起诉。法院将陈某未服用的两瓶某口服液送到某医药生物制品鉴定所，其鉴定报告称：该检品为不合格。1998年3月，法院一审判决某公司败诉，宣称陈某是服用某口服液致死，并判赔及没收某公司1029.8万元的产品。一审之后，全国20多家媒体对此事进行了广泛报道。很快全国人民都知道某口服液会喝死人。发展如日中天的某公司提起了上诉，还把报道这件事情的所有媒体告上法庭。终于在1999年3月，某省高级人民法院在二审中依据专业单位提出的新的鉴定报告，做出了某公司胜诉的终审判决。拿到胜诉判决的某公司，却再也站不起来。此时，全国的销售已经陷入瘫痪状态，工厂已全面停产。一个地方案件何以造成这么大的重创？其实，此次事件只是某公司风险的导火索，在创业期间迅速膨胀时失去控制的一线销售、无序的管理和缺乏紧急事件预警和处理机制才是某公司创业失败的真正原因。

4.4.4 寻求合作，共享收益，共担风险

在企业经营的过程中，竞争是绝对的，但是有时为了求得长远发展，获得更大利益，妥协、合作、联合等都是必要的。创业者可以通过合伙、合作、联营等方式，实现和他方共享收益、共担风险。实践证明，在激烈的竞争中寻求合作者，不仅可以壮大彼此的力量，也可以取长补短，增强自己的风险防御力。这对于走出低谷、迎接挑战、战胜风险的创业者有着十分明显的作用。这些方法主要有如下几种。

（1）避免独自解决一切问题。创业者的一个通病就是过高估计自己的能力，他们总以为自己无所不能。企业管理是一项费时费力的工作，不重视合作与风险规避会大大影响企业的经济效益。

（2）尽量把风险大的项目分解外包。比如创业者要进行某项风险比较大的投资或经营活动时，完全可以把这个项目分成许多小的项目，再将这些小项目中风险大的但别人能接受的部分推给其他公司，自己则共享收益，共担风险，一旦风险发生，便可转嫁风险。

（3）不要拒绝必要的合作和规模化经营。单枪匹马的经营者要掌握好管理、技术和市场这三个决定成功的关键因素，需要付出极大的努力。所以，如果创业者所从事的领域需要比较强的实力，就不要拒绝与他人合作。往往在共同发展的背后是风险的共同承担。

（4）避免与合作伙伴发生误会。为了不让事情发展到这种地步，创业者应在合作之初就与合作伙伴一起把各自的权限和职责范围确定下来。

4.4.5 分散风险，多元化运作，多层次开发

"不要把所有鸡蛋放在一个篮子里"就是指分散风险。常见的多元化主要有产品服务的多元化、经营行业的多元化、资本运作的多元化、投资方式的多元化等，使风险在不同活动领域里得以分散。以开发产品为例，多层次开发可分为四个层次：第一个层次是增加同一产品的花色品种、规格型号，甚至可以生产不同质量的产品，以增加产品的覆盖面，满足不同消费者的需要；第二个层次是增加同类产品的生产，例如生产汽车零配件的企业可以增加摩托车零配件生产等；第三个层次是向同行业产品的上下游延伸，例如化工产品的辅助产品深加工等；第

四个层次是向行业外的产品延伸，例如机械加工企业开发房地产等。以上四个层次的组合本身也存在一定的风险，而且从第一层次到第四层次按顺序风险逐渐加大。但是，创业者必须注意经营不要太分散，否则容易丧失更为重要的核心竞争力。

4.4.6 转移风险，以退为进

为了避免独自承担风险损失，创业者应主动有意识地将损失和与损失有关的后果转嫁给其他组织或者个人。

创业者总是会尽力去排除和回避风险，把不能回避的风险转嫁出去，不能转嫁或者损失程度小的可以自留。企业在经营的过程中，有时为了求得长远的发展，不得不放弃一些暂时的利益，以渡过难关，这就是转移风险。特别是风险已经酿成时，就要牺牲某些局部甚至全部利益，以求再生。

（1）降价抛售，以退为进。产品过剩对于企业来说是一个致命的问题，如不采取果断措施，继续拖延下去，是十分危险的。因此，在产品过剩的情况下，采取降价措施，以增加市场份额，就是一种转移风险的方式。当然，降价策略的辅助措施还有提高产品质量、完善售后服务等。

（2）丢车保帅，寻找"替罪羊"。要将风险减少，有一定实力的企业经营者完全可以寻找一个能转嫁风险的"替罪羊"。这个"替罪羊"可以是独立承担民事责任的子公司，也可以是其他关联企业，此谓丢车保帅。

（3）购买保险，防患于未然。投保实际上不会降低风险，但通过保险所给予的赔偿金能弥补一些损失甚至全部损失，因此，它是弥补风险的主要方式。保险对经常要冒风险的人很有用处。社会服务行业，如海运、石油产业及汽车运输与销售行业，发生风险的概率相对高，更要注意买保险。但什么都买保险，就有可能超出企业成本的负担能力，影响企业资金周转与运作。所以，买保险的关键是选择值得投保的项目。

（4）申请破产保护。当企业的财务陷入困境，经过一系列的整顿仍不见起色、面临绝望的困境时，就应当考虑采取破产保护手段。这是迫不得已的下策。一个企业宣告破产之后，其经营立即停止，企业交由清算小组管理。经过清算仍不能偿还的债务，将转嫁给债权人自己承担。申请破产也是创业者可以采取的转移风险的方式。

4.4.7 规避风险，果断退让，走为上策

当然，如果对自己的实力有清楚的了解，认识到前面的风险是自己无论如何都不能承受的，那么及时清除这种危险可能出现的条件，或避开这条可能遭受损失的道路，另辟蹊径，也未尝不是一种有效的规避风险的方法。正如李晓华从领先一步的优势中赚得丰厚利润后，便清醒地预见到风险，于是急流勇退，顺便把机器卖了个高价，在后来的激烈削价竞争中，他丝毫不受影响，可谓是"三十六计，走为上策"的经典运用。所以，清楚地认识到自己的处境，避开迎面而来的巨大风险，"退一步是为了进两步"，这是商界人士的有智选择。如果逞强好胜，迎面而上，这种行动往往招致灭顶之灾。

【案例阅读 4.5】

亚马逊创业早期风险及应对策略

亚马逊（Amazon）是全球最大的电子商务公司，也是云计算和人工智能技术的领导者。然而，这家如今市值超过万亿美元的巨头在创业初期也曾面临过诸多挑战和风险。

1. 创业早期风险

市场竞争：亚马逊创立之初，市场上已经有了许多大型的电子商务公司，如eBay等。这些公司已经建立了稳定的客户群和市场份额，对亚马逊构成了巨大的竞争压力。

技术挑战：亚马逊最初的业务模式是基于互联网的书籍销售，这需要强大的技术支持。然而，当时的互联网技术还不够成熟，经常出现网络故障，这对亚马逊的业务运营造成了严重影响。

资金短缺：亚马逊在创业初期，由于市场推广和技术研发的需要，经常面临资金短缺的问题。

2. 应对策略

创新商业模式：亚马逊创始人杰夫·贝索斯（Jeff Bezos）并没有选择与竞争对手正面对抗，而是选择了创新的商业模式。他提出了"一站式购物"的理念：不仅销售书籍，还销售各种商品，从而吸引了更多的客户。

投资技术研发：亚马逊认识到技术的重要性，投入大量资金进行技术研发。

他们开发了一套高效的物流系统,使得客户可以在最短的时间内收到商品,大大提高了客户满意度。

寻求外部资金:面对资金短缺的问题,亚马逊积极寻求外部资金。他们在1997年上市,成功筹集到了大量的资金,解决了资金问题。

3. 结论

亚马逊的成功并非一蹴而就,而是在面对各种风险和挑战时,通过创新的商业模式、持续的技术研发和有效的资金筹集,成功地应对了这些风险。这对于其他创业公司来说,无疑是一个宝贵的经验和教训。

【训练题】

1. 亚马逊在创业过程中遇到了哪些风险?
2. 面对风险,该企业是如何处理的?
3. 通过亚马逊的案例,你如何看待创业风险的预测、控制、防范和规避?

第 5 章　精益创业方法

【本章要点】

1. 精益创业的基本理念
2. 精益创业画布的构成

【学习目标】

通过本章的学习，使学生全面了解和掌握精益创业的概念及构成要素，学会运用精益创业画布进行分析，培养学生综合运用精益创业理论知识的能力。

【技能目标】

通过本章的学习，使学生能够在案例分析和实训中运用所学精益创业理论知识分析问题及解决问题，提升学生的创新思维、商业思维分析和设计能力。

【素养目标】

通过本章的学习，培养学生运用创新思维、精益创业思想解决创新创业问题，提高创新创业综合素质，降低创业可能带来的风险，提高创业成功率。

5.1　基 本 理 念

【情景】

小创：老板，咱们设计的产品到底有没有市场需求啊？总感觉是在闭门造车。

小新：是啊！老板，我们是不是应该跟别人讨论讨论我们的创意到底可不可行啊？

小吴：市场竞争那么激烈，万一我们的创意被别人窃取了怎么办？

小创：还有一个问题，咱们现在没有清晰的客户目标，收集上来的用户反馈太多了。这样改下去，任务排期得排到猴年马月了。

老板：我也考虑到这个问题了。我们得尽快出一个小而精的产品，投入市场，接受市场的检验，然后再不断迭代更新。

据统计，即使是成功创业的公司，也有 2/3 在创业过程中完全颠覆了最初的方案。也就是说，一家创业公司之所以能成功，并不是因为最初的方案制定得好，而是能够在资源耗尽之前找到一个真正可行的方案。精准创业就是一种系统的流程方法，帮助创业者在资源耗尽之前循序渐进地将原计划改良成一个真正可行的方案。精益创业是诞生于美国硅谷，在硅谷不断完善并不断得到验证的一种适合互联网创业的创业方法论。这个方法论可以大大提高互联网创业的成功率，并在项目无法完成的情况下，极大地降低项目失败的成本。

5.1.1 精益创业实战法

1. 精益创业的特点

精益创业实战法提供了一个更好更快的办法来设计和开发新产品，它有以下几个突出特点：

（1）精益创业实战法的关键是速度、认知和专注；

（2）精益创业实战法用客户的反馈来验证想法；

（3）精益创业实战法让客户参与到整个产品开发流程中来；

（4）精益创业实战法运用小型迭代并行解决产品和市场验证的问题；

（5）精益创业实战法是一套系统而严谨的流程。

2. 精益创业的核心方法

精益创业的核心方法有如下 3 种：

（1）最小可用品法。最小可用品法通常简称为 MVP，指把创意中最核心、最直观、最能表现设计意图的部分做成产品，不需要具备全部的功能，甚至不需要具备除了演示之外的功能。就是说，创意很可能只是以界面、交互的形式被展示出来，不涉及复杂后台的开发，但这样的产品已经足够激发人们的兴趣，也足够向投资人表明意图。为了避免高成本开发最终被浪费，很多创业者已经选择拿最小可用品找投资人做路演，效果也相当不错。

（2）客户反馈法。将不成熟的产品推向少数客户，听取他们的意见。通常采用调查问卷、线上沟通、AB Test、现场演示和当面交流等方式。反馈包括但不限于客户的整体感受、认为冗余的功能、认为缺少的功能、运作方式的简化等。从最小可用品开始到成熟的产品中间的每个环节都有必要接受客户的反馈。每个不完美的产品都应该拿出来，做好准备倾听客户的意见。

（3）快速迭代法。最小可用品加充足的反馈带来的就是迭代。追求快速迭代，而不是追求一次到位，应频繁发布新版本，频繁听取用户的新意见。快速迭代不要求将每个改变做成新版本，但是一定要足够快，让产品的进步速度跟上创业者对产品的认知，要记住每次迭代不见得是个里程碑，但也做出了确确实实的成绩。小步快跑，会少走很多弯路。

5.1.2　精益创业的好处

精益创业有哪些好处呢？主要体现在高效率、低成本和易成功三个方面。

（1）高效率。产品、反馈、认知、迭代，整个过程没有试错，没有猜测，没有画蛇添足。产品的每一步更新都来自最新的认知，客户的每个反馈都能得到最快的处理，这使创业公司在一条畅通的大路上快跑。正确时快速前进，错误时快速转向。

（2）低成本。与其用一年的时间打造自以为完美的产品，在市场遭遇意外的差评。不如不断拿出不完美的产品，真诚地寻求批评。而且一个星期的弯路不算太可惜，一年的弯路就可能导致团队各奔东西了。频繁验证、频繁修改，在市场接受之前不过分自信，也就不会在错误的方向投入过高的成本。

（3）易成功。做客户想要的产品还是开发者想要的产品，答案不言而喻。精益创业的结果吸收了大量客户的反馈，汲取了远超开发团队自身的智慧和见识。而且回到一周以前的位置比回到一年以前的位置要容易得多。更直观地说，一周的错误开发不会用掉太多的资金，有的是机会挽回，也更容易向投资人解释。

5.1.3　精益画布

谈到精益创业，离不开精益画布这个工具，见表 5.1。精益画布包含了 9 个部分，分别是问题、解决方案、独特卖点、门槛优势、客户群体分类、关键指标、渠道、成本分析和收入分析。

表 5.1 精益画布

问题	解决方案	独特卖点	门槛优势	客户群体分类
最需要解决的三个问题	产品最重要的三个功能	用一句简明扼要但引人注目的话阐述为什么自己的产品与众不同，值得购买	无法被对手轻易复制或者买去的竞争优势	目标客户
	关键指标		渠道	
	应该考核哪些内容		如何找到客户	

成本分析	收入分析
争取客户所需费用	盈利模式
销售产品所需费用	客户终身价值
网站建设费用	收入
人力资源费用等	毛利等

精益画布是精益创业的核心工具，它可以帮助创业者树立商业模式。

5.2 问题和客户群体

发现问题和客户群体分类通常是整个画布的核心，所以一般会把这两个问题放在一起解决。刚开始的时候，一个问题的认识可能很模糊，只有一个大体的解决方法，目标客户群体也是如此。客户群体和问题是没有经过任何验证的，很容易出现偏差，所以一开始可以多探索几种商业模式，以增加找到更好方案的几率。在寻找产品和潜在客户时，应该区分客户和用户的概念。

【情景】

老师：同学们，大家觉得客户和用户有什么区别？

学生：我觉得差不多呀，用户不就是我们的客户吗？

老师：那可未必。比如说，我们做一个在线学习平台，平台上有很多课程，有付费的，有免费的。所有使用我们平台的人都是我们的用户，但是很多人是不会购买付费课程的，只会看一些免费的课程。

学生：我明白您的意思了，只有愿意为产品付费的人才叫客户。

1. 客户和用户的区别

如果产品有各种用户,那么必须找出哪些是真正的客户。为产品掏腰包的人才叫客户,一般的用户则不会。比如在博客平台上,客户是博客作者,而用户是读者;在搜索引擎上,客户是广告商,而用户是搜索者。之后就是要细分目标客户群体,一些创业公司的人认为自己要解决的问题几乎人人会遇到,所以人人都适用。而事实上,一个人绝对无法制作设计和定位一种可以让所有人都满意的产品。虽然创业者目标可能是要做一种面向大众市场的产品,但是仍要先找到一个特定的客户群体。

Meta 现在的用户超过了 5 亿,但是他们在一开始的时候选择的目标客户也是非常细化的,那就是哈佛大学的学生。所以要尽量细分目标客户群体,并进一步细化典型用户的各种特征。创业者的目标是定义一位典型的早期接纳者,而不是主流客户。

2. 问题

针对每个客户群体,阐述他们最需要解决的 1~3 个问题。也可以换个角度来思考,所谓问题,就是客户需要完成的任务。克莱顿·M.克里斯坦森(Clayton M.Christensen)曾说:"当人们需要完成某项任务的时候,就会借助某种产品或者服务来帮忙。"市场营销人员的任务就是找出消费者的生活中时常出现的各种任务,并和公司的产品对应起来,然后针对问题列出现存的备选解决方案。想想那些早期接纳者在产品没出现之前是如何解决这些问题的,除非想解决的问题是从来没有人设计过的,否则大部分问题都有现成的解决方案,而且这些解决方案很可能并不是出自一个直接竞争对手。举个例子,如你做一个在线协作工具,那么首要的备选解决方案并不是其他的在线协作工具,而是电子邮件。当然,如果客户觉得这个问题的影响并不严重,也可以把"什么也不做"作为备选的解决方案。

3. 如何填写问题和客户群体

下面以 CloudFire 这个产品的精益画布为例,来讲解如何填写"问题"和"客户群体",见表 5.2。

表 5.2　CloudFire：问题和客户群体

问题	解决方案	独特卖点	门槛优势	客户群体分类
1. 共享大量的照片、视频非常耗时				1. 父母（创建人）
2. 父母没有自由时间	关键指标		渠道	2. 家人和朋友（浏览人）
3. 亲戚朋友很需要这些多媒体内容				
现存的备选解决议定				早期接纳者
1. Filckr pro				家有婴幼儿的父母
2. SmugMug				
3. Apple MobileMe				
4. Meta				
成本分析		收入分析		

在小孩出生之后，拍照和摄像的频率猛增，父母本来就睡眠不足，而现在的媒体共享解决方案又太花时间，而且有时候非常难用。家人和朋友对照片和视频等媒体的需求非常高，通常会希望尽快看到这些东西。基于这些情况，我们可以列出存在的问题是共享大量的照片、视频非常耗时，父母没有自由时间，而亲戚朋友需要这些多媒体的内容；产品的客户群体主要是父母、家人和朋友。

5.3　独特卖点

【情景】

老板：小伙伴们，是时候给咱们的产品起一个响亮的口号了，大家来头脑风暴一下，看看别人家的口号是什么，去百度一下，你就知道，天下没有难做的生意，让世界一起联想。咱们也得想一个简洁又能体现特色的口号。

员工：老板，咱们的口号是要体现什么？

老板：当然是体现咱们的产品卖点了，别人家没有的，这样才能吸引人眼球啊。

员工：但别人家的口号感觉都挺简单的，要自己想还真不容易。

5.3.1　独特卖点的意义

在精准画布的正中间是独特卖点，这是画布中最重要的部分，也是最难写的一部分。简单来说就是自己的产品和别人有什么不同，为什么客户愿意关注。"买卖"需要对话才能做成，只说一句话别人就愿意买东西是不现实的。更重要的是，创业者的第一个挑战根本就不是卖产品，而是得到潜在用户的关注。首次到访的访客平均会在引导页上停留 8 秒钟的时间，独特卖点是他们和产品进行的第一次互动。如果独特卖点设计得好，那么他们可能就会留下来继续浏览网页的其他部分，否则直接离开，所以必须把产品的核心价值提炼成寥寥数语，短小到可以放到引导页的标题中。此外，独特卖点还必须与众不同，要有打动人的新意。不过在制作精益画布时，不用要求自己做到完美，独特卖点和画布上的其他内容一样，可以先猜测，然后再以此为基础来进行推演。

5.3.2 独特卖点的设计

那么如何设计独特卖点呢？可以从以下几个方向入手。

（1）与众不同，有独到之处。要想找出产品的不同之处，最好的办法就是直接从要解决的头号问题出发，推导独特卖点。如果这个问题确实值得解决，那么就已经成功大半了。

（2）针对早期接纳者来做设计。很多营销人员都喜欢针对普通人来做设计，希望能得到主流受众的青睐。为了做到这一点，他们会把整个设计做得平庸不堪。初期产品还不适合主流人群，现阶段的首要任务应该是找出那些可能成为早期接纳者的人群，然后针对他们来做设计，设计传达的信息一定要有力、清晰而且必须有针对性。

（3）专注最终成效。大家可能听说过这样的说法：宣传的重点应该是产品能带来什么好处，而不是产品有什么功能。不过即使在宣传方案中体现了的产品众多好处，客户仍然会用自己的世界观来消化它。好的独特卖点能打动客户，它着重表达的是客户在使用产品之后能得到的好处，即最终成效。假如做一个写简历的服务，"经过专业设计的模板"就是一个功能，"做出让人眼前一亮的简历"就是一个好处，但真正的最终成效的是"得到梦想的工作"。但戴恩·马克斯韦（Dane Maxwell）提出过一个优秀独特卖点的设计公式：直白清晰的头条=客户想要的结果+特定的时间期限+做不到怎么办。注意公式中的第二项和第三项，如果能有当然更好，但是没有也没关系。举个例子，新鲜出炉的比萨 30 分钟之内送货上门，否则分文不收。

（4）认真选择词汇，并经常使用。营销宣传公式选择词汇至关重要。看看世界级豪华汽车品牌是如何选择一个单词来作为品牌之魂的。宝马的关键词是性能，奥迪的关键词是设计，奔驰的关键词是威望。除了强化品牌和宣传之外，选择几个关键词并经常使用也可以提升搜索引擎排名。

（5）回答：什么、谁和为什么。好的独特卖点，必须明确地回答头两个问题，即你的产品是什么，客户是谁。当这个问题的答案有时候不方便放在同一个句子里时，可以使用副标题的方式来回答这个问题。比如，精益画布，把时间用来创业而不是写商业计划，一种让你可以更快、更有效地阐述你的商业模式的工具。

（6）研究其他优秀的独特卖点。要想写出好的独特卖点，最好的方法是研究喜欢的品牌的独特卖点，访问他们的网站，看看到底为什么他们的独特卖点很吸引人，以及哪些方面做得好。

（7）写一个简短有力的口号。还有一种比较好的练习方法，那就是写一个简短有力的口号。这个招数更适合于把创业者的想法传递出去，让它朗朗上口。比如，在和客户访谈之后，告诉客户我们的口号是什么。

下面来看看 CloudFire 这个产品的精益画布是如何填写"独特卖点"这项的，见表 5.3。

表 5.3　CloudFire：独特卖点

问题	解决方案	独特卖点	门槛优势	客户群体分类
1. 共享大量的照片、视频非常耗时 2. 父母没有自由时间 3. 亲戚朋友很需要这些多媒体内容 现存的备选解决议定 1. Filckr pro 2. SmugMug 3. Apple MobileMe 4. Meta	关键指标	以最快的速度分享照片和视频 简短宣言 无需上传即可轻松分享照片和视频	渠道	1. 父母（创建人） 2. 家人和朋友（浏览人） 早期接纳者 家有婴幼儿的父母
成本分析		收入分析		

在研究了各种解决方案之后，创业者决定把"速度"作为独特卖点中的"独到之处"。并把"无需上传"作为产品的宣传定位关键词。很好地遵循了专注最终成效的原则，把能给客户带来什么好处，用简短的宣言表现了出来，取得了不错的效果。

5.4 解决方案与渠道

【情景对话】

学生：老师，您好！听完您的讲座，我感触很深。我的公司现在属于草创阶段。在解决方案这一块压力很大，一方面觉得我们还没有能力提供解决客户问题的方案；另一方面，又不确定这些问题到底是不是长期的、普遍存在的，以及有没有价值。

老师：你的这种心态其实很多创业者都有。既然处于创业初期，我建议你先不要把太多的精力放在解决方案上，因为你所预设的客户问题的确有可能是假问题。

5.4.1 解决方案的写法

在制作精益画布的时候，由于创业者所想的问题都没有经过验证和测试，所以在经过几次客户访谈之后，可能会重新为这些问题分主次，甚至换掉问题，这都是很正常的。因此建议大家不要忙着确定详细的解决方案，而是应该粗略地想一想，针对每个问题，能提供的最简单的解决方案是什么。然后把它们写下来，不要急着把解决方案和问题对应起来，尽量把这个任务留到最后来做。下面来看看 CloudFire 这个产品的精益画布上是如何填写"解决方案"这一项的，见表 5.4。

表 5.4 CloudFire：解决方案

问题	解决方案	独特卖点	门槛优势	客户群体分类
1. 共享大量的照片视频非常耗时 2. 父母没有自由时间 3. 亲戚朋友很需要这些多媒体内容	1. 随时分享 2. 无需上传 3. 整合 iphoto 文件夹 4. 更好的通知系统	以最快的速度分享照片和视频 简短宣言 无需上传即可轻松分享照片和视频		1. 父母（创建人） 2. 家人和朋友（浏览人） 早期接纳者
现存的备选解决议定	关键指标		渠道	家有婴幼儿的父母
1. Filckr pro 2. SmugMug 3. Apple MobileMe 4. Meta				
成本分析		收入分析		

根据问题列表，创业者简短地列出了在可行产品中要有的最重要的几个功能：随时分享、无需上传、整合 iphoto 文件夹以及更好的通知系统。

5.4.2 渠道的写法

渠道这一项该如何填写呢？无法建立起有效的客户渠道是创业公司失败的主要原因之一，创业公司的第一任务是学习而不是扩张。刚刚开始创业的时候，任何能把产品推给潜在客户的渠道都可以利用。虽说渠道有无数种，但是有些渠道可能根本就不适合自己的公司，而有的则可能在后期才能发挥作用。在早期选择渠道的时候，可以考虑的问题是：免费与付费，内联与外联，亲力亲为与自动化，亲力亲为与他人代为，做口碑之前先留住客户。

（1）免费与付费。首先，要知道没有什么渠道是真正免费的，我们感觉有些渠道是免费的，比如搜索引擎优化、社交媒体或者博客等，但是这些渠道是需要花费人力资本的，并且这些渠道的投资回报率不好计算，因为和那些需要付费的渠道不同，这些渠道会一直存在，一直起作用。搜索引擎营销是一种常见的付费渠道，哈佛商学院驻校企业家埃里克·莱斯（Eric Ries）在他的著书《精益创业：

新创企业的成长思维》中提到,他曾为自己的早期产品在谷歌(Google)广告服务上每天花费 5 美元,差不多每天可以带来 100 次点击,每次点击的花费是五美分,如果觉得可行的话,你也可以这么做,不过可惜的是,对大部分产品来说,这条道路已经走不通了。现在关键词广告竞争已经达到了白热化的阶段,要想胜过竞争者,要么多花钱,要么就出奇致胜。但是这些招数并不适合现在使用,最好等到产品和市场达到契合之后再用,因为那个时候你的重心不再是学习,而是改良。

(2)内联与外联。内联式渠道是使用"拉式策略"让客户自然而然地找到产品。内联式渠道包括博客、SEO、电子书、白皮书、网络课堂。外联式渠道则主要是使用"推式策略"让产品"接触"客户。外联式渠道包括 SEM、传统媒体或者电视广告、展销会、直接打电话等。注意,如果产品的独特卖点还没有经过市场检验,就没必要在外联式渠道上花钱进行宣传,使用公众号或者和其他手段都是在浪费金钱和时间,应该尽量用内联式渠道来吸引早期接纳者。访谈虽然属于外联式渠道,但是可以试试,因为访谈能让创业者用很小的成本学到很多东西。

(3)亲力亲为与自动化。可以把直销看成扩张渠道,不过只有在客户生命周期总价值超过直销人员总薪酬的时候才有用,比如某些 B2B 或者企业级产品。当然,还可以把直销看成学习渠道,直销是最为有效的学习手段之一,因为通过直销可以面对面与客户进行交流。最好的方法是先亲力亲为地进行推销,然后再自动化。

(4)亲力亲为与他人代为。创业公司经常浪费精力来做的事情是过早地寻求建立战略合作伙伴关系。他们的初衷是和一家大公司合作,用对方的核心渠道上位。问题是如果没有切实可行的产品,又怎么能得到大公司的销售代表的青睐呢?可以换位思考一下,假设你是大公司的销售代表,而且有销售任务,你是愿意销售自己了解的产品呢,还是愿意销售未经市场验证的产品?

外聘销售人员也是同样的道理,销售人员执行销售计划的能力也许比创业者强,但他们却不能替创业者制订销售计划,创业者必须先亲自上阵销售你的产品,然后才能让别人来帮助销售。

(5)做口碑之前先留住客户。很多创业公司一开始就热衷于口碑营销或者发展推介。虽然口碑营销是一种很有效的宣传手段,但是必须先开发一个值得让人宣传的产品。下面来看看 CloudFire 这个产品的精益画布上是如何填写"渠道"这一项的,见表 5.5。

表 5.5 CloudFire：渠道

问题	解决方案	独特卖点	门槛优势	客户群体分类
1. 共享大量的照片、视频非常耗时 2. 父母没有自由时间 3. 亲戚朋友很需要这些多媒体内容	1. 随时分享 2. 无需上传 3. 整合 iphoto 和文件夹 4. 更好的通知系统	以最快的速度分享照片和视频 **简短宣言** 无需上传即可轻松分享照片和视频		1. 父母（创建人） 2. 家人和朋友（浏览人） **早期接纳者** 家有婴幼儿的父母
现存的备选解决议定 1. Filckr pro 2. SmugMug 3. Apple MobileMe 4. Meta	关键指标		渠道 1. 朋友 2. 托儿所 3. 幼儿园 4. 生日聚会 5. AdWorde 6. Meta 7. 口口相传	
成本分析		收入分析		

创业者计划先找几个内联式渠道的朋友和托儿所其他孩子的家长来做访谈，然后再列几个潜在的扩张渠道以备随后使用。

5.5　收入分析和成本分析

收入分析和成本分析确定的是商业模式的发展，需要脚踏实地地为眼前的形势做分析。首先，需要确定设计、制作和发行最简可行产品的路径，完成之后再进行修改。

5.5.1　收入分析

【情景】

员工：老板，咱们的软件是免费给商家试用吗？

老板：先免费用着吧。咱们的产品目前还不完善。

员工：可是有的公司都用咱们的软件和服务半年多了，效果也不错，不能再这么免费下去了吧。

老板：人家不是也给咱们提供了很多有用的反馈意见了吗？也算是有回报了。

很多创业公司刚开始都不考虑收钱问题，因为他们觉得自己的产品还没准备好。我们经常听到的一种说法是：最简可行产品既然都是最简单了，怎么好意思收别人的钱呢？这个问题要这样看，首先，最简可行产品并不等于半吊子产品。虽说是最简可行产品，可解决的是客户最看重的问题，而且这些问题都是值得解决的。这么说来，就意味着必须为用户创造足够的价值，让其愿意掏钱。除了上面这个问题，人们暂时不愿意收钱的常见原因还有一个，那就是希望能在公司创办初期学到更多，持这种观念的人认为收费会给客户制造不必要的门槛，在创业早期，应该尽量避免。

事实上，大部分人在做新产品的时候，都会注重降低客户的入门难度，希望用户能毫无压力地同意试用自己的新产品，并且相信只要自己能持续地为用户提供价值，那么用户总会愿意付钱。这样做的问题在于，商业模式中风险最大的部分无法及时得到验证。此外，如果没有非常忠实的客户，也无法得到最佳的学习效果。还有一点需要注意，学习并不意味着需要找很多用户，其实只需要少数的优质客户就够了。所以如果打算做收费产品，那么从一开始就应该收费，原因如下。

（1）价格是产品的组成部分。假如在你面前摆两瓶水，告诉你一瓶价值0.5元，另一瓶价值2元。虽然你无法在蒙眼测试中指出哪瓶水更好喝，但是你可能会倾向于相信贵一点的那瓶水品质更好，所以价格能够改变人对产品的看法。

（2）什么样的价格匹配什么样的客户。更有意思的是定价方案也决定了客户群体。从现在的瓶装水市场情况来看，价格高低的水都是有人买的，产品定价正好说明了想服务于的目标客户群体。

（3）让人掏钱是第一重验证。让客户掏钱是一件非常困难的事情，也是一种初级形式的产品验证。虽然有许多科学方法教大家怎么给产品定价，但定价可不仅仅是科学的事情。这里推荐一个为产品选择舒适价格的方法，那就是把解决"问题"时列出的各种备选方案找出来，跟着别人定价。创业者可以用这些备选方案和自己的方案做对比，再得出合适的价格。

不过，也并不是所有的收费产品从一开始就应该收费，当独特卖点需要时间积累才能体现的时候，就不能一开始就收费。比如领英（Linked in）的付费账号服务，作为一家全球职业社交网站，Linked in 可以帮助用户打造职业形象，获取商业信息，拓展职业人脉并发现更多职业机遇，它的独特卖点需要有足够多的用户才能体现出来，所以不能一开始就收费。

5.5.2 成本分析

从产品制作到推向市场的过程中会产生各种支出，把这些都列出来进行分析，就是成本分析。要想准确地预测将来会产生哪些开销是很困难的，所以应该把重点放在当下。比如访谈 30~50 个客户需要多少成本？制作并发布最简可行产品需要多少成本？现在的资金消耗率是多少？把收入和成本分析结合起来，计算出一个平衡点，然后预估需要花多少时间、金钱和精力才能达到这个平衡点。随后这个信息将帮助创业者来决定商业模式的优先级，即决定先尝试哪一种模式。下面来看看 CloudFire 这个产品的精益画布上是如何填写"收入分析"和"成本分析"的，见表 5.6。

表 5.6 CloudFire：成本分析和收入分析

问题	解决方案	独特卖点	门槛优势	客户群体分类
1. 共享大量的照片、视频非常耗时 2. 父母没有自由时间 3. 这些多媒体内容亲戚朋友很需要	1. 随时分享 2. 无需上传 3. 整合 iphoto 和文件夹 4. 更好的通知系统	以最快的速度分享照片和视频 **简短宣言** 无需上传即可轻松分享照片和视频		1. 父母（创建人） 2. 家和朋友（浏览人）
现存的备选解决议定 1. Filckr pro 2. SmugMug 3. Apple MobileMe 4. Meta	**关键指标**		**早期接纳者** 家有婴幼儿的父母	
			渠道 1. 朋友 2. 托儿所 3. 幼儿园 4. 生日聚会 5. AdWorde 6. Meta 7. 口口相传	
成本分析 服务器成本：Heroku 平台（目前免费） 人力成本：40 小时×65 美元/小时×4 = 10400 万美元/月	**收入分析** 30 天免费试用，之后每年收取 49 美元			

首先分析现有备选方案的定价情况，发现有产品的价位在每年 24～39 美元，也有像苹果公司的价格是每年 99 美元。这款产品除了照片和视频分享外，还包括很多其他服务。综合分析后，创业者决定把产品初始价格定为每年 49 美元。成本方面做最简可行产品的唯一成本是人力成本，大约每月 1 万美元。如果要达到收支平衡，客户数量需要达到约 2000 人。

5.6 关 键 指 标

不管是什么类型的公司，总能找到少数几个关键指标，借此评估公司的经营状况。这些指标不仅能衡量公司的发展，还可以找出客户生命周期中的重点阶段。我们经常使用的评估框架是戴夫·麦克卢尔（Dave McClure）的海盗指标，包括获取、激活、留客、收入、口碑 5 个指标。虽然海盗指标是为软件公司设计的，但是这个框架也适用于很多其他行业。下面分别用鲜花店和产品网站作为例子，分析一下这些指标的具体含义。

5.6.1 关键指标的含义

（1）获取：用户怎么找到产品。获取指的是把普通访客转换成对产品感兴趣的潜在客户的过程。以鲜花店为例，能把走过橱窗的人吸引到店铺内就是一次获取。以产品网站为例，不管访客在网站上做什么，只要他们不弃用，就算是获取。

（2）激活：用户的第一印象是否极好。激活指的是感兴趣的潜在客户对产品的第一印象感到满意。以鲜花店为例，如果潜在客户走进店里发现乱糟糟的，跟在店门口的感觉完全不同，那这样的第一印象肯定无法让人满意。以产品网站为例，一旦用户注册，就必须确保能够兑现引导页面上对产品作出的承诺，也就是独特卖点。

（3）留客：有没有回头客。留客评估的是产品的回头率，或者说是客户的投入程度。这个很简单，以鲜花店为例，留客就是客人再次来到商店。以产品网站为例，留客就是以前的访客重新登录网站并使用产品。这个指标是用来评估产品和市场匹配程度的关键指标。

（4）收入：怎么赚钱。收入评估的是用户付钱情况。买鲜花，购买或者订阅产品都属于收入。

（5）口碑：用户会不会为产品做宣传。口碑是一种比较高级的用户获取渠道，满意的用户会再推荐或者促成其他潜在用户来使用产品。以鲜花店为例，客人只要跟自己的朋友说起这个鲜花店，就算是树口碑了。以产品网站为例，树口碑可以是隐性的，比如使用病毒式传播或者社交分享功能；也可以很直白，比如使用推荐人奖励计划或者推荐送积分。

【情景】

阿阳：阿牛，你刚刚朋友圈分享的是什么游戏啊？看着还挺好玩的。

阿牛：就是这个，我最近正在玩，可有意思了，你快下载一个，咱们可以一起玩。

5.6.2 关键指标的填写

CloudFire 这个产品的精益画布上"关键指标"的填写方法见表 5.7。

表 5.7 CloudFire：关键指标

问题	解决方案	独特卖点	门槛优势	客户群体分类
1．共享大量的照片、视频非常耗时 2．父母没有自由时间 3．亲戚朋友很需要这些多媒体内容	1．随时分享 2．无需上传 3．整合 iphoto 和文件夹 4．更好的通知系统	以最快的速度分享照片和视频 简短宣言 无需上传即可轻松分享照片和视频		1．父母（创建人） 2．家人和朋友（浏览人）
现存的备选解决议定 1. Filckr pro 2. SmugMug 3. Apple MobileMe 4. Meta	关键指标 1．获取：注册 2．激活：创建每一个相册 3．留客：共享相册或视频 4．口碑：邀请朋友或家人来使用 5．收入：在试用之后付费		渠道 1．朋友 2．托儿所 3．幼儿园 4．生日聚会 5．AdWorde 6．Meta 7．口口相传	早期接纳者 家有婴幼儿的父母
成本分析 服务器成本：Heroku 平台（目前免费） 人力成本：40 小时×65 美元/小时×4 = 10400 万美元/月		收入分析 30 天免费试听，之后每年收取 49 美元		

由于 CloudFire 是一种快速分享照片和视频的工具,创业者把用户的行为和每一种指标都联系在一起。比如,用户注册就代表对产品感兴趣,是一个获取的过程。用户创建第一个相册就是激活,用户共享相册或者视频就是留客,邀请朋友和家人使用,就是在帮产品树立口碑,积累客户,在试用之后进行收费。

5.7 门槛优势

【情景】

老师:小瑞,你的精益画布做得怎么样了?

小瑞:刚开始还挺顺利,但是到了门槛优势这一项就卡住了,实在想不出我们的产品有什么门槛优势,是不是我这个创意行不通啊?

老师:别急着否定自己,先学完这一课再试试写写吧。

门槛优势这一栏一般最难填写,所以把它留到了最后。创业者必须仔细思考到底如何才能让自己的产品脱颖而出,并利用好自身的优势。有很多创业者喜欢把激情、代码函数或者功能说成竞争优势,但其实这些都不能算是优势。在商业模式中,人们还常常把首创称为优势,其实首创很可能是劣势。因为开辟新市场的艰难重任落到了首创者的肩上,而紧紧跟随的后来者,随时都有可能将首创者的全套招数收入囊中,除非首创者能不断地超越自我和跟风者,而这就需要真正的门槛优势了。要知道,福特(Ford)、丰田(TOYOTA)、谷歌、微软(Microsoft)、苹果和 Meta 都不是首创者。世界上最流行的同行代码审查工具 Smartbear 的软件创始人杰森·科恩(Jason Cohen)提出过一个有趣的观点,"任何可能被山寨的东西都会被山寨",特别是当别人看到你的商业模式确实可行的时候。这一点创业者一定要记住。

想象一下,合伙人偷了你的源代码后在某地开了一家网站,把价格定到最低,那你的公司还有活路吗?万一谷歌或者苹果做一个产品来和你竞争而且直接免费呢?所以你应该创建一种企业,即便是有上述这些情况也能成功。由此,杰森·科恩提出了"真正的门槛优势必须是无法轻易被复制或者购买的"观点。符合这个定义的门槛优势有内部消息、专家级用户的支持和好评、超级团队、个人权威、大型网络效应、社区、现有顾客排名。有些门槛优势一开始只是提供给客户的价值，但是随着时间的推移逐渐发展成了独特的优势。

举个例子，大型鞋类网上商城 Zappos 非常注重让员工和客户满意。这一点体现在这家公司各种看似不符合商业常理的政策上，比如，客服代表可以花无限多的时间来和客户交流沟通，只为一张客户满意度调查表。此外，公司还实行 365 天退货政策，并包双向邮费。这些政策让 Zappos 的品牌脱颖而出，还为其吸引了大批愿意帮忙宣传的忠实顾客。而这也是 2009 年亚马逊会花 12 亿美元收购 Zappos 的重要原因之一。下面来看看 CloudFire 这个产品的精益画布上是如何填写"门槛优势"这一项的，见表 5.8。

表 5.8 CloudFire：门槛优势

问题	解决方案	独特卖点	门槛优势	客户群体分类
1. 共享大量的照片、视频非常耗时 2. 父母没有自由时间 3. 亲戚朋友很需要这些多媒体内容	1. 随时分享 2. 无需上传 3. 整合 iphoto 和文件夹 4. 更好的通知系统	以最快的速度分享照片和视频 **简短宣言** 无需上传即可轻松分享照片和视频	社区	1. 父母（创建人） 2. 家人和朋友（浏览人）
现存的备选解决议定 1. Filckr pro 2. SmugMug 3. Apple MobileMe 4. Meta	**关键指标** 1. 获取：注册 2. 激活：创建每一个相册 3. 留客：共享相册或视频 4. 口碑：邀请朋友或家人来使用 5. 收入：在试用之后付费		**渠道** 1. 朋友 2. 托儿所 3. 幼儿园 4. 生日聚会 5. AdWorde 6. Meta 7. 口口相传	**早期接纳者** 家有婴幼儿的父母
成本分析 服务器成本：Heroku 平台（目前免费） 人力成本：40 小时×65 美元/小时×4=10400 万美元/月		**收入分析** 30 天免费试听后每年收取 49 美元		

由于 CloudFire 是用创业者现有的框架来写的，这在早期能带来一定的优势。不过任何可能被山寨的东西都会被山寨，所以后来创业者决定把门槛优势定位为别人难以复制的事物——社区。

到这里，精益画布的结构已经介绍完了，学生们可以大展身手了。

好记性不如烂笔头，我们必须把计划写下来，才能继续下一步。很多创业者只是把各种假设存在脑子里，这样既难以系统地创建公司和产品，也难以对其做系统的测试。可以选用任何方式制作精益画布，比如防御网站创建在线画布，做一个 PPT 或者 Keynote 版本。最重要的是，在做完之后至少要和一个人分享、交流精益画布。一方面可以再次树立你的创业思路，另一方面可以从他人的反馈中发现不足，然后不断修改完善精益画布。

【案例阅读 5.1】

奇虎 360 逆向思维颠覆了杀毒软件行业[1]

2009 年以前，杀毒软件行业看上去是一个很成熟的行业，软件厂商包括消费者在内，都一直信奉"一手交钱、一手交货"的杀毒软件经营思路。行业被瑞星、金山等几个巨头垄断，巨头之间的竞争基本陷入僵持状态。表面上看，这是一个饱和的、不可能让后来者进入的领域，后期的小公司在这种行业几乎没有生存空间。但是，奇虎 360 改变了既定规则。2009 年，它在杀毒软件市场上推出了反其道而行的服务模式——杀毒软件终身免费。除了免费之外，奇虎 360 还将自己的产品定位从单纯的杀毒演变为电脑的"安全卫士"，给那些不懂也懒得去学习计算机知识的人使用。这些策略为其带来了惊人的用户量。奇虎 360 彻底颠覆了杀毒软件行业，其商业模式也逐渐演变为免费增收模式。

【案例阅读 5.2】

杜拉拉的 SMART[2]

在《杜拉拉升职记》里，杜拉拉给下属写了一封邮件讲述 SMART 原则。

我刚来这家公司的时候，发现配给我的行政主管很年轻，心里不太情愿要这么个没有多少经验的主管。处了两周，感到她的潜力还是不错的，是个可以当官的好苗子，但实际工作经验太少。

在设定本年度工作目标的时候，我发现她的计划里几乎找不到可以量化的

---

[1] 潘姗姗，桑明强：《谁在管理 360：周鸿祎的坚守与错失》，网易。
[2] 《杜拉拉升职记 34：设定工作目标要符合 SMART 原则》，道客巴巴。

东西，这样势必导致到年终说不清楚工作到底算做得好还是不好，而且她自己在日常工作中对下属的要求也会不明确。于是我给她做了一次 SMART 原则的辅导。

先解释一下 SMART 原则：该原则是在工作目标设定中被普遍运用的法则。S 就是 Specific，意思是设定绩效考核目标的时候，一定要具体，也就是目标不可以是抽象模糊的。M 就是 Measurable，指目标要可衡量，要量化。A 是 Attainable，即设定的目标要高，有挑战性，但是，一定要是可达成的。R 是 Relevant，即设定的目标要和该岗位的工作职责相关联。T 是 Time-bounding，对设定的目标，要规定在什么时间内必须完成。

举例说明一下。

（1）关于"具体"。我告诉她，比如她的电话系统维护商告诉她，保证优质服务。什么是优质服务？很模糊，要具体点。比如保证在紧急情况下正常工作时间内 4 小时响应。那么什么算紧急情况？又要具体定义，比如 1/4 的内线分机瘫痪等。如果不规定清楚这些，到时候大家就会吵架了。

（2）关于"量化"。有的工作岗位，其任务很好量化，典型的就是销售人员的销售指标，做到了就是做到了，没有做到就是没有做到。而有的岗位，工作任务会不太好量化，比如 R&D（研发部门），但是，还是要尽量量化。

行政主管和我说行政的工作很多都是很琐碎的，很难量化。比如对前台的要求：要接听好电话，这可怎么量化、怎么具体呢？就是一个电话打进来，响到第三下的时候，你就要接，不可以让它再响下去，以免打电话的人等得太久。我又对她指出：你对前台的一条考核指标是"礼貌专业地接待来访"，怎么才算礼貌专业呢？有些员工反映，前台接待不够礼貌，有时候来访者在前台站了好几分钟也没有人招呼。但是我们的前台又觉得她尽力了，这个怎么考核呢？行政主管解释说：前台有时候非常忙，她可能正在接一个三言两语打发不了的电话，送快件的又来让她签收，这时候可能就会出现旁边站着的来访者等了几分钟还未被搭理的现象。

我告诉她：前台应该先抽空请来访者在旁边的沙发坐下稍等，然后继续处理手中的电话，而不是做完手上的事才处理下一件。这才叫专业。又比如什么叫礼貌？你应该规定使用规范的接听用语，不可以在前台用"喂"来接听，早上要报"早上好，某某公司"；下午要报"下午好，某某公司"，说话速度要不快不慢。所以,没有量化,很难衡量前台到底接听好了电话没有,到底礼貌接待来访了没有。

(3)关于"可达成"。你让一个没有什么英文基础的初中毕业生在一年内达到大学英语四级水平,这个就不太现实了,这样的目标是没有意义的。但是你让他在一年内把新概念第一册拿下,就有达成的可能性,他认为跳起来后能够到的果子,才是意义所在。

(4)关于"相关性"。毕竟是工作目标的设定,要和岗位职责相关联,不要跑题。比如一个前台,你让她学点英语以便关键时刻用得上,就很好,你让她去学习"新概念英语",就比较跑题了。

(5)关于"时间限制"。比如你和你的下属都同意他应该让自己的英语达到四级。你平时问他有没有在学呀?他说一直在学。结果年底,发现他还在高中水平徘徊,就没有意思了。一定要规定好,比如他必须在今年6月通过四级考试。要给目标设定一个大家都同意的合理的完成期限。

基本上,做到这5点,人们就能知道怎么样算做得好,怎么样是没有做好,怎么样算超过目标了,从而考核者和被考核者能有共同认可的清晰的考核标准,这样可以避免很多矛盾和争执。

【案例阅读5.3】

杨锦全的创业故事[1]

杨锦全是广州工商学院2000级商务英语专业的学生,第一届校学生会主席,现任升龙实业国际有限公司董事和深圳市牛也科技有限公司总经理,是深圳地区校友会会长。以下是他的自述。

时光如梭,转眼之间,离开大学已经十多年了。回首那段首届学生的骄傲时光,不禁深深怀念它的包容、亲切、温暖、和谐、奋进……在青葱的岁月里,是日夜相伴的老师在苦口婆心的教导让我们逐渐走向成熟,在老师们润物无声的影响下我们走进了社会。

我校期间连续三年获得"优秀学生干部"荣誉称号,是学院第一位通过英语六级考试的同学,2003年5月加入中国共产党。

---

[1] 广州工商学院校友会供稿

2003年6月毕业后，我充分发挥英语的优势，直接入职国内知名陶瓷品牌在迪拜的销售工作，并在半年后提升为迪拜公司总经理。三年的学生会主席的工作，使我具备出色的领导能力、业务拓展能力和谈判能力，熟悉海外国家相关市场需求与业务操作，公司的销售额从0发展到亿元以上。

2006年回国后，我凭借在海外的工作经验和资源积累，成立了升龙实业国际有限公司，主要经营稀土永磁材料加工和贸易，2015年又成立深圳市牛也科技有限公司，是一个主要经营跨境电商的公司，主要生产和销售智能与安防产品，顺应经济发展形势业务从传统的B2B（Business to Business）模式发展到B2C（Business to Consumer）和C2B（Consumer to Business）模式。

关于创新创业，本人体会很深刻，因为我大学毕业于2003年，恰好中国加入WTO不久，那时很多中国企业都积极投入海外市场，因为中国企业在以前受到许多发达国家贸易壁垒或者出口配额等限制，而不能与其他国家同场竞技，加入WTO可享受最惠国待遇。最惠国待遇是每个WTO加盟国的必然权利，这也是中国入世后为经济带来的直接益处，促使了许多中国企业百舸争流地涌现在世界各地发展业务。

我的第一份职业就是在国内名牌陶瓷厂家于阿联酋设立的中东销售公司从事销售工作，我是从大学刚毕业的学生，对产品、贸易知识非常缺乏，但是凭借在大学学习的英语基础与国际贸易知识，以及积极主动开发客户与市场，让我在中东销售公司脱颖而出，半年后我负责整个中东地区的销售，带领十几人的销售团队在海湾国家开拓市场，销售额迅速从0增长到2014年的1亿人民币以上。那时候，富裕的海湾国家大部分都是购买意大利、西班牙等发达国家的高价瓷砖，我们是国内少数的几家陶瓷厂家在迪拜设立的分公司，我们抓住了千载难逢的机会迅速地占领市场。

在迪拜工作三年最大的感触：选择时机和平台很重要。因为我们毕业的时代恰好是中国大力发展外汇经济的时代，加上自己脚踏实地工作与拼搏精神，使我们能在短时间获得成功，同时在海外工作三年，帮助我更快与全面地提升自己的能力与积累资源，为我们回国后的发展奠定基础。

2006年回国后，面对新的环境与职业，我很慎重地选择了稀土材料行业，因为我深知"选择比努力更重要"，稀土材料被广泛应用于节能环保、智能创新、工业自动化等领域。我选择了深圳，深圳是一个充满活力与挑战的城市，在这里你不需要有钱，不需要有背景，不需要有人脉，只需要你有想法，只需要你野心够大，能坐下来把你的想法告诉你身边的朋友，你就会找到一群跟你一样对创业饥渴的人，对机会饥渴的资本。

经过 2~3 年的业务积累，我选择与合作伙伴开始了我们的事业。因为我们选择的产品属于高新技术与智能化行业，而且我们的业务都是在海外，所以我们公司很快发展到十几人团队。在创业的道路上选择合适的伙伴与团队是关键，优秀的公司都是有优秀的团队或者人才一起努力拼搏出来的。

近几年发现深圳的跨境电商业务快速发展，而且我们之前一直在从事传统的 B2B 业务，传统的 B2B 业务越来越激烈，而且利润越来越低。随着科技信息与物流的快速发展，未来跨境电商业务会取代大部分的传统贸易。

在 2015 年，我们物色了合适的伙伴开始了新的跨境电商 B2C，主要销售我们生产的智能穿戴与教育产品，同时基于我们许多客户的定制产品，也在不断开发 C2B 业务模式，即根据客户的定制产品发展给其他客户，这将是我们以后企业的核心竞争力，通过公司的产品创新和业务模式转型让我们在市场上更具竞争力和持续发展的生命力。

我们保持居安思危状态，通过创新的产品与模式不断地为公司注入新的生命力，否则"逆水行舟，不进则退"。

【案例阅读 5.4】

黛安芬在中国成功的经验——抓住女性的心理[1]

黛安芬是一个女性内衣品牌，进入中国以后，在北京等地举办了"黛安芬"商标的表演，从此之后内衣就卖得非常火爆。黛安芬的老板说女性的钱是赚不完的，关键问题是你要知道女性正在想什么。黛安芬从来不讲卖女性的内衣，而是讲改善女性的穿着文化，站在女性的立场上去思考问题，抓住女性心中真正最想追求的东西。所以要思考顾客在哪里，就是经常要把脑筋摆在顾客的身上，而不是闭门造车，坐在房间里面替顾客做决策。

---

[1] 《要把思考放在顾客身上》，百度教育。

【训练题】

1. 精益创业实战法的特点是什么？
2. 精益创业画布由哪些要素构成？
3. 试用精益创业方法设计本组拟创业项目，并通过精益创业画布的方式进行展示。

第6章 商业模式与商业计划书

【本章要点】

1. 商业模式概念，画布，类型，设计与创新商业计划书的概述
3. 商业计划书的撰写
4. 商业计划书的展示推广及评价

【学习目标】

通过本章的学习，学生全面了解、理解和掌握商业模式与商业计划书，唤醒学生的创业意识，训练学生的商业思维，提升学生的创业能力。

【技能目标】

通过本章的学习，掌握商业模式画布使用，同时掌握初创商业模式设计方法与编写商业计划书的方法和步骤

【素养目标】

通过本章的学习，培养学生的创业意识和创业技能，激发学生为我国创建创新型国家而不断努力学习，增强学生自主创新意识，增强创业能力，培养创新创业精神。

【案例阅读6.1】

小肥羊吸引风险投资

1999年内蒙古小肥羊餐饮连锁有限公司（简称"小肥羊"）在包头开业，仅用了7年时间就在中国以及日本、北美快速开了720家分店，扩张速度之快令人惊叹。2006年7月24日，小肥羊同英国最大的创业及私募投资机构3i集团（3i Group，简称"3i"）和西班牙普凯基金公司（Punakaiki Fund，简称"普凯集团"）

达成投资协议，规模达 2500 万美元，开创了外资入股中国餐饮企业的第一例。一个传统行业的企业为何能引起国际资本的关注？

1. 连锁餐饮帝国的诞生

1998 年年初，张钢和朋友在一起吃羊肉火锅的过程中，发现"不蘸小料"的火锅味道不错，朦胧之中张钢感觉这是一个商机。张钢意识到羊肉火锅将是一个大市场，决定自己开家火锅店。经过反复配置，多次改进，一种用当归、枸杞、党参、桂圆等调料独特配置的火锅底料诞生了。羊肉入汤后，口感嫩，口味鲜香，完全可以不蘸小料。这样，就甩掉了烦琐的小料包袱，开辟了一条火锅快餐化之路。

在一个中国人眼中很吉利的日子——1999 年 8 月 8 日，小肥羊的第一家店在包头开张了，一开业便受到消费者的欢迎。随后，小肥羊的发展犹如星火燎原：2000 年，在上海、北京、深圳开直营和连锁加盟店；2001 年，正式开始特许加盟，当年发展 445 家，实现营业额 15 亿元；2002 年，正式在火锅店家乡成都开业，这一年销售额达 25 亿元；2003 年，加盟店达到 660 家，并在美国开店，销售额达 30 亿元。从此小肥羊的营业额仅次于拥有肯德基、必胜客等著名餐饮品牌的中国百胜餐饮集团，荣居"中国餐饮企业百强第二"。2005 年年底，小肥羊店数达到 720 家，销售额达到 52.5 亿元。

2. 风投追逐小肥羊

嗅觉灵敏的风险投资家很快就发现了小肥羊的投资价值。3i 的王岱宗无疑是其中最灵敏的一位。在经过各种渠道对小肥羊有所了解后，王岱宗径直接到小肥羊的总部——内蒙古包头，提出对小肥羊最少投资 2000 万美元的意愿。然而，由于经营状况良好，小肥羊并没有融资的想法。"我们不缺钱"，这是王岱宗最初从小肥羊得到的答复。即便需要，1000 万美元也足矣。投资人伸出的橄榄枝就这样被婉拒了。几经调查后，投资人再次上门洽谈，祭出了经过自己调研后的法宝，列举了小肥羊在经营中的软肋，终于说动了小肥羊。

小肥羊准备引入外资的消息很快在业内传了开来，包括摩根（Morgan）、高盛（Gddman Sachs）等在内的境内外 20 多家投资机构纷纷抛出橄榄枝。然而 3i 对于餐饮行业的理解和深厚的国际网络让小肥羊最终选择了自己。

3. 案例评析

以趋之若鹜来形容风险资本对小肥羊的青睐一点也不为过，因为主动上门要求投资小肥羊的投资机构超过了 20 家。

（1）创新型吃法。中餐最难做到的就是标准化，而小肥羊创新性地采取"不蘸小料一招鲜"的火锅吃法，解决了中餐标准化、工厂化这个难题，也解决了原材料的集中供应和店面的快速扩张之间的矛盾，保证顾客在小肥羊任何一家连锁店里吃到的火锅是同样的口感。这一创新型吃法奠定了小肥羊连锁经营模式的基础，更使投资人看到了创始人的市场发现能力和经营管理能力。

（2）连锁经营商业模式让"不蘸小料一招鲜"的火锅吃法在中国迅速流行，并一举成为国内的名牌餐饮企业。据 2005 年"中国 500 最具价值品牌"排行榜，小肥羊（品牌价值 55.12 亿元，排名第 95 位）与全聚德（品牌价值 106.34 亿元，排名第 49 位）作为仅有的两家餐饮企业入选。而连锁经营模式的优势已被麦当劳、肯德基、沃尔玛、家乐福等国际连锁巨头的成功所证明。连锁经营商业模式以其无可比拟的复制力和快速的扩展性显示了巨大的市场潜力。

（3）巨大的市场潜力。中国有句俗话"民以食为天"。随着国民财富的急剧增长，餐饮业已成为近年来国内传统行业中发展最快的细分行业。而小肥羊自 1999 年 8 月开业，到 2005 年 5 月连锁店达到 680 家，在不足 6 年的时间里，就获得如此惊人的发展速度。面对以这样高速发展的企业，投资者对其看好是情理之中的事情。

6.1 商业模式

6.1.1 商业模式的概念

商业模式简单来说，是描述一个组织创造、传递以及获得价值的基本原理。也就是创业者通过整合内外部资源，将企业初步形成一个相对完整高效创造价值，以及具有市场核心竞争力的运行组织，并且满足顾客的需求，通过传递价值，最终达成企业既定的盈利目标并获得价值。

商业模式需要回答以下四个问题：第一，能给顾客带来什么价值；第二，给客户带来价值之后怎么赚钱；第三，有什么资源和能力来同时带来客户价值和公司盈利；第四，如何同时带来顾客价值和公司盈利。结合以上四个问题，著名的商业模式大师亚历山大·奥斯特瓦德（Alexander Osterwalder）与 470 名商业模式画布实践者共同创作，横跨 45 个国家写出《商业模式新生代》一书，在书中提出商业模式概念、商业模式画布、商业模式类型、商业模式评估，将商业模式细分为价值主张、客户细分、客户关系、关键业务、核心资源、渠道通路、重要合作、成本结构以及收入来源 9 个要素。通过下面对商业模式包含要素的分析可以发现，客户价值主张与价值主张和客户细分密切相关，盈利模式与成本结构和收入来源密切相关，而其余的 4 个要素可分类归纳为关键资源和关键流程。

6.1.2 商业模式画布

谈到商业模式，离不开商业模式画布这个工具，见表 6.1。商业模式画布包含 9 个构造块，分别是客户细分、价值主张、客户关系、关键业务、核心资源、渠道通路、重要合作、成本结构以及收入来源。

表 6.1 商业模式画布

重要合作	关键业务	价值主张	客户关系	客户细分
保证一个商业模式顺利运行所需的供应商和合作伙伴网络	保障其商业模式正常运作所需做的最重要的事情	为某一客户群体提供能为其创造价值的产品和服务	如何与他的客户群体达成沟通与建立联系，以及向对方传递自身的价值主张	客户细分这一模块描述了一家企业想要获得的和期望服务的不同目标与机构
	核心资源		渠道通路	
	保证一个商业模式顺利运行所需的最重要的资产		针对某一个客户群体所建立的客户关系的类型	
成本分析			收入来源	
运营一个商业模式所发生的全部成本			企业从每一个客户群体获得的现金收益	

商业模式画布是创业的核心工具，可以用它来设计出你的商业模式。

6.1.3 商业模式九个构造块

（1）客户细分。客户细分是企业进一步明确企业战略的重要步骤。企业通过对目标群体的人口特点进行大致区分，常见的客户群体划分主要包括五种形式：第一，大众市场；第二，小众市场；第三，求同存异的客户群体；第四，多元化的客户群体;第五,多边平台(市场)。

(2)价值主张。价值主张是指企业通过价值链上的资源整合,以某种独特的形式为客户提供的价值。价值要素主要包括:第一,产品或服务的创新性,即企业产品或服务能够带给顾客前所未有的体会或感受;第二,产品或服务的性能优化,也就是能够通过改进产品或服务的作业方式来提升产品或服务,进而提升其价值;第三,个性化服务,创造性地提供不同的产品来满足目标群体的差异化需求;第四,品牌定位,目标群体能够借助某一品牌产生衍生价值;第五,便捷到达,即将企业的产品或服务供给到长尾的用户群体。

(3)渠道通路。渠道通路是用来描述企业接触、传递价值的多元化途径,表现为自有渠道/合作伙伴渠道、直接渠道/间接渠道,销售团队、网络销售、自有商店、合作方店铺以及批发代理商等。

(4)客户关系。客户关系阐明公司与其客户之间所构建的关系,其建立主要常见的类型为:私人服务、专属私人服务、自助服务、自动化服务、社区、与客户协作共同创作。

(5)收入来源。如果说客户构成了一个商业模式的心脏,收入来源便是商业模式的动脉。常见的收入来源主要包括企业的资产收入、使用收入、订阅收入、会员收入、租赁收入、许可使用收入、经纪人佣金收入以及广告收入等。

(6)核心资源。核心资源主要是指公司为践行其商业模式所需要的相关资源和能力,主要包括企业的实体资源、知识性资源、金融资源以及人力资源等。

(7)关键业务。常见的关键业务主要包括三种类型。第一,生产:设计、制造与送达产品相关。第二,平台/网络:主要是指依靠互联网或移动互联网,进行业业化交易与往来的业务活动。第三,解决方案:为客户提供新的解决方案。

(8)重要合作。重要合作主要指企业与其他企业为了实现有效提供价值所构建重要合作。具体主要是指:第一非竞争者之间的某种战略合作;第二竞争者之间的某种战略合作关系;第三为新业务所搭建的某种合作关系;第四上下游供应链之间的关系。

(9)成本结构。企业产品或服务的产品结构能够在一定程度上反映产品的生产特点,并且从企业整体的花费上来看,企业成本主要表现为人工人力成本、产品原材料成本、能源动力的成本以及固定资产的折旧损耗等成本。企业的成本结构的特点包括:固定成本与可变成本,规模经济与范围经济。

6.1.4 商业模式类型

（1）长尾商业模式：长尾商业模式在于少量多种地销售自己的产品，这种商业模式致力于提供相当多种类的小众产品，而其中的每一种卖出量相对很少。将这些小众产品的销售汇总，所得收入可以像传统模式销售所得一样可观，它不同于传统模式，以销售少数的明星产品负担起绝大部分的收益，长尾商业模式要求低库存成本以及强大的平台以保证小众商品能够及时被感兴趣的买家获得。

（2）多边平台商业模式：多边平台将两个或更多独立但相互依存的客户群体连接在一起。这样的平台对于平台中某一群体的价值在于平台中其他客户群体的存在，平台通过促进不同群体间的互动而创造价值。一个多边平台的价值提升在于它所吸引的用户数量的增加，这种现象被称为网络效应。

（3）免费商业模式：免费商业模式至少有一个关键的客户群体是可以持续免费地享受服务的。新的模式使得免费提供服务成为可能。不付费的客户所得到的财务支持来自商业模式中另一个客户群体。

（4）开放式商业模式：开放的商业模式适用于通过与外部合作伙伴系统地配合而创造和获取价值的企业。这种模式可以是"由外而内"地于企业内部尝试来自外部的理念，或者"由内而外"地向外部合作伙伴输出公司无用的理念或资产。

6.1.5 商业模式设计

商业模式设计可采用如下方式。

（1）客户洞察。汽车工业的先驱亨利·福特（Henry Ford）就曾经说过："要是我去问客户他们想要什么，他们会要一匹更快的马。从客户的视角，对客户的观点决定了我们选择怎样的价值主张、渠道、客户关系和收益来源。"苹果公司的 iPod 播放器就是一个很好的例子。苹果公司当时认为，人们实际上并不是对数字媒体播放器感兴趣，消费者想要的是能够无缝地搜索、下载和收听数字内容，包括音乐。而且，消费者也愿意为这样的解决方案付费。当时，苹果公司的这种观点是很独特的。那个时候，盗版内容在网上盛行，大多数公司都认定，没有人愿意付费购买在线数字音乐。苹果公司摒弃了这些观点，为客户创造了一种无缝的音乐体验。它将 iTunes 中的音乐媒体、iTunes 在线商店和 iPod 媒体播放器整合在了一起。凭借以这一价值主张为核心的商业模式，苹果公司很快占领了在线数字音乐市场。

（2）视觉化思考。商业模式的讨论离不开视觉化思考。我们通过画布、图片、草图、结构图和便利贴、白板笔等视觉化工具来构建和讨论各种含义。因为商业模式是由许多模块组成的复杂概念，而且模块之间又有复杂的关系，所以不把它画出来是很难真正地理解一个商业模式的。

（3）讲故事。解释商业模式的一个有力的方式就是用一张图讲述一个故事。一股脑地描述商业模式画布中的所有内容往往会让听众抓不住重点。最好的方式是一点接一点地介绍。你可以用草图一个接一个地讲，也可以用PPT。另一种有效的方法是提前将商业模式的所有元素画在便利贴上，然后在向听众解释商业模式的时候一张接一张地贴上去。这能让听众更容易理解如何搭建商业模式，同时还能直观地看到正在解释的内容。

（4）模型构建。模型构建是一个很有力的工具，可以开发出新颖、创新的商业模式。和视觉化思考一样，模型构建可以让抽象的概念具体化，有助于探索新的创意。模型构建这项技术来自设计学和工程学，被广泛地用在产品设计、架构设计和交互式设计。模型构建在商业管理领域却不是很常用，主要是因为组织行为和战略的抽象性。而在商业和设计的交叉领域，模型构建早就占有一席之地。例如制造产品的设计，近些年，模型构建在流程设计、服务设计甚至组织和战略设计领域都崭露头角。接下来介绍模型构建如何能对商业模式设计做出重要的贡献。

6.1.6　商业模式创新

商业模式创新为企业价值创造提供基本逻辑的变化，即把新的商业模式引入社会的生产体系，并为客户和自身创造价值，通俗地说，商业模式创新就是指企业以新的有效方式赚钱。新引入的商业模式，既可能在构成要素方面不同于已有商业模式，也可能在要素间关系或者动力机制方面不同于已有商业模式。

商业模式创新企业有以下的共同特征，同时也是构成商业模式创新的必要条件。

（1）提供全新的产品或服务，开创新的产业领域，或以前所未有的方式提供已有的产品或服务。如格莱珉银行（Grameen Bank）面向穷人提供的小额贷款产品服务，开辟全新的产业领域，是前所未有的。亚马逊卖的书和其他零售书店没什么不同，但它卖的方式全然不同。西南航空提供的也是航空服务，但它的提供方式也不同已有的全服务航空公司。

（2）其商业模式至少有 4 个要素明显不同于其他企业，而非少量的差异。如 Grameen Bank 不同于传统商业银行，主要以贫穷妇女为主要目标客户、贷款额度小、不需要担保和抵押等。亚马逊相比传统书店，其产品选择范围广、通过网络销售、在仓库配货运送等。西南航空也在多方面不同于其他航空公司，如提供点对点基本航空服务、不设头等舱、只使用一种机型、利用大城市不拥挤机场等。

（3）有良好的业绩表现，体现在成本、盈利能力、独特竞争优势等方面。如 Grameen Bank 虽然不以盈利为主要目的，但它一直是盈利的。亚马逊在一些传统绩效指标方面良好的表现，也表明了它商业模式的优势，如短短几年就成为世界上最大的书店。数倍于竞争对手的存货周转速度给它带来独特的优势，消费者购物用信用卡支付时，通常在 24 小时内到账，而亚马逊付给供货商费用的时间通常是收货后的 45 天，这意味它可以利用客户的钱长达一个半月。西南航空公司的利润率连续多年高于其他全服务模式的同行。如今，美国、欧洲、加拿大等国内中短途民用航空市场，一半已逐步被像西南航空那样采用低成本商业模式的航空公司占据。

6.2　商业计划概述

6.2.1　商业计划概念

商业计划，是创业者在初创企业成立之前就准备好的一份书面计划书，用来描述创办一个新企业所需要的内部和外部要素。创业计划通常包括市场营销计划、生产和销售计划、财务计划、人力资源计划等。可以说，创业计划是创业者叩响投资者大门的"敲门砖"，一份优秀的创业计划往往会使创业者达到事半功倍的效果。

6.2.2　商业模式与商业计划

商业计划的目的是在组织内外描述和沟通一个营利性或非营利性的项目，以及该项目将如何实施。商业计划背后的动机可能是"推销"一个项目，可以是面向潜在投资者或者组织内的利益相关人。一个商业计划也可以作为一个执行指导书。

事实上，设计和思考商业模式中所做的工作恰恰是撰写扎实的商业计划的基础。

6.2.3 商业计划的作用

商业计划用以描述与创办企业相关的内外部环境条件和要素特点，是创业项目发展的实施方案和衡量业务进展情况的标准。商业计划书的质量，往往会直接影响创业发起人能否找到合作伙伴、获得资金及其他政策的支持。

（1）对投资者。创业计划是风险投资的敲门砖。投资者是资金的拥有者，但投资者不是慈善家，投资者投资项目的目的在于获取投资带来的收益，其对于投资项目的选择也是十分谨慎而苛刻的。对于投资者而言，由于时间、精力有限，对于任何一个潜在投资项目都不可能身体力行地去考察。因此，一份理想的商业计划书是决定他们做出投资决策的关键。

（2）对创业者。商业计划书为创业项目理清思路提供载体，通过制订商业计划，创业者可以系统地"诊断"企业，掌握公司的情况，发现公司的优势和缺点，及早发现项目的风险，以便制定降低风险的办法。好的创业计划不仅给出了项目的可行性，而且也提出完成项目所要采取的措施。具体而言，创业计划可使创业者全面思考：你了解或熟悉这个项目吗？你了解项目的市场并有了进入和拓展市场的方案吗？你和你的管理队伍能够胜任这个项目计划的执行吗？项目的投资和投资回报是你和投资者期望的吗？有哪些风险和机会存在？

（3）对创业企业的员工。创业计划为创业项目后续实施和调整提供蓝本，不仅仅是创业者向潜在投资者描绘的未来蓝图，也是企业今后的奋斗目标。对于任何一个企业来说，无论它的未来多么美好，目标多么诱人，最终都要通过企业的全体成员来实现。因此，创业计划只有被企业员工充分理解并认同，创业计划所描绘的目标才能实现。可见，良好的创业计划还具有增强企业的凝聚力和向心力的作用。

6.2.4 撰写商业计划前的准备工作

（1）市场调查的概念。撰写创业计划前要进行充分的市场调查。市场调查就是利用科学的方法，有目的地搜集、记录、整理有关市场营销的信息和资料，分析市场情况，对产品市场的现状和发展趋势进行分析，以便为创业者实施创业项目提供客观的、正确的决策依据。好的市场需求调查，是创业成功的第一步，因此创业前做好市场调查非常重要。

（2）市场调查的内容。市场调查的内容一定要涉及市场的各个方面，市场调查主要包括如下内容。

1）市场环境调查。市场环境主要包括本地的政治法律环境、经济环境、社会文化环境、科学环境和自然地理环境等，如国家的方针政策和法律法规、地方居民经济水平与购买力、地方传统风俗习惯、气候特点等影响市场营销的因素。

2）市场需求调查。主要了解准备创业的项目（产品或服务）是否具有可发展的空间，以便进一步进行市场定位。目标市场的确定将会使新创企业的市场规模和市场目标比较容易确定。市场需求调查中的一个主要调查内容是顾客，主要包括顾客的层次（年龄、性别、职业、收入、兴趣等）、顾客需求（产品的颜色、款式、承受的价格、售后服务要求等）、顾客的购买力等。值得注意的是有些产品的购买者与使用者并不一致，如婴儿用品、康复保健品等。

3）市场供需调查。产品或服务的潜在市场信息对创业者来说尤为重要。为了判断市场规模，创业者需要明确地定义市场。市场供需调查主要包括产品生产能力调查和产品实体调查。创业者只有进行市场供需调查，才能掌握市场对不同品质的产品的需求状况，了解市场对不同品质、品牌的产品的接受程度。

4）市场营销调查。市场营销调查主要是对目前市场上相关新产品或服务的促销手段、营销策略和销售方式进行调查分析，了解现行营销方式有哪些缺点和优点，以便制定有效的市场营销策略。

5）市场竞争调查。俗话说"知己知彼，百战不殆"，在商品经济时代，市场竞争日趋白热化，不了解竞争对手，就意味着没有获胜的机会。创业者与现有竞争者相比，通常有经验不足、业务或行业不熟、认可度低等特点。竞争对手调查，就是要通过一切手段查清竞争对手的情况，包括竞争对手的数量、规模、分布与构成、营销策略等。市场竞争调查可帮助企业制定合理的竞争策略，逐步扩大市场份额，以便在激烈的市场竞争中逐步占据有利位置。不要把竞争对手看成敌人，其实竞争对手也是创业者最好的老师，创业者要充分分析竞争对手经营管理和营销方法的优点与缺点，优化自己的创业项目。这里介绍5W竞争对手分析方法，即竞争对手在做什么？他为什么要这样做？还没有做的是什么？他做得好的是什么？做得不好的是什么？利用 5W 竞争对手分析方法，创业者可制定自己创业项目的最佳方案。

（3）市场调查的方法。

1）资料分析法。资料分析法是指在搜集现有市场、行业和产品的相关资料后，分析这些资料的内在规律，得出结论。该方法要求搜集的资料完整、准确、及时，否则会影响分析结果。搜集资料的方法主要网上搜集和传统报刊搜集两种。

2）实地调查。实地调查分为现场调查与问卷调查两种方法。现场调查法是安排调查人员到项目现场记录正在发生的与创业项目有关的市场行为或状况等有关数据，以分析并得出正确结果的方法。现场调查人员要注意不抱偏见，不干扰正常环境，并做翔实的记录，同时要注意保护被调查者的个人隐私。问卷调查法要事先将要调查的问题制成客观问卷，分发给一定范围的被调查者，被调查者在不被外界干扰的情况下独立回答相关问题，以供调查人员分析处理。

3）试消或试营法。检验产品是否受欢迎的另一个方法是进行试消或试营业，以此了解消费者对该产品的接受程度。试消时应充分考虑时间、地点、消费人群等环境因素的影响。

6.3 商业计划书撰写步骤及原则

如何写商业计划书呢？商业计划书要依据目标（即计划书的对象）而有所不同，譬如是要写给投资者看呢，还是要拿去银行贷款。从不同的目的来写，计划书的重点也会有所不同。

6.3.1 撰写商业计划书的基本环节及主要工作

创业者要想写出一份具有吸引力的创业计划,需要注意做好前期的准备工作，并且在写作过程中遵循一定的写作原则。

（1）准备阶段：成功的创业计划应有好的启动计划。由于创业计划涉及的内容较多，编制之前必须进行充分的准备、周密的安排。第一，通过文案调查或实地调查的方式，准备关于创业企业所在行业的发展趋势、同类企业组织机构状况、行业同类企业财务报表等方面的资料；第二，确定计划的目的和宗旨；第三，组成专门的工作小组，制订创业计划的编写计划，确定商业计划的种类与总体框架，制定商业计划编写的日程安排与人员分工。

（2）形成阶段：这一阶段实际上是在初步草拟创业计划的阶段。形成阶段主要是全面编写创业计划的各部分，以创业计划总体框架为指导，针对创业目的与宗旨，搜寻内部与外部资料，包括创业企业所在行业的发展趋势、产品市场信息、产品测试、实验资料、同类企业组织机构状况、行业同类企业财务报表、创业项目、市场竞争、营销计划、技术与工艺、财务计划、融资方案以及创业风险等内容，初步形成较为完整的创业计划方案。

（3）完善阶段：在这一阶段应广泛征询各方面的意见，进一步补充、修改和完善草拟的商业计划书。编制创业计划的目的之一是向合作伙伴、创业投资者等展示有关创业项目的良好机遇和前景，为创业融资、宣传提供依据。所以在这一阶段要检查创业计划是否完整、务实、可操作，是否突出了创业项目的独特优势及竞争力，包括创业项目的市场容量及盈利能力，创业项目在技术、管理、生产、研究开发和营销等方面的独特性，创业者及其管理团队成功实施创业项目的能力和信心等，力求引起投资者的兴趣，并使之领会创业计划的内容，从而支持创业项目。

（4）定稿阶段：这是最终确定商业计划书的内容并将其印制成册的阶段。

6.3.2 商业计划书的编写原则

商业计划书的编写原则如下。

（1）逻辑性原则。逻辑性原则是指在商业计划书中的前后基本假设或预测要相互呼应和一致，也就是说前后逻辑要合理。要给投资者充足的理由，说明投资是可行的；解释创业及投资成功的可操作性时，告诉投资者项目的可盈利性时，阐述项目的可持续性时要合乎逻辑等。

（2）真实性原则。商业计划书的论据、假设及内容要合理，有理有据，务必真实，不得有虚假成分。

（3）简洁性原则。商业计划书中应避免出现一些与主题无关的内容，要开门见山地直接切入主题，突出重点。语言应简洁和凝练，尽量让重点部分一目了然。

（4）完整性原则。商业计划书已成为一种国际惯例，结构是相对固定的。该说的话绝对不能少。缺乏财务预估、市场状况及竞争对手数据的商业计划书，会使投资方对方案评估的速度减慢以及投资的可能性降低。因此，应有的内容不能无故缺乏，结构应完整、各部分内容的叙述要清晰流畅，在格式安排上要严谨周密。

（5）针对性原则。商业计划书一定要让读者感到满意。比如对于融资创业项目来说，项目的独特优势，市场机会与切入点分析，问题及其对策，投入、产生与盈利预测，保持可持续发展的竞争战略，风险应变策略等是投资人最关心的问题，应重点突出。比如还可根据募资对象的不同，适当调整行文的语调、章节的编排、数据的呈现、重点的强调等，来满足其需求。

（6）平实易懂性原则。虽然有的项目有一定的技术含量，对项目的分析不仅需要用到一些专业知识，而且也需要用到一些专业术语，但在撰写商业计划书时，建议撰写者尽量深入浅出，用通俗易懂的文字表述。因为，不是每一位读到这份商业计划书的人都是该项目领域的专家。一份好的商业计划书应该使一些不懂该项目的人也能明白这是一个好的、可行的投资项目。一位能将专业性强的投资项目用通俗语言向读者展示出来的准撰写者，本身就是一位将该项目进行了全面分析、研究，并对该项目的市场前景、盈利能力充满信心的人。

（7）保密性原则。商业计划书中涉及的核心机密可适当规避。

6.4　商业计划书撰写规范

商业计划书是创业者围绕创业项目对产品、市场营销、财务、生产、人力资源等职能的综合描述。其作用是指导创业者的创业行动，进一步搜集整理创业信息，评估创业风险，理清创业思路和经营理念。主要包括封面、计划摘要、行业分析、产品（服务）介绍、人员及组织结构、市场预测、营销策略、制造计划、财务计划、风险与风险管理等内容。

6.4.1　封面

封面的信息包括公司名称、负责人、公司地点、电话、传真、联系人等。封面的设计要符合商业计划书的撰写规范，信息既要全面，又要美观，又有一定的艺术性。一个好的封面会使阅读者产生最初的好感，形成优良的第一印象。

6.4.2　计划摘要

计划摘要是商业计划书的精华。它涵盖了计划的要点，以求一目了然，以便读者能在最短的时间内评审计划并作出判断。计划摘要在两页纸内完成，一般包括但不限于以下内容。

（1）公司基本情况（成立时间、注册地区、注册资本，主要股东、股份比例、主营业务、公司地点）。

（2）管理者及组织情况（姓名、性别、年龄、籍贯、学历/学位、毕业院校、政治面貌、行业从业年限、主要经历和经营业绩）。

（3）产品/服务描述（产品/服务介绍，产品技术水平，产品的新颖性、先进性和独特性，产品的竞争优势）。

（4）研究与开发（已有的技术成果及技术水平、研发队伍技术水平、竞争力及对外合作情况、已经投入的研发经费及今后投入计划、对研发人员的激励机制）。

（5）市场概貌（行业历史与前景、市场规模及增长趋势、行业竞争对手及本公司竞争优势、未来3年市场销售预测）。

（6）营销策略（在价格、促销、建立销售网络等方面拟采取的策略及其可操作性和有效性，对销售人员的激励机制）。

（7）产品制造（生产方式、生产设备、质量保证、成本控制）。

（8）管理（机构设置、员工持股、劳动合同、知识产权管理、人事计划）。

（9）融资说明（资金需求量、用途、使用计划，拟出让股份，投资者权利，退出方式）。

（10）财务预测（未来3年或5年的销售收入、利润、资产回报率等）。

（11）风险控制（项目实施可能出现的风险及拟采取的控制措施）。

计划摘要应简明、生动、尽显项目特色和亮点。

6.4.3 行业分析

在行业分析中，应该正确评价所选行业的基本特点、竞争状况以及未来的发展趋势等。关于行业分析的典型问题如下：

（1）该行业发展程度如何？现在的发展动态如何？

（2）创新和技术进步在该行业扮演着怎样的角色？

（3）该行业的总销售额有多少？总收入为多少？发展趋势怎样？

（4）该行业的价格趋势如何？

（5）经济发展对该行业的影响程度如何？政府是如何影响该行业的？

（6）是什么因素决定着该行业的发展？

（7）该行业竞争的本质是什么？创业者将采取什么样的战略？

（8）进入该行业的障碍是什么？创业者将如何克服？该行业典型的回报率有多少？

6.4.4 产品（服务）介绍

项目的产品技术或服务特色是创业项目成功的关键，是商业计划书非常重要的内容。产品介绍主要包括：产品的概念、性能及特性，主要产品介绍，产品的市场竞争力，产品的研究和开发过程，发展新产品的计划和成本分析，产品的市场前景预测，产品的品牌和专利等。在产品（服务）介绍部分，要对产品（服务）做出详细的说明，说明要准确，也要通俗易懂，使不是专业人员的投资者也能明白。一般地，产品介绍都要附上产品原型、照片或其他介绍。

6.4.5 人员及组织结构

在企业的生产活动中，存在着人力资源管理、技术管理、财务管理、作业管理、产品管理等，而人力资源管理是其中很重要的一个环节，因为社会发展到今天，人已经成为最宝贵的资源，这是由人的主动性和创造性决定的。企业要管理好这种资源，更要遵循科学的原则和方法。

在商业计划书中，必须对主要管理人员加以阐明，介绍他们所具有的能力、他们在本企业中的职务和责任、他们过去的详细经历及背景。此外，在此部分还应对公司结构做简要介绍，包括公司的组织机构图、各部门的功能与责任、各部门的负责人及主要成员、公司的报酬体系、公司的股东名单（包括认股权、比例和特权）、公司的董事会成员、各位董事的背景资料。

经验和过去的成功比学位更有说服力。如果创业者准备把一个特别重要的位置留给一个没有经验的人，一定要给出充分的理由。

6.4.6 市场预测

市场预测应包括以下内容：

（1）需求预测。

（2）市场现状综述。

(3）竞争厂商概览。

(4）目标顾客和目标市场。

(5）本企业产品的市场地位等。

6.4.7 营销策略

错误地认识市场是企业经营失败的主要原因之一。在商业计划书中，营销策略应包括以下内容：

(1）市场机构和营销渠道的选择。

(2）营销队伍及其管理。

(3）促销计划和广告策略。

(4）价格决策。

6.4.8 制造计划

商业计划书中的制造计划应包括以下内容：

(1）产品制造和技术设备现状。

(2）新产品投产计划。

(3）技术提升和设备更新的要求。

(4）质量控制和质量改进计划。

6.4.9 财务规划

财务规划一般重点关注现金流量表、损益表以及资产负债表。流动资金是企业的生命线，因此企业在初创或扩张时，对流动资金需要有周详的计划和严格的控制。损益表反映企业的盈利状况，是企业在一段时间运作后的经营结果。资产负债表则反映在某一时刻的企业状况，投资者可以用资产负债表中的数据得到的比率指标来衡量企业的经营状况以及可能的投资回报率。

6.4.10 风险与风险管理

(1）创业者的公司在市场、竞争和技术方面有哪些基本的风险？

(2）创业者准备怎样应对这些风险？

(3）就创业者看来，公司还有什么附加机会？

（4）在创业者的资本基础上如何进行扩展？

（5）在最好和最坏情形下，创业者的5年计划表现如何？如果创业者的估计不那么准确，应该估计误差范围。如果可能的话，对关键性参数做最好和最坏的设定。

6.4.11 文字排版要求

商业计划书的排版要符合文书的一般排版要求，字体、字号、行距等都要按规范进行。具体要求如下：

（1）字型：大标题用二号黑体，中标题用三号黑体，小标题用三号楷体，正文用四号宋体。

（2）纸型：统一用A4纸，左侧装订。

（3）页边距：上2.2cm、下2.2cm、左3.0cm、右2.0cm。

（4）单倍行距。

（5）结构层次序数："一""（一）""1.""（1）"。

【案例阅读6.2】

学到老自习室项目商业计划书

目录

一、摘要

二、公司管理

三、公司与项目介绍

四、行业与市场

五、服务运营

六、市场营销计划

七、财务计划

八、风险控制

九、退出机制

十、附录

一、摘要

由于新冠肺炎疫情的冲击，就业压力上升，需要安静私密环境学习的人逐渐增多；加上近几年来，考研人数逐年增加；高校自习教室和图书馆的数量跟不上学校扩招，导致自习位置供不应求；寝室和教室更是无法满足学习者对于独自学习的安静环境的需求。纵使目前市场上有一些能够满足独自学习需求的产品，但这些产品也无法全面地满足客户群体的各种需求。

目前全国付费自习室已超过5000家，整体仍呈增长趋势。虽然付费自习室的数量增加快、分布广，但整个市场服务同质化现象严重，竞争全部集中在价格、地理位置上。

随着越来越多的人开始重视学习和工作的效率，人们对学习和工作环境的要求也逐步提高，对私密空间的需求也逐渐增大。因此，付费自习室对考证学习的上班族和学生人群来说是一个再好不过的学习地点。

关键词： 共享自习室、个性化、智能化、计时收费、品牌联营、O2O商业模式

二、公司管理

学到老自习室分为四个部门，分别是行政人事部、业务部、财务部和市场营销部（不同公司和项目可结合实际情况展开描述）。

三、公司与项目介绍

1. 公司介绍

学到老自习室是一家以提供舒适的学习环境为主，发展品牌IP文创链为辅的共享自习室。项目名称从谚语"活到老，学到老"中截取而来。随着图书馆的座位数量越来越无法满足学习者的需求，本项目针对当下新兴的共享自习室市场，为学习者提供方便且舒适的学习环境。

具体的服务包括：创造学习环境供顾客学习，提供小型会议室供外部团队使用、打造自主文创IP品牌并与各家优秀IP进行合作等。

2. 项目背景

（1）公共资源。据统计，全国公共图书馆数量为3166个，每万人拥有图书馆建筑面积仅109平方米，平均每43.9万人共用一座图书馆，存在"一座难求"的情况。显然，公共自习空间不能满足社会的需求，公共资源供给不足催生了中国付费自习室的发展。

（2）疫情影响与就业压力。自新冠肺炎疫情暴发以来，全球失业率增长明显，就业形势严峻，求职者就业压力较大。而且受疫情冲击，全球宏观经济下行压力较大，企业大幅裁员；然而，中国应届毕业生的数量却不断增长，面对更为严峻的就业形势和就业压力，考研、考证等成为提升自我竞争力的重要方式。数据显示，中国研究生报考人数逐年攀升，2020年共有341万人报考研究生，2021年增长到了377万，2022年更是增长到457万。就业的巨大压力促使人们不断提升自我，提高就业竞争力，如此一来，便少不了"学习"这一条路径。

3. 项目创新点

（1）与餐饮、文创、教育培训、书店等联合经营，扩大消费群体。

（2）可为公益讲座、团队会议、快闪店等一系列活动提供服务。

（3）更加智能化，如设有智能门禁，支持密码、指纹、远程操作，提升通行效率；设有智能储物柜，支持手机蓝牙开锁，全流程智能化；设有云台机，可360度转动。

（4）更加自主化，提供更加全面的服务，让消费者自主选择、匹配需求。

四、行业与市场

1. 行业背景

该项目的SWOT分析如下：

优势 Strengths	劣势 Weaknesses
● 营业时间灵活 ● 座位固定 ● 学习氛围浓厚 ● IP品牌合作	● 地理位置及交通对上座率影响大 ● 所提供服务易与消费者预期产生差距 ● 行业同质化严重 ● 营业收入单一 ● 投资周期较长
机会 Opportunities	威胁 Threats
● 就业形势严峻，无论是学生还是上班族都有提升自己的需求 ● 疫情和全球经济不确定因素的叠加影响 ● 全国公共图书馆出现资源稀缺现象 ● 已有产品以个体运营较多，缺少成功融资品牌 ● 属于新兴行业，还有多种发展方式未开发	● 共享资本趋于冷静并对是否可持续发展提出要求 ● 市场尚未成熟，缺乏行业标准 ● 疫情促进了线上自习室的发展 ● 一些实体书店和咖啡馆也正在向多功能方向转型

2. 市场分析

（1）市场主要竞争者。据不完全统计，全国大约有 5086 家付费自习室，广州也有 37 家，其中有一些已经建立了较为完善的体系，比如上海的时不我待自习馆，在两年时间内已在上海成立五家。

主要问题：营业收入单一；同质化严重，缺少增值服务；投资周期长，属于重资产且利润较薄；房租成本高等。

（2）客户需求。通过数据可以看出客户更需要能够更好地辅助学习及办公的服务，对自习室本身的学习氛围、环境、设备及预约服务都有一定的要求。

五、服务运营

1. O2O 商业模式

随着互联网的发展，O2O 这种在线支付购买线下的商品和服务，再到线下享受服务的商业模式很快被消费者接受，O2O 能够有效地将线下的商务机会和互联网技术结合，通过这种商业模式可以有效地提高用户粘性，我们将在美团、微信小程序等平台推出相关的优惠价格及优惠活动，从而吸引消费者来到线下，再通过完善线下服务增加与消费者之间的粘性，形成一股稳定的客户来源。

2. 业务范围

学到老自习室的业务范围主要分为主营业务与其他业务。

（1）主营业务：计时收费，提供座位供用户使用。

（2）其他业务：学术沙龙、考研求职讲座、心理辅导咨询场地、咖啡茶点销售等。

3. 业务研究

（1）需求产生。由于全球经济下行，人们就业压力上升，考研、考证已经变成现代青年提升自己、增强自我竞争力的主要手段。不仅如此，现代的城市生活常常让人陷入"忙、茫、盲"的状态，人们对除了家、学习与工作场所之外的第三空间的需求也逐步提高，需要非繁杂社交场所的人逐渐增多，人们尤其需要能够将学习、工作、生活和休闲融合起来的"暂时脱离社会"的私密空间，以满足其在诸如自习、口语练习、进行线上会议等情景中对安静的私人环境的需求。

（2）客户群体。近十年来，考研人数逐年增加。教育部最新统计数据显示，2020 年考研人数首次突破 300 万人，达到 341 万人，创历史新高，预计"考研热"在近些年会继续保持热潮。除此之外，现在的大学生群体越来越重视多元化发展，对于考证、练习口语、自学专业课以外课程的意愿越来越强烈，这些都是要在课余时间进修的，而图书馆却经常一座难求。

中国青年报对1940名大学生进行的一项调查显示，81%的受访学生有过占座行为，62.8%的受访学生表示，别人的占座行为曾给自己带来麻烦。高校自习教室和图书馆的数量不能随学校扩招增加，这就导致自习位置供不应求，并且在图书馆开馆以外的时间，无论是寝室还是教室都无法满足他们对于独自学习的安静环境的需求。

4. 业务设计过程

（1）满足需求。自习室首先是一个用来学习的地方，是一个提升自我精神境界的好去处。因此，人们需要的学习环境是独立的、安静的、不被人打扰的空间。自习室存在的意义不仅仅在于提供一个能学习的空间场地，更多体现在提供一种服务、创造一种氛围，能够满足学习人群的需要。

（2）装潢陈设。自习室从功能上来讲，是一个集交流与学习功能于一体的场所，设计上要优先考虑实现动静分区，使每个独立空间不相互影响。自习室的空间内需要采用隔音的材料，来降低噪声的影响。针对不同人群进行不同的设计，如比较活泼好动的青少年、需要使用电脑敲打键盘的用户，应安排在自习室的有声区进行学习，避免影响需要安静的部分客户，有声区的空间设计可以装饰得富有朝气，放置一些有针对性的书籍；而社会人士需要独立空间，方便查阅电子资料、网上沟通，需要较为舒适的环境，使他们身心愉悦，愉快地学习进修。此外，自习室的设计还需要满足人的生理需要，如设置卫生间、茶水间、小餐吧等，学到老自习室也会提供座位、沙发、桌子等必要配置，使人怀着轻松的心情学习，在未来规模扩大之后，也将增添配备供用户放松的空间。

5. 服务运营模式

（1）线下服务。在自习室中的用户往往是对于学习有着精准需求的用户，他们当中的很多人需要从日常生活中分割出属于自己的小天地，进而专注于自己的事情不被打扰，享受沉浸式的学习体验。学到老自习室的时间安排具有弹性，并且设有单桌、独立包间等，分隔了安静区和有声区，能预约而不必抢座、排队。

（2）线上服务。自习室配有线上的微信公众号和小程序，其功能主要是为用户提供预约座位、查询信息、发放通知和小程序专注功能等服务，其中，小程序的专注功能服务旨在提高人们在使用自习室时的学习工作效率。

六、市场营销计划

1. 目标市场

（1）先在广州市天河区开设一家门店，待利润达到一定量时向番禺店和海珠区等区域扩展。

（2）目前主要针对学生、上班族群体。

（3）待进一步发展会将不同消费水平人群细分，提供不同的产品，以满足人们学习、工作、会议等多种需求。

2. 竞争分析

波特五力模型如下：

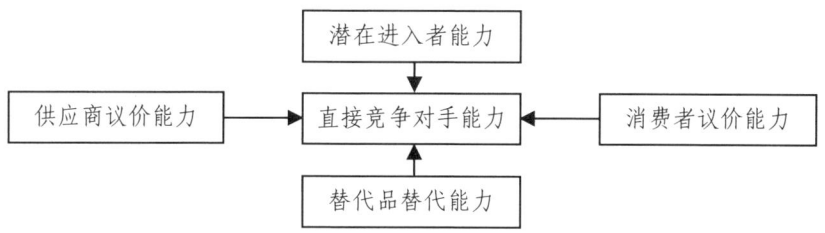

3. 营销组合策略（4P）

（1）产品类型及定价（Product & Price）。学到老自习室产品类型及普通营业时间下价格具体如下：

产品类型（Product）	普通营业时间下价格（Price）
临窗型	小时卡：7 元/小时
	日卡：45 元/天
	周卡：300/周（7 天）（43 元/天）
	月卡：1200/月（30 天）（40 元/天）
隔间型	小时卡：8/小时
	日卡：50/天
	周卡：335/周（7 天）（48 元/天）
	月卡：1300/月（30 天）（43 元/天）

（2）渠道（Place）。

1）网络渠道：在微信、微博、抖音、小红书等平台进行推广、同时在美团推出网上预约服务。

2）线下渠道：若与餐饮、文创、教育培训、书店等联合经营，可在所联营的店内或公司中进行海报推广。

（3）营销方案（Promotion）。

1）促销方案：开业期（一个月）。

- 对周卡、月卡进行九折活动、设置体验卡 3 元/小时（每人一次，会进行登记）。
- 在开业期间填写调查问卷有小礼品相送（与文创 IP 品牌联合）。

2）限时活动。

- 在微信朋友圈、小红书、微博等社交平台宣传学到老自习室，单个平台点赞数或爱心数超过 50 个即可获得 1 小时隔间型学习时间（限开业后 6 个月内）。
- 向我们提出建设性建议，每被采纳一次，可获得一小时临窗型学习时间（被采纳意见会定期公示，为保护隐私，会与被采纳者私下联系）。

七、财务计划

财务假设如下：

（1）公司自成立之日起，需缴纳营业税税率为 3%。

（2）所得税税率为 13%。

（3）公司所属行业为服务业，无存货产生。

（4）固定资产除会议桌、椅子、灯、插座开关、饮水机和前台椅子使用寿命大约为 5 年外，其余物品使用寿命均大约为 10 年。期末无残值，按直线折旧法计算。

（5）公司第一年不分红，第二年起按净利润的 15%分红。

（6）每年提取法定公积金 10%。

1. 财务汇总

初期的资金主要运用于实体门店的租赁，购买固定资产及装修，并支付广告宣传费用。

（1）成本预测（略）。

（2）投资与收益（略）。

2. 年度财务报表（略）

3. 资金需求

（1）出资情况（略）。

（2）资金需求计划（略）。

（3）资金用途。

1）租赁、装修店铺的相关费用。

2）研发与制作项目的相关费用，主要是制作过程中的管理费用。

3）相关职工薪酬。

4）宣传推广的相关费用，主要是做广告时所需要的销售费用、人工费用等。

（4）融资方案（略）。

（5）投资回报。根据对未来几年公司经营状况的预测（见三大财务报表），公司能保持较高的利润增长，拟从净利润中提取合理比例的资金作为股东回报。为此，公司第一年不分红，第二年以后每年分红为净利润的15%。

4. 预计收入报表（略）

5. 资产负债预计表（略）

6. 现金流量表（略）

7. 相关财务指标分析

（1）销售净利润率。销售净利润率等于净利润/销售收入。销售净利润率反映企业的销售收入所能带来的净利润。通过对这个指标的分析，可以使企业在扩大销售的同时注意改进经营管理，提高盈利水平。销售净利润率预期如下：

	第一年	第二年	第三年	第四年	第五年
净利润率	25.5%	37%	24%	27.67%	24.78%

从总体来看，公司的销售净利润率较高而且稳定，这说明我司的盈利能力很强，企业资金周转速度快。

（2）投资净现值。

1）本计划书净现值的计算基于折现率的假设。

2）借助Excel计算出在10%折现率下的投资净现值。

3）净现值是未来一系列支付或收入的当前价值。净现值>0，说明该方案具有可行性。

八、风险控制

1. 进入门槛低，潜在竞争者威胁大

随着付费自习室的兴起，此行业的竞争逐渐增大，这对于学到老自习室来说并不是一个十分好的经营环境，但乐观的一面是用户数量也在不断增加。学到老自习室的第一家店面预计坐落于广州市中心，作为一线城市，人们的终身学习观念强、支付能力强，并且附近有高校，自习室需求量大。

在价格上，学到老自习室考虑到学习人群中的学生和未就业人群的收入水平，每小时的付费价格会较低于同地区的付费自习室，另外提供会员制度，价格实惠，并且设立学习累计一定时长可以获取免费学习时间等优惠活动，鼓励每一位想学习的人。

在环境上，学到老自习室向用户提供优质的服务：经调查，市面上绝大部分的付费自习室是没有将电脑区和非电脑区分开的，学到老自习室则将划分有声区和静音区，为用户创造个性化的学习环境。

2. 图书馆地位难以撼动

图书馆的免费自习对于收费自习室来说是极大的挑战，尽管图书馆有免费座位，但是频繁的人员出入也会打扰学习，使学习效率大打折扣，学到老自习室会给予用户一个安静的学习氛围。此外，图书馆内是不允许进食的，但是学到老自习室会向顾客免费提供速溶咖啡、茶饮品和小零食，避免顾客浪费时间和金钱。

3. 竞争的对手与投资

自习室具有模仿性极强、进入门槛低、竞争对手多、投资周期长、重资产、利润薄、盈利模式单一等劣势。学到老自习室后期采用多元化经营模式，与文创、插画等热门 IP 合作，联名生产周边文具等衍生品，并且可以在每月末提供场地用于公益讲座、快闪店等短期活动，拓展自习室的业务范围。

九、退出机制

风险资金退出的成功与否关键取决于公司的业绩和发展前景。

1. 退出方式

风险投资的退出方式一般有四种：

（1）首次公开上市（IPO）。

（2）兼并。

（3）回购、收购股权。

（4）清算。

根据所查资料表明，首次公开上市是风险投资退出方式中的最优选择，可以获得最大的收益率。许多运作成功的风险投资都追求以此种方式退出。公司设计了可能的方案：A股市场上市。

在适当的时候，公司可以和产业方向相近的公司进行资产重组，达到在国内A股市场上市的条件；或者和上市公司进行资产重组，借壳上市。

就目前资本市场的现状而言，收购（项目整体转让）方式比较适合本公司。

收购方（以书店为例）除继续运营书店外，可拓宽产品领域，涉足自习室，形成复合型书店，这样对有投资意向的投资家或企业家来说很有吸引力。另外，随着公司规模的扩大，若被有实力和管理经验的大公司收购，我们将能更好地完善管理体系，有助于推动公司的发展。

另外，通过协议的方式，风险投资方转让部分的股权也是一种可操作性较强的退出方案。

2. 撤出时间

采用以上风险资金退出方式在6~8年退出较合适。

一般来说，当公司未来投资的收益现值高于公司的市场价值时，是风险投资撤出的最佳时机。因此，从撤资的时间和公司发展的角度考虑，第6~8年时，公司经过成长期和成熟期，已在市场占有一定的份额，发展趋势很好。同时，公司已在付费自习室领域树立了良好的品牌形象，将有相当的知名度，此时退出可获得丰厚的回报。

十、附录（略）

思考题：认真阅读商业计划书，说说该商业计划书在风险评估和市场预测等方面还存在哪些不足。

6.5　商业计划书的推广

很多人能把商业计划书写得非常精彩，而往往忽视商业计划的推广。风险投资家选择投资项目时，不仅会考虑项目本身的优劣，也非常重视创业者的能力和个人魅力。商业计划的推广是创业者展示自己能力的难得机会。很难想象，风险投资家会把巨额资金投向一个说话结结巴巴，连自己的创意都讲不清楚的企业家。

为了提高推广的成功率，在推广中应该注意以下几点：

（1）准备充分。首先，应该准备一份口头的商业计划。口头计划和书面计划的侧重点有所不同，口头语言应该生动，具有号召力和感染力。其次，创业者应该事先推测对方可能会提的一些问题，突出重点，学会随机应变，千万不要敷衍了事。再次，每次推广结束后，创业者应该认真总结并吸取经验，积极准备下一次可能的推广会。

（2）注意互动。推广时不要只顾自己说话，应该创造机会，让在场的投资者或合作伙伴等参与发言或讨论。推广应该突出市场前景，刺激投资者的兴奋点。推广开始前，应声明允许双向参与，任何时候都可以被提问或被打断。

（3）少用技术词汇。一方面，投资者很多其实并不懂技术，也没有太多的兴趣；另一方面，创业者不可能花费太多的时间去介绍技术，也不一定能介绍清楚。针对可能出现的有技术背景的投资者，可以事先准备一些书面资料，发给有需要的与会者。

（4）突出的沟通表达能力。实际执行推广演示的人，不一定是创业者，也可以是创业团队里沟通表达能力最强的人。创业者可以作为普通的听众，同时可以观察其他人的反应，当注意到听者出现困惑或茫然的表情，或发现与会者参与热情有所减退，应及时打断推广，再次强调一些能激起兴趣和参与热情的内容，吸引与会者的注意力。

（5）其他应该注意的问题。保持团队合作精神。创业计划不是个人能力的展示，切忌和与会者发生争执，即使出现也应该妥善处理；使用幻灯片甚至制作动漫，加深理解，捕捉与会者的兴趣。

6.6 商业计划书的评价

商业计划书完成以后是否能够满足各方的需求，完成创业者赋予的使命呢？对商业计划书的评价需要一个客观、公正的评价体系。一般来说，关心商业计划书的人可分为三方，分别为创业者、资源提供方及独立于两方存在的中介机构。由于三方各自的需求不同，对商业计划书的评价也就需要满足各方的特点。

6.6.1 评价要素

一份成功的商业计划应该能够简洁清晰地展示市场容量，了解顾客的需要，解释做的是什么事，这件事通过什么方式盈利，为什么可以盈利，为什么是你而不是别人更适合做这件事,有哪些风险,如何避免这些风险。上述各项缺一不可。若不能明确创业的目标和盈利点,就是一份失败的商业计划书。具体来说,商业计划书的评价要素包括以下六方面内容:

(1)计划书的完整性。

(2)方案的可行性。

(3)技术含量的高低或创新性。

(4)经济效益的可预期性。

(5)融资方案的合理性。

(6)市场前景的可预见性。

6.6.2 评价标准

商业计划书由于使用者的目的不同,评价的标准也不尽相同。本书主要采纳葛建新(2004)的观点,从创业投资基金或投资者角度为商业计划书各部分内容设定评价标准。

(1)概要(10%)。评价标准:内容清晰,简洁,重点突出,具有吸引力。重点包括对公司及产品(服务)的介绍、市场概况、营销策略、财务预测、企业发展目标展望、介绍创业团队的特殊性和优势等。

(2)产品服务描述(5%)。评价标准:描述产品或服务的基本性能、特征,产品的商业价值,产品的技术含量,产品的发展阶段,产品的所有权状况。如何满足关键用户需要;进入策略和市场开发策略;说明其专利权、著作权、政府批文、鉴定材料等;指出产品(服务)目前的技术水平是否处于领先地位,是否适应市场的需求,能否实现产业化。产品应不过分超前,以免使市场无法接受。

(3)市场分析(10%)。评价标准:市场容量与趋势、市场竞争状况、市场变化趋势及潜力,细分目标市场及客户描述,估计市场份额和销售额。市场调查和分析应当严密、科学。

(4)竞争分析(5%)。评价标准:包括公司的商业目的、市场定位、全盘策略及各阶段的目标等,同时要有对现有和潜在的竞争者的分析,替代品竞争、行业内原有竞争的分析。还应总结本公司的竞争优势并研究战胜对手的方案,并对主要的竞争对手和市场驱动力进行适当分析。

(5)营销推广(5%)。评价标准:阐述如何保持并提高市场占有率,把握企业的总体进度，对收入、盈亏平衡点、现金流量、市场份额、产品开发、主要合作伙伴和融资等重要事件有所安排。还应合理定价，构建一条畅通合理的营销渠道和与之相适应的新颖而富有吸引力的促销方式。

（6）经营计划（10%）。评价标准：包括产品生产（服务）计划、产品的成本和毛利、经营难度及所需要的原材料的供应情况、工业设备的运行安排、人力资源安排等。这部分要求以产品或服务为依据，以生产工艺为主线，力求描述准确、合理、可操作性强。

（7）管理团队（10%）。评价标准：包括关键人物背景、组织结构、角色分配、管理团队实施战略的能力。介绍管理团队中各成员有关的教育和工作背景、经验、能力、专长。组建营销、财务、行政、生产、技术团队。明确各成员的管理分工和互补情况、公司组织结构情况、领导层成员、创业顾问及主要投资人的持股情况。指出企业股份比例的划分。

（8）财务分析（10%）。评价标准：财务报表清晰明了，与计划实施同步，内容包括相应时间段的现金流量表、资产负债表、利润表等。数据应基于经营状况和对未来发展的正确估计，并能有效反映公司的财务绩效。

（9）融资回报（10%）。评价标准：以条款方式列明所需投资、利益分配方式、可能的退出战略。

（10）可行性（20%）。评价标准：一是市场机会（1/5），明确市场需要及其适合的满足方式；二是竞争优势（1/5），企业拥有独特的核心能力以及能获取持续的竞争优势；三是管理能力（1/5），管理团队能够有效地发展企业，并合理规避投资风险；四是财务预算（1/5），企业的发展业务具有明确的财务需求；五是投资潜力（1/5），创业项目具有真正的实际投资价值。

（11）商业计划写作技巧（5%）。评价标准：条理清晰；表述应避免冗余，力求简洁、重点突出；专业语言的运用要准确和适度；相关数据要科学、可信、翔实；计划书总体效果要好。

【案例阅读6.3】

理想汽车商业计划推广案例分析

一、引言

随着科技的不断发展，汽车行业也在不断地进行创新。电动汽车作为一种新型的交通工具，已经成为了汽车产业的发展趋势。在这个背景下，理想汽车应运而生，致力于为消费者提供高品质的电动汽车产品。本文将通过对理想汽车的商业计划推广案例进行分析，探讨如何在竞争激烈的市场中脱颖而出，实现品牌的快速发展。

二、理想汽车简介

理想汽车是一家专注于电动汽车研发、生产和销售的企业。公司成立于2015年，总部位于中国北京。理想汽车以"智能、环保、创新"为核心理念，致力于为消费者提供安全、舒适、节能的电动汽车产品。目前，理想汽车已经推出了多款具有竞争力的电动汽车产品，包括理想ONE、理想TWO等。

三、市场分析

1. 市场需求

随着环保意识的不断提高，越来越多的消费者开始关注电动汽车。政府对新能源汽车的支持力度也在不断加大，各种优惠政策层出不穷。此外，随着充电设施的不断完善，电动汽车的使用成本逐渐降低，消费者对电动汽车的接受度越来越高。因此，电动汽车市场的需求将会持续增长。

2. 市场竞争

虽然电动汽车市场的需求在不断增长，但市场竞争也非常激烈。特斯拉、宝马、奔驰等国际知名品牌已经在电动汽车市场占据了一定的份额。此外，国内的比亚迪、吉利等本土品牌也在积极布局电动汽车市场。因此，理想汽车要想在竞争中脱颖而出，必须具备独特的竞争优势。

四、理想汽车的商业计划推广策略

1. 产品策略

理想汽车的产品策略是"高品质、高性能、高性价比"。公司通过自主研发和技术创新，不断提升产品的品质和性能。同时，理想汽车还注重产品的性价比，力求为消费者提供物超所值的电动汽车产品。

2. 价格策略

理想汽车的价格策略是"高端品质，亲民价格"。公司通过优化生产流程和降低成本，实现了高品质与亲民价格的完美结合。这使得理想汽车的产品在市场上具有较高的竞争力。

3. 渠道策略

理想汽车的渠道策略是"线上线下相结合"。公司通过建立线上商城和线下体验店,为消费者提供便捷的购车渠道。线上商城可以让消费者随时随地了解产品信息和购车政策;线下体验店则可以让消费者亲身体验产品,提高购买意愿。

4. 营销策略

理想汽车的营销策略是"内容营销+KOL合作"。公司通过制作高质量的图文、视频等内容,传播品牌理念和产品信息。同时,理想汽车还积极与各领域的意见领袖(Key Opinion Leader,KOL)进行合作,通过他们的影响力,扩大品牌知名度和美誉度。

五、理想汽车的商业计划推广成果

通过以上商业计划推广策略的实施,理想汽车在市场上取得了显著的成绩。一方面,品牌知名度和美誉度不断提高,吸引了越来越多的消费者关注和购买;另一方面,理想汽车的产品销量也呈现出快速增长的态势,市场份额不断扩大。

六、总结

通过对理想汽车的商业计划推广案例的分析,我们可以看到,一个成功的品牌需要有明确的市场定位、独特的竞争优势和有效的营销策略。理想汽车正是凭借这些优势,在竞争激烈的市场中脱颖而出,实现了品牌的快速发展。对于其他企业来说,也可以借鉴理想汽车的成功经验,制定适合自己的商业计划推广策略,提升品牌竞争力。

七、未来展望

虽然理想汽车在市场上取得了一定的成功,但面临的挑战依然严峻。随着电动汽车市场竞争的加剧,消费者对产品的要求也越来越高。因此,理想汽车在未来的发展过程中,需要不断进行技术创新,提升产品品质和性能;同时,还需要加强品牌建设,提升品牌影响力和美誉度。只有这样,理想汽车才能在激烈的市场竞争中立于不败之地,实现品牌的长远发展。

总之,理想汽车的商业计划推广案例为我们提供了一个很好的借鉴和学习的机会。通过分析其成功的商业计划推广策略和取得的成果,我们可以更好地理解如何在竞争激烈的市场中脱颖而出,实现品牌的快速发展。同时,我们也应该看到,面对未来的挑战,理想汽车还需要不断创新和努力,才能实现品牌的长远发展。

【推荐阅读书籍】

[1] 亚历山大·奥斯特瓦德、伊夫·皮尼厄. 商业模式新生代[M]. 北京：机械工业出版社，2011.

[2] 邓立治. 商业计划书：原理、演示与案例[M]. 2版. 北京：机械工业出版社，2018.

【思考训练题】

1．利用商业模式画布梳理出小肥羊和海底捞的商业模式，并比较其异同。

2．创新的商业模式训练：每个团队画出一头奶牛的三种商业模式。要求他们首先定义出奶牛的一些特征（如生产牛奶，从早吃到晚，会发出牛叫的声音等），利用这些特征来创造出一个基于奶牛的创新的商业模式。

3．利用商业模式画布设计团队创业项目的商业模式。

4．基于本团队设计的商业模式，撰写商业计划书。

5．试分析上面商业计划书，你认为有没有不足之处？如果有，请指出并给出改进意见。

第 7 章　创新创业赛事与指导

【本章要点】

1. 了解创业赛事的起源
2. 认识为什么参加创业赛事
3. 熟悉全国有影响力的创业赛事
4. 了解中国国际"互联网+"大学生创新创业大赛
5. 掌握如何制作路演 PPT
6. 掌握创新创业赛事路演攻略

【学习目标】

通过本章的学习，学生全面了解、理解和掌握大学生创新创业各项赛事。

【技能目标】

通过本章的学习，能够掌握路演各项技能，提升学生的创业大赛参赛能力。

【素养目标】

通过本章的学习，培养学生扎根中国大地了解民情国情，激发学生敢闯会创，激发学生的创造力，努力成长为德才兼备的有为人才。

7.1　创新创业赛事概述

7.1.1　创新创业赛事历史

创新创业赛事起源于美国，原称商业计划竞赛（Business Plan Competition），它借用风险投资的运作模式，要求参赛者组成优势互补的竞赛小组，提出一项具有市场前景的技术、产品或者服务，并围绕这一技术、产品或服务，以获得风险投资为目的，完成一份完整、具体、深入的创业计划。1983年，美国德克萨斯大学奥斯汀分校参照模拟法庭的形式，成功地举办了世界上第一场创业计划大赛，此后，创业计划大赛经过发展、普及，风靡了世界各地的高校，竞赛形式愈发多样、效果愈发显著，在校园的创业氛围中诞生了诸如 Yahoo!、Excite、Netscape 等一大批世界著名企业。

在我国，创业计划大赛最早于1998年在清华大学举行。1999年，由中国共产主义青年团中央委员会（简称"共青团中央"）、中国科学技术协会、中华全国学生联合会等单位共同主办的首届"挑战杯"中国大学生创业计划竞赛在清华大学举行，产生了视美乐、易得方舟等一批高科技公司，由此"创业"的热浪从清华园向全国高校席卷，在全国高校的学生中掀起了一轮创新创业的热潮。2014年，夏季达沃斯论坛提出了"大众创业、万众创新"号召，自此，我国掀起了"大众创业""草根创业"的新浪潮，形成"万众创新""人人创新"的新势态，各地各部门每年均以不同形式开展各类创新创业大赛，持续至今，其主要参赛群体为在校大学生及初创企业。通过一系列的创新创业大赛活动，深刻激发了民族的创新基因和创业精神，产生了一大批优秀创业项目，培育了大量在行业中具有超强竞争力的企业。

7.1.2　大学生创新创业赛事的目的与任务

1. 以赛促教，探索人才培养新途径

全面推进高校课程思政建设，深入推进新工科、新医科、新农科、新文科建设，不断深化创新创业教育改革，引领各类学校人才培养范式深刻变革，形成新的人才培养质量观和质量标准，切实提高学生的创新精神、创业意识和创新创业能力。

2. 以赛促学，培养创新创业生力军

服务构建新发展格局和高水平自立自强，激发学生的创造力，激励广大青年扎根中国大地了解国情民情，在创新创业中增长智慧才干，坚定执着追理想，实事求是闯新路，把激昂的青春梦融入伟大的中国梦，努力成长为德才兼备的有为人才。

3. 以赛促创，搭建产教融合新平台

把教育融入经济社会发展，推动成果转化和产学研用融合，促进教育链、人才链与产业链、创新链有机衔接，以创新引领创业，以创业带动就业，推动形成高校毕业生更高质量创业就业的新局面。

4. 以赛促投，寻求风险投资新渠道

资金是企业的血液，是创业的要素，是创业企业能够获得崛起和快速发展的前提。创业企业要获得风险投资的支持，一个重要的途径就是从创业大赛开始。

5. 以创促就，创造就业机会，拓宽就业渠道

通过大赛活动，可以更好地促进项目的进一步完善，形成团队战斗力，吸引投资，推动创意项目落地及初创企业发展，从而为社会创造更多就业机会；同时，政府出台一系列优惠政策扶持大学生创业，大大拓宽毕业生的就业选择渠道。

7.1.3 创新创业赛事意义

1. 创业的知识和技能体系

参赛者在创作创业计划的过程之中，通过大赛提供的系统的培训，以及学习、交流，全面地接受创业者所应具备的知识和技能体系。

2. 创业的合作伙伴

参赛者通过比赛，可以结识未来创业的合作伙伴。参赛小组的成员将最有可能在将来形成创业合作关系，开创成功事业。

3. 创业的商业关系网络

参赛者通过比赛，可以结识风险投资家。国内外风险投资家对大赛表示了浓厚兴趣，将对具有实际运作价值的作品进行投资可行性分析。参赛者可以向风险投资家充分展现自己的产品、服务的巨大市场前景，为进一步创业赢得资金。参赛者还将结识商界和法律界人士，为将来创业建立良好的商业关系网络。

4. 创业的良好媒体关系

各类创新创业赛事均有相关媒体参与报道，参赛者通过比赛，可现场展示创业项目或产品的亮点和市场前景，特点突出、技术新颖或投入实际运作的参赛项目将受到新闻媒体的关注，获得向社会推荐自己和产品的良好机会。

5. 团队精神

参赛者将有机会加入一个充满智慧和活力的团队，与团队成员携手并肩，接受挑战。参赛者将体验到在前进中相互激励的力量、思想碰撞中灵感火花的闪耀以及分享成功时的喜悦。在这一过程中，参赛者可感受到团队精神的力量，这将

是一种珍贵的体验。

6. 综合素质的提高

参赛者通过参加竞赛，可以获得对产品、服务从构想变为现实的全局把握。在完成商业计划的过程中，培养沟通能力、说服能力、组织能力。在接受挑战的过程中，增强创业的勇气、信心和能力。参加创新创业大赛将是每位参赛者终身受益的经历。

7.1.4 官方认可的大学生创新创业类赛事

2023年3月22日，中国高等教育学会高校竞赛评估与管理体系研究工作组发布2022全国普通高校大学生竞赛分析报告，共有84项竞赛纳入竞赛目录（表7.1）。其中，共有11项创新创业类赛事列入榜单，分别是：中国国际"互联网+"大学生创新创业大赛、"挑战杯"中国大学生创业计划大赛、全国大学生电子商务"创新、创意及创业"挑战赛、全国大学生创新创业训练计划年会展示、中国大学生服务外包创新创业大赛、全国大学生集成电路创新创业大赛、中美青年创客大赛、全国高校商业精英挑战赛（品牌策划竞赛、会展专业创新创业实践竞赛、国际贸易竞赛、创新创业竞赛、会计与商业管理案例竞赛）、"学创杯"全国大学生创业综合模拟大赛、iCAN大学生创新创业大赛、全国大学生测绘学科创新创业智能大赛。

表7.1 全国普通高校大学生84项竞赛榜单

序号	竞赛名称	备注
1	中国国际"互联网+"大学生创新创业大赛	
2	"挑战杯"全国大学生课外学术科技作品竞赛	
3	"挑战杯"中国大学生创业计划大赛	
4	ACM-ICPC国际大学生程序设计竞赛	
5	全国大学生数学建模竞赛	
6	全国大学生电子设计竞赛	
7	中国大学生医学技术技能大赛	
8	全国大学生机械创新设计大赛	
9	全国大学生结构设计竞赛	
10	全国大学生广告艺术大赛	

续表

序号	竞赛名称	备注
11	全国大学生智能汽车竞赛	
12	全国大学生电子商务"创新、创意及创业"挑战赛	
13	中国大学生工程实践与创新能力大赛	
14	全国大学生物流设计大赛	
15	外研社全国大学生英语系列赛——①英语演讲、②英语辩论、③英语写作、④英语阅读	
16	两岸新锐设计竞赛·华灿奖	
17	全国大学生创新创业训练计划年会展示	
18	全国大学生化工设计竞赛	
19	全国大学生机器人大赛——①RoboMaster、②RoboCon	
20	全国大学生市场调查与分析大赛	
21	全国大学生先进成图技术与产品信息建模创新大赛	
22	全国三维数字化创新设计大赛	
23	"西门子杯"中国智能制造挑战赛	
24	中国大学生服务外包创新创业大赛	
25	中国大学生计算机设计大赛	
26	中国高校计算机大赛——①大数据挑战赛、②团体程序设计天梯赛、③移动应用创新赛、④网络技术挑战赛、⑤人工智能创意赛	
27	蓝桥杯全国软件和信息技术专业人才大赛	
28	米兰设计周——中国高校设计学科师生优秀作品展	
29	全国大学生地质技能竞赛	
30	全国大学生光电设计竞赛	
31	全国大学生集成电路创新创业大赛	
32	全国大学生金相技能大赛	
33	全国大学生信息安全竞赛	
34	未来设计师·全国高校数字艺术设计大赛	
35	全国周培源大学生力学竞赛	
36	中国大学生机械工程创新创意大赛	原中国大学生机械工程创新创意大赛——过程装备实践与创新赛、铸造工艺设计赛、材料热处理创新创业赛、起重机创意赛、智能制造大赛

续表

序号	竞赛名称	备注
37	中国机器人大赛暨 RoboCup 机器人世界杯中国赛	
38	"中国软件杯"大学生软件设计大赛	
39	中美青年创客大赛	
40	睿抗机器人开发者大赛（RAICOM）	原 RoboCom 机器人开发者大赛
41	"大唐杯"全国大学生新一代信息通信技术大赛	原"大唐杯"全国大学生移动通信 5G 技术大赛
42	华为 ICT 大赛	
43	全国大学生嵌入式芯片与系统设计竞赛	
44	全国大学生生命科学竞赛（CULSC）	原全国大学生生命科学竞赛（CULSC）——生命科学竞赛、生命创新创业大赛
45	全国大学生物理实验竞赛	
46	全国高校 BIM 毕业设计创新大赛	
47	全国高校商业精英挑战赛——①品牌策划竞赛、②会展专业创新创业实践竞赛、③国际贸易竞赛、④创新创业竞赛、⑤会计与商业管理案例竞赛	⑤会计与商业管理案例竞赛为 2023 年新增
48	"学创杯"全国大学生创业综合模拟大赛	
49	中国高校智能机器人创意大赛	
50	中国好创意暨全国数字艺术设计大赛	
51	中国机器人及人工智能大赛	
52	全国大学生节能减排社会实践与科技竞赛	2023 年重新纳入
53	"21 世纪杯"全国英语演讲比赛	2023 年新增
54	iCAN 大学生创新创业大赛	2023 年新增
55	"工行杯"全国大学生金融科技创新大赛	2023 年新增
56	中华经典诵写讲大赛	2023 年新增
57	"外教社杯"全国高校学生跨文化能力大赛	2023 年新增
58	百度之星·程序设计大赛	2023 年新增
59	全国大学生工业设计大赛	2023 年新增
60	全国大学生水利创新设计大赛	2023 年新增
61	全国大学生化工实验大赛	2023 年新增

续表

序号	竞赛名称	备注
62	全国大学生化学实验创新设计大赛	2023年新增
63	全国大学生计算机系统能力大赛	2023年新增
64	全国大学生花园设计建造竞赛	2023年新增
65	全国大学生物联网设计竞赛	2023年新增
66	全国大学生信息安全与对抗技术竞赛	2023年新增
67	全国大学生测绘学科创新创业智能大赛	2023年新增
68	全国大学生统计建模大赛	2023年新增
69	全国大学生能源经济学术创意大赛	2023年新增
70	全国大学生基础医学创新研究暨实验设计论坛（大赛）	2023年新增
71	全国大学生数字媒体科技作品及创意竞赛	2023年新增
72	全国本科院校税收风险管控案例大赛	2023年新增
73	全国企业竞争模拟大赛	2023年新增
74	全国高等院校数智化企业经营沙盘大赛	2023年新增
75	全国数字建筑创新应用大赛	2023年新增
76	全球校园人工智能算法精英大赛	2023年新增
77	国际大学生智能农业装备创新大赛	2023年新增
78	"科云杯"全国大学生财会职业能力大赛	2023年新增
79	全国职业院校技能大赛	高职赛
80	全国大学生机器人大赛——RoboTac	高职赛
81	世界技能大赛	高职赛
82	世界技能大赛中国选拔赛	高职赛
83	"一带一路"暨金砖国家技能发展与技术创新大赛	2023年新增高职赛
84	码蹄杯全国职业院校程序设计大赛	2023年新增高职赛

7.2 中国国际"互联网+"大学生创新创业大赛

7.2.1 赛事简介

中国"互联网+"大学生创新创业大赛于2015年举办首届比赛；2020年，大赛更名为中国国际"互联网+"大学生创新创业大赛。该项赛事是我国创新创业教育改革的生动实践，极大地激发了大学生投身创新创业的热情。

2017年8月，习近平总书记给第三届大赛"青年红色筑梦之旅"大学生回信，深切勉励青年学子把激昂的青春梦融入伟大的中国梦，"希望你们扎根中国大地了解国情民情，在创新创业中增长智慧才干，在艰苦奋斗中锤炼意志品质，在亿万人民为实现中国梦而进行的伟大奋斗中实现人生价值，用青春书写无愧于时代、无愧于历史的华彩篇章。"

中国国际"互联网+"大学生创新创业大赛是由中华人民共和国教育部（简称"教育部"）等十二部委和地方省级人民政府共同主办的创新创业赛事。旨在传承和弘扬红色基因，聚焦"五育"融合创新创业教育实践，激发青年学生创新创造热情，线上线下相融合，打造共建共享、融通中外的国际创新创业盛会，开启创新创业教育改革新征程。

自2015年以来，大赛规模与质量逐年攀升，已然成为覆盖全国所有高校、面向全体大学生、影响最大的高校双创盛会。同时，大赛秉持教育的本色，将思想政治教育、专业教育和创新创业教育相结合，以赛促学、以赛促教、以赛促创，破除大学生创新创业教育端与实践端的壁垒，形成了四个方面的重要成果。

（1）组建了一支声势浩大的双创青年大军。前八届大赛累计有943万个团队、3983万名大学生参赛，实现了基础教育、职业教育、高等教育的贯通。通过大赛充分展现高校创新创业教育改革的丰硕成果，全面展示广大青年学生敢闯会创、昂扬向上的精神风貌。

（2）开出了一堂最有温度的国情思政金课。经过五年的实践探索，450余万大学生参与"青年红色筑梦之旅"活动。广大青年学生走进革命老区、贫困地区和城乡社区，接受思想洗礼，加强实践锻炼，将激昂的青春梦融入伟大的中国梦。

（3）打造了一个融通中外的双创交流平台。自第三届大赛开始，大赛积极推进国际交流合作。据统计，第五届、第六届、第七届，第八届这四届大赛共有来自五大洲120多个国家和地区，18258个国际项目，55852名国际大学生报名参赛，实现了"百国千校万人"参赛，大赛的"国际范""含金量"再创历史新高。

（4）促进了一场立体推进的双创教育改革。大赛以创新引领创业，创业带动就业，推动高校人才培养范式发生深刻的变革。目前，全国高校已普遍开设创新创业教育课程，累计开课 3 万余门。各高校聘请行业优秀人才担任双创教师，专职教师近 3.5 万人，兼职导师 13.9 万余人。大赛与创新创业教育伴生成长，为新时代大学生绽放自我、展现风采、服务国家提供了新平台，为世界创新创业教育提供了中国智慧和中国方案。

7.2.2 组织单位

中国国际"互联网+"大学生创新创业大赛组织单位如下。

（1）大赛由教育部联合国家多部委及主办省人民政府（每届均在不同省份举办）共同主办，通常由承办高校及其所在地市人民政府共同承办。

（2）大赛设立组织委员会，由教育部和主办省人民政府主要负责同志担任主任，教育部和主办省分管领导担任副主任，教育部高等教育司主要负责同志担任秘书长，有关部门（单位）负责人作为成员，负责大赛的组织实施。

（3）大赛设立专家委员会，专家委员会由有关部门（单位）退休同志、行业企业、投资机构、创业孵化机构、公益组织、高校和科研院所专家作为成员，负责项目评审等工作。

（4）大赛设立纪律与监督委员会，负责对赛事组织、参赛项目评审、协办单位相关工作等进行监督，对违反大赛纪律的行为予以处理。

（5）各省级教育行政部门成立相应的赛事机构，负责本地比赛的组织实施、项目评审和推荐等工作。

7.2.3 参赛组别

中国国际"互联网+"大学生创新创业大赛参赛组别如下。

（1）高教主赛道：分为本科生组和研究生组，各组内又分为创意组、初创组、成长组。

（2）"青年红色筑梦之旅"赛道：公益组、创意组、创业组。

（3）职教赛道：创新类、商业类、工匠类。

（4）萌芽赛道（面向普通高级中学在校学生）。

（5）产业命题赛道。

接下来对其中几个参赛组别进行详细介绍。

7.2.4 参赛项目类型

高教主赛道项目聚焦于新工科、新医科、新农科和新文科 4 个类型，即"四新"。参赛项目团队应认真了解和把握"四新"发展要求，结合以上分类及项目实际，合理选择参赛项目类别。参赛项目不只限于"互联网+"项目，鼓励各类创新创业项目参赛，根据"四新"建设内涵和产业发展方向选择相应类型。

（1）新工科类项目：大数据、云计算、人工智能、区块链、虚拟现实、智能制造、网络空间安全、机器人工程、工业自动化、新材料等领域，符合新工科建设理念和要求的项目。

（2）新医科类项目：现代医疗技术、智能医疗设备、新药研发、健康康养、食药保健、智能医学、生物技术、生物材料等领域，符合新医科建设理念和要求的项目。

（3）新农科类项目：现代种业、智慧农业、智能农机装备、农业大数据、食品营养、休闲农业、森林康养、生态修复、农业碳汇等领域，符合新农科建设理念和要求的项目。

（4）新文科类项目：文化教育、数字经济、金融科技、财经、法务、融媒体、翻译、旅游休闲、动漫、文创设计与开发、电子商务、物流、体育、非物质文化遗产保护、社会工作、家政服务、养老服务等领域，符合新文科建设理念和要求的项目。

参加"青年红色筑梦之旅"赛道的项目应符合大赛参赛项目要求，同时在推进农业农村、城乡社区经济社会发展等方面有创新性、实效性和可持续性。

产业命题赛道主要面向行业企业征集命题，聚焦国家"十四五"规划战略性新兴产业方向，倡导新技术、新产品、新业态、新模式。围绕新工科、新医科、新农科、新文科对应的产业和行业领域，基于企业发展真实需求进行申报命题，再由参赛团队承接，提出方案。

7.2.5 赛制安排

中国国际"互联网+"大学生创新创业大赛主要采用校级初赛、省级复赛、总决赛三级赛制（不含萌芽赛道以及国际参赛项目）。校级初赛由各院校负责组织，省级复赛由各地负责组织，总决赛由各地按照大赛组委会确定的配额择优遴选推荐项目。大赛组委会将综合考虑各地报名团队数（含邀请国际参赛项目数）、参赛院校数和创新创业教育工作情况等因素分配总决赛名额，整体赛程持续约 6 个月。

7.2.6 激励政策

（1）国家级。国赛获奖项目可享受由国赛组委会提供的创投机构对接、落地孵化等服务，组委会不直接发放现金奖励。

（2）省级。以广东省为例，省赛组委会给予国赛获奖项目扶持奖励金，给予省赛获奖项目奖金，扶持奖励金及奖金主要奖励获奖团队和指导教师，具体见表 7.2。

表 7.2　广东省赛组委会扶持奖励金（奖金）一览表（2022 年）

获奖等级 \ 金额 \ 奖项	金奖	银奖
国家级	450000 元	150000 元
省级	6000 元	3000 元

在制定省内普通高校本科插班生招生政策时，明确在符合报考条件的情况下，对国赛、省赛获奖团队的学生给予加分优惠政策；支持省内高校在制定硕士研究生招录政策时，对国赛、省赛中获奖的学生给予推荐免试资格（针对具备推免权限的学校）。各高校可推荐获国赛金、银奖的项目负责人参评广东省大学生"年度人物"，可不占高校推荐限额；在符合基本条件的情况下，各高校获国赛金、银奖的项目负责人可直接认定"广东省优秀学生"称号。

（3）校级。以广州工商学院为例，学校给予在校级选拔赛中获奖的队伍现金奖励，金、银、铜奖分别给予 1000 元、800 元、300 元奖金，参赛成员可予以认定创新创业实践学分，并参照《广州工商学院学生综合素质测评办法》给予综合素质测评加分。

7.2.7 往届获奖案例

1. 中科光芯——硅基无荧光粉发光芯片产业化应用

所属高校：南昌大学。

所获奖项：第七届"互联网+"大赛全国冠军。

项目概述：公司（院士团队产业化公司）南昌大学国家硅基LED工程技术研究中心进行产、学、研、用全面合作，致力于"硅基无荧光粉发光芯片"产业化推广工作，目前技术产业应用已涵盖户外照明、家居照明，教育照明、特种照明，农业照明等领域。2015年12月，由南昌大学江风益院士科研团队自主研发的"硅衬底高光效GaN基蓝色发光二极管"获得国家技术发明一等奖，由此打破了美日LED照明技术垄断，开拓了"中国芯"世界LED照明第三条技术路线。传统LED照明技术是通过蓝色发光二极管激发荧光粉混合出不同颜色的光线，存在较高的蓝光危害。首先引起视觉疲劳，造成近视。其次蓝光影响睡眠质量，导致失眠。基于以上两大痛点，我们提出的解决方案是以"硅衬底"为基础，研发硅基纯LED照明技术，开发健康照明系列产品。具有低色温高显指，"无蓝光伤害"LED的两大核心优势体现如下：全球先进的多基色混合LED芯片。

与传统的LED发光原理不同，此芯片不使用稀缺资源荧光粉，采用的是多基色混合LED芯片发光，实现了高显指，具有更高的色彩还原度，做到与自然光相当的白光。在国家蓝光危害等级中处于"无蓝光"优于0级的标准。全球首创"无蓝"金黄光LED芯片。临床实验表明，该光源能促进人体褪黑素的分泌，提高深度睡眠比，具有低色温、高显指、无频闪等特性。在金黄光LED芯片中黄光的发光效率属于世界领先地位，高于世界水平一倍以上。

2017年中国LED行业总体产值已达6368亿元，预计到2022年，将突破1.2万亿。本项目采用"技术创新战略"和"技术跟随战略"，致力于在相关技术领域占据领导地位并以最短的时间学习领先者创造的知识。目前销售规模达到1.3亿元，在众多场景广泛应用，被列为政府重点推荐项目，同时该技术具有调节人体昼夜节律，维持生物钟的功能；尤其适用于极地科考、战略坑道、潜艇、空间站等国防领域。预计在2025年突破10亿元销售规模，力争科创板上市。

2. 中发天信——万米高空无人守护者

所属高校：北京航空航天大学。

所获奖项：第七届"互联网+"大赛全国亚军。

项目概述：万米高空无人守护者的战略目标是建成国内首家拥有全系列机种的大型无人机航空公司，在国家战略引领及地方政府大力支持下，充分发挥市场经济的优势，大力推动国家/央企投资平台、地方政府投资平台与当地知名企业的资本合作。引进金融平台，以更低的成本建立完整的、规模化的大型无人机机队，基于此组建高水平运维队伍,建设先进无人机机场及运维保障基地和信息化中心,为新型航空产业发展作出贡献。

中发天信(北京)航空发动机科技股份有限公司成立于 2016 年,在中国航空工业集团、中国航空发动机集团、北京航空航天大学、清华大学、哈尔滨工业大学、中国民航大学、中国科学院、中国电子科技集团有限公司等单位的产业资本及科研条件大力支持下,开展大型无人机运行保障、涡轮式航空发动机研发及生产、高性能任务载荷设计及研制、大型无人机维修维护和地面保障设备生产等相关业务,并致力于成为现代化、综合性大型无人机商业运营航空企业,向中国政府及相关部门机构提供大型无人飞行器的运营及衍生服务,覆盖气象、地质、海事、物流、消防、边防等多应用场景。

公司专注于大型无人机产业,在该产业链的上、下游进行产业布局,下设五大业务板块:北京总部、江西科研生产基地、江西制造基地、成都制造基地、成都人工智能研究院。

航空发动机业务板块主要从事航空发动机研制、生产、配套、服务工作,目前是航空工业成都飞机工业(集团)有限责任公司航空发动机配套单位中唯一一家民营性质合格供应商。大型无人机承品制造与下游应用领域业务板块,与中航(成都)无人机系统股份有限公司、航空工业成都飞机工业(集团)有限责任公司、中国电子科技集团公司第三研究所等单位形成紧密的合作关系,开展大型无人机应用模式开发、大型无人机运营与维护、飞机托管以及无人机任务载荷系统科研配套与销售等业务。

大型无人机民用解决方案项目,旨在为具有民用大型无人机应用需求的客户单位(中国气象局、中华人民共和国应急管理部、中华人民共和国海事局等各部委、机关单位及其他相关企业)提供定制化大型无人机民用解决方案。

以客户需求为牵引,提供大型无人机运行保障、涡轮式航空发动机研发及生产、高性能任务载荷设计及研制、大型无人机维修维护和地面保障设备生产及 Terminal-X(基于常驻机场的、支持大型无人机运营的基础设施建设和大型无人机运行及服务的能力建设工作,在无人机运营团队、机场、空管三方专业团队之间协调,保证服务高效顺利实现)。

3. Goprint——多功能智能打印机先行者

所属高校:浙江大学。

所获奖项：第七届"互联网+"大赛全国季军。

项目概述：这是一款继移动笔记本电脑、移动智能手机之后的又一项革命性的发明——移动智能打印机。作为办公和学习的必备工具，在这个时代，打印机却始终没能移动化——我们期望改变这一现状。经过团队工程师的不断努力，我们终于将打印机缩小到了钱包的大小，可打印大至 A4 甚至更大的幅面。打印，从此随时随地。

市场背景：移动办公的人越来越多，纸质材料却难以被取代，如何在外出时获得打印材料成了很多人的痛点。市场调研显示，人们对便携式打印机的需求正在持续增长。相关市场正处于发展阶段，创业机会增多。而现阶段市面上的便携式打印机难以实现传统打印机的功能。我们希望能用革新的产品 GoPrint，实现传统打印机的功能并提供更多可能，触及普通打印机不易触及的时空——掀起一场打印机的革命。

技术优势：产品具有独创技术。GoPrint 的打印喷头摆脱了框架导轨的束缚在平面上自行走，从而减小了体积。团队工程师应用了现今先进的微电子学工业成果和计算机图形学技术设计了一套特别的定位方式，在打印机体积缩小成钱包大小时仍有较高打印质量。同时提供多套方案面向不同市场。相关技术申请了中国发明专利。

市场优势：GoPrint 解决了相关人群的痛点。不管是学生党需要随时打印错题、复习材料或论文，还是商务人士在外办公打印文件合同，甚至是普通消费者日常使用，GoPrint 都将成为他们生活中的好伙伴。GoPrint 的核心技术还可用于超大幅面印刷，现行业内相关设备动辄数十万，GoPrint 降低了行业门槛。

GoPrint 还具有很强的可扩展性：搭载在 GoPrint 上的打印喷头可快速拆卸，换成 CCD 传感器变身扫描仪，扫描仪和打印机组合变身复印机。还可基于 GoPrint 的 App 建立一整套生态，用独占内容和社群建设提高用户粘性、助力产品营销。

营销策略：将结合 6P 和 6C 营销理论。产品面向国际市场，充分利用互联网优势，可先采用众筹方式获得生产资金和第一批用户，接着线上线下铺货，除传统营销方式外，还可采用和相关产品（如纸张）组合搭售的方法。通过合适的营销策略，周全考虑的定价策略和审慎的财务分析，项目有很强的盈利能力，市场前景良好。我们也进行了风险评估，做好了应对准备，为项目长足发展奠定坚实基础。

4. 热管理用柔性陶瓷纳米纤维/超轻、超弹陶瓷纤维气凝胶耐高温隔热材料

所属高校：东华大学。

项目奖项：第七届"互联网+"大赛全国金奖。

项目概述：

（1）研发背景及市场分析：耐高温、阻燃、隔热材料作为航天器、导弹、消防、热输运等领域的关键材料，具有广泛的应用需求。陶瓷纤维材料兼具陶瓷材料和纤维材料耐高温性好、阻燃性优、隔热性好、热机械性能稳定等特点，是当前使用最为广泛的耐高温、阻燃、隔热材料之一。

据 Grand View Research 统计，2021 年陶瓷纤维隔热材料的全球市场将超过 530 亿美元。然而，现有陶瓷纤维隔热材料无法满足轻质、低厚度、高效隔热的需求。无机二氧化硅气凝胶粉体填充的高硅氧纤维毡，使用过程中气凝胶粉体易脱落且耐温性（650℃）不足。

此外，国际顶尖气凝胶企业美国 Aspen 公司拥有"粉体填充的气凝胶材料"全球母专利，任何企业生产都无法绕开，且国外对中国企业技术封锁，高端气凝胶应用依赖进口，国内技术若无突破，类似"中兴事件"随时可能再现。因此，开发具备自主知识产权的小直径、低密度、低导热系数的耐高温陶瓷纤维隔热材料是解决上述问题的关键。

（2）项目产品：本项目团队首次制备出十余种柔性陶瓷纳米纤维材料，其中开发的柔性氧化锆陶瓷纳米纤维材料具有低密度、隔热性好、耐温性高（2300℃）、纤维连续性好及柔性好等特点，解决了目前高温隔热产品存在的重量大、低厚度下隔热性差、抗震性不足的瓶颈问题，其导热系数低至 0.023W/m·K，可完全满足高温轻质、低厚度、高效隔热的应用需求，该产品生产技术处于世界领先水平。此外，利用陶瓷纳米纤维"三维网络重构"的原创性方法，首次开发出超轻、超弹的氧化锆陶瓷纳米纤维气凝胶，实现了将"石头"制备成可回弹、超轻质形态的目标，该材料导热系数低至 0.019W/m·K，目前，全世界范围仅本项目团队掌握陶瓷纤维隔热材料生产技术。

（3）目标客户：本项目产品已全面超越了世界顶尖产品 Aspen 气凝胶纤维毡。可广泛应用于飞机、坦克、导弹、高铁、建筑、消防等耐高温、隔热、阻燃军民两用领域。

（4）盈利模式：①为石油管道、核动力工程、热能传输管道工程、消防用品提供耐高温隔热产品；②为特定应用场景提供技术服务，实现定向开发不同材质、不同形态、特定结构的耐高温隔热材。未来瞄准军工、航天、炼钢、能源输运、消防领域的龙头大公司，以材料为基础，以技术开发为优势，形成核心竞争力。目前，已实现在军工领域的应用，也在诸如汽车、消防、高铁阻燃、热输运领域开展性能测试，还与强生集团、辽宁省轻工科学研究院签订战略合作协议。

7.3 国内其他大学生创新创业赛事介绍

由于国内大学生创新创业赛事众多，篇幅所限，不能尽书，此处另列举2项影响力较大、参与人数较多的赛事作简要介绍。

7.3.1 "挑战杯"中国大学生创业计划大赛

1. 赛事简介

挑战杯是"挑战杯"全国大学生系列科技学术竞赛的简称，始于1989年，是由共青团中央、中国科学技术协会、教育部和中华全国生学合会联共同主办的全国性的大学生课外学术实践竞赛。"挑战杯"竞赛共有两个并列项目，分别是"挑战杯"中国大学生创业计划大赛（即"小挑"）、"挑战杯"全国大学生课外学术科技作品竞赛（即"大挑"）。这两个项目的全国竞赛交叉轮流开展，每个项目每两年举办一届。

2013年11月8日，习近平总书记向2013年全球创业周中国站活动组委会专门致贺信，特别强调了青年学生在创新创业中的重要作用，并指出全社会都应当重视和支持青年创新创业。党的十八届三中全会对"健全促进就业创业体制机制"作出了专门部署，指出了明确方向。为贯彻落实习近平总书记系列重要讲话和党中央有关指示精神，适应大学生创业发展的形势需要，中华人民共和国共产主义青年团中央委员会（简称"共青团中央"）、教育部、中华人民共和国人力资源和社会保障部、中国科学技术协会、中华全国学生联合会决定，在原有"挑战杯"中国大学生创业计划竞赛的基础上，自2014年起共同组织开展"创青春"全国大学生创业大赛，每两年举办一次。2020年，大赛再次启用原名称——"挑战杯"中国大学生创业计划大赛。在赛事等级上，"挑战杯"中国大学生创业计划大赛与中国国际"互联网+"大学生创新创业大赛一样，都是全国规格最高的大学生创新创业大赛。

2. 组织单位

（1）与中国国际"互联网+"大学生创新创业大赛稍有不同，"小挑"以共青团中央作为主要发起单位，由共青团中央联合多个国家部委、组织及省级（自治区、直辖市）人民政府共同主办，承办高校和所在地省委共同承办。

（2）大赛设立全国组织委员会，由主办单位、承办单位的有关负责人组成，负责大赛各项工作的组织开展。全国组委会下设秘书处，负责大赛的日常事务。

（3）大赛设立全国监督委员会，对评审过程、评审纪律等进行监督，协调处理对竞赛作品资格和评审结果的质询，对违反大赛纪律的行为予以处理。

（4）大赛设立全国评审委员会，由全国组委会聘请非学校的相关领域专家学者、政府部门负责人、行业领军人物、基层优秀青年代表、知名企业家等组成，负责参赛项目的评审工作。

（5）各省（自治区、直辖市）可根据实际，成立相应机构，负责本地预赛的组织开展、项目评审等相关工作。

3. 参赛组别

以第十三届（2022年）"小挑"为例，根据参赛对象，分普通高校、职业院校两类。设科技创新和未来产业、乡村振兴和脱贫攻坚、城市治理和社会服务、生态环保和可持续发展、文化创意和区域合作5个组别。

4. 参赛项目类型

参赛项目类型如下。

（1）科技创新和未来产业：突出科技创新，在人工智能、网络信息、生命科学、新材料、新能源等领域，结合实践观察设计项目。

（2）乡村振兴和脱贫攻坚：围绕实施乡村振兴战略和打赢脱贫攻坚战，在农林牧渔、电子商务、旅游休闲等领域，结合实践观察设计项目。

（3）城市治理和社会服务：围绕国家治理体系和治理能力现代化建设，在政务服务、消费生活、医疗服务、教育培训、交通物流、金融服务等领域，结合实践观察设计项目。

（4）生态环保和可持续发展：围绕可持续发展战略，在环境治理、可持续资源开发、生态环保、清洁能源应用等领域，结合实践观察设计项目。

（5）文化创意和区域合作：突出共融、共享，紧密围绕"一带一路"和"京津冀""长三角""粤港澳大湾区""成渝经济圈"等经济合作带建设，在工艺与设计、动漫广告、体育竞技和国际文化传播、对外交流培训、对外经贸等领域，结合实践观察设计项目。

5. 赛制安排

竞赛采取学校、省（自治区、直辖市）和全国三级赛制，分校级初赛、省级复赛、全国决赛三个赛段进行。校级初赛由各校组织，广泛发动学生参与，遴选参加省级复赛项目。省级复赛由各省（自治区、直辖市）组织，遴选参加全国决赛项目。全国决赛由全国组委会聘请专家根据项目社会价值、实践过程、创新意义、发展前景和团队协作等综合评定金奖、银奖、铜奖等项目。

6. 激励政策

（1）国家级。大赛设金奖、银奖、铜奖，分别约占全国决赛获奖项目的10%、20%、70%，不作现金奖励。全国组委会将在大赛举办期间组织多种形式的导师指导、项目培训、交流展示、资源对接、孵化培育等活动。全国组委会根据实际情况可结集出版大赛获奖项目。

（2）省级。以广东省为例，竞赛评审委员会对各高校报送的参赛项目进行复审，分别评出70%左右的参赛项目的进入决赛。赛事的奖项设置统一为金奖、银奖、铜奖，分别约占进入决赛项目总数的10%、30%和60%。

参加竞赛终审决赛的项目，确认资格有效的，由竞赛组委会向作者颁发证书，并视情况给予创业资金、专业指导、创业培训等奖励。

（3）校级。以广州工商学院为例，校内赛不分组别评审，按参赛项目数5%设金奖，15%设银奖，25%设铜奖，若干优秀奖，不作现金奖励，可参照《广州工商学院学生综合素质测评办法》给予综合素质测评加分。

7.3.2 全国大学生电子商务"创新、创意及创业"挑战赛

1. 赛事简介

全国大学生电子商务"创新、创意及创业"挑战赛（简称"三创赛"）是在2009年由教育部委托教育部高等学校电子商务类专业教学指导委员会主办的全国性在校大学生学科性竞赛。根据教育部、中华人民共和国财政部（简称"财政部"）文件精神，三创赛是激发大学生兴趣与潜能，培养大学生创新意识、创意思维、创业能力以及团队协同实战精神的学科性竞赛。

大赛的目的：强化创新意识，引导创意思维，锻炼创业能力，倡导团队精神。三创赛一直秉持着"创新、创意及创业"的宗旨，致力于培养大学生的创新意识、创意思维和创业能力，为高校师生搭建一个将专业知识与社会实践相结合的平台，提供一个自由创造、自主运营的空间。

大赛的宗旨：大赛促进教学，大赛促进实践，大赛促进创造，大赛促进育人。

三创赛自 2009 年至 2021 年已成功举办了 11 届。经过多年的发展，大赛的参赛队伍不断壮大，从第一届的 1500 多支到第十一届的 10 万多支；参赛项目的内涵逐步扩大，从最初的校园电商到"三农"电商、工业电商、服务电商、跨境电商，以及 AI、5G、区块链等领域的创新应用；大赛的规则也在不断完善，从而保证了大赛更加公开、公平和公正。随着比赛规模越来越大，影响力越来越强，三创赛现已成为颇具影响力的全国性品牌赛事。

2. 组织单位

基于教育部落实国家"放管服"政策，从第十届三创赛开始，大赛主办单位由教育部高等学校电子商务类专业教学指导委员会转变为西安交通大学和全国电子商务产教融合创新创业联盟，由三创赛竞赛组织委员会作为执行组织，负责统一策划、组织、管理与实施。并在第十一届全国总决赛中引入了投资商参加。

3. 参赛组别

（1）学生队：学生作为队长，队长和队员须全部为全日制在校学生。

（2）混合队：高校教师作为队长，队员中学生数量必须多于教师。

4. 参赛项目类型

（1）"三农"电子商务。

（2）工业电子商务。

（3）跨境电子商务。

（4）电子商务物流。

（5）互联网金融。

（6）移动电子商务。

（7）旅游电子商务。

（8）校园电子商务。

（9）其他类电子商务。

5. 赛制安排

三创赛采用校级选拔赛、省级选拔赛、全国总决赛（以下分别简称"校赛""省赛""国赛"）三级赛制。竞赛优秀的团队按规则依次晋级获得高一级赛事参赛资格，不能跨级参赛。

6. 激励政策

（1）国家级。国赛奖项分特、一、二、三等奖共 4 个等级奖，另设最佳创新奖、最佳创意奖、最佳创业奖等单项奖若干名。国赛承办单位在资金允许的条件下，可以为特等奖获奖团队提供奖金，额度多少可视具体情况而定。

（2）省级。省赛奖项分特、一、二、三等奖共 4 个等级，原则上特等奖不超过参赛团队数量的 5%(可空缺,要排出名次)，一等奖不超过参赛团队数量的 10%，二等奖不超过参赛团队数量的 20%，三等奖不超过参赛团队数量的 30%。省赛设最佳创新奖、最佳创意奖、最佳创业奖等单项奖若干名。省赛不作现金奖励。

（3）校级。以广州工商学院为例，校赛奖项分为特、一、二、三等奖共 4 个等级，原则上特等奖不超过参赛团队数量的 5%（可空缺，要排出名次），一等奖不超过参赛团队数量的 10%，二等奖不超过参赛团队数量的 20%，三等奖不超过参赛团队数量的 30%。校赛设最佳创新奖、最佳创意奖、最佳创业奖等单项奖若干名。校赛不作现金奖励，可参照《广州工商学院学生综合素质测评办法》给予综合素质测评加分。

7.4 大学生创新创业训练计划

7.4.1 项目概况

大学生创新创业训练计划项目源于教育部在"十二五"期间实施的国家级大学生创新创业训练计划（以下简称"国创计划"），这一计划于 2006 年开始在部分高校试点，目前已覆盖全国所有高校。国创计划是教育部首个在国家层面实施的、直接面向本科生立项的创新创业训练项目，是培养大学生创新创业能力的重要举措，是高校创新创业教育体系的重要组成部分，是深化创新创业教育改革的重要载体。

2019 年 7 月，教育部印发《国家级大学生创新创业训练计划管理办法》（教高函〔2019〕13 号），要求国创计划要坚持以学生为中心的理念，遵循"兴趣驱动、自主实践、重在过程"原则，旨在通过资助大学生参加项目式训练，推动高校创新创业教育教学改革，促进高校转变教育思想观念、改革人才培养模式、强化学生创新创业实践，培养大学生独立思考、善于质疑、勇于创新的探索精神和敢闯会创的意志品格，提升大学生创新创业能力，培养适应创新型国家建设需要的高水平创新创业人才。国创计划围绕经济社会发展和国家战略需求，重点支持直接面向大学生的内容新颖、目标明确，具有一定创造性和探索性、技术或商业模式有所创新的训练和实践项目。按照国家、地方、高校三级大学生创新创业训练计划实施体系，要求各地各高校在校级、省级项目培育的基础上，推荐学生团队申报"国创计划"项目。

7.4.2 项目类型

国家级大学生创新创业训练计划实行项目式管理，在类型上分为创新训练项目、创业训练项目和创业实践项目 3 类，在类别上从 2021 年起分为一般项目和重点支持领域项目两类。

1. 创新训练项目

创新训练项目是指本科生个人或团队在导师指导下，自主完成创新性研究项目设计、研究条件准备和项目实施、研究报告撰写、成果（学术）交流等工作。

2. 创业训练项目

创业训练项目是指本科生团队在导师指导下，团队中每个学生在项目实施过程中扮演一个或多个具体角色，完成商业计划书编制、可行性研究、企业模拟运行、撰写创业报告等工作。

3. 创业实践项目

创业实践项目是指学生团队在学校导师和企业导师共同指导下，采用创新训练项目或创新性实验等成果，提出具有市场前景的创新性产品或服务，以此为基础开展创业实践活动。

7.4.3 项目类别

1. 一般项目

按每年惯例申报的"国创计划"项目（也称为"大创项目"），一般项目的推荐数额不超过省级大学生创新创业训练计划项目的 1/3。

2. 重点支持领域项目

重点支持领域项目为 2021 年起新增的项目，推荐数额不超过上一年度"国创计划"立项项目总数的 2%。旨在鼓励引导大学生根据国家经济社会发展和重大战略需求，结合创新创业教育发展趋势，在重点领域和关键环节取得突出的创新创业成果。视项目进展情况，优先邀请重点支持领域项目成员参加全国大学生创新创业年会。

7.4.4 项目经费

以广州工商学院为例，项目经费情况见表 7.3。

表 7.3 广州工商学院大创项目经费资助标准

级别	创新、创业训练项目	创业实践项目
校级	2000 元/项	5000 元/项（其中项目团队自筹不低于 2500 元/项）
省级	10000 元/项	50000 元/项（其中项目团队自筹不低于 25000 元/项）
国家级	20000 元/项	100000 元/项（其中项目团队自筹不低于 50000 元/项）

注：自筹经费指除财政下拨专项、学校资助外的由项目团队自筹的其他来源的经费。

项目经费采用"分期划拨+奖励"方式，项目立项后划拨经费的 50%用于项目启动实施，项目中期检查通过后划拨经费的 30%，完成大创项目设定目标并验收通过后划拨余款；依托大创项目建设的成果，按我校相关管理办法要求收集另行奖励。各级别项目待立项文件公布后，按相应级别一次性（补足）划拨。

7.4.5 组织实施

教育部直属的中央部委所属高校直接向教育部提交工作方案，非教育部直属的中央部委所属高校同时报送其所属部委教育司（局）。地方教育行政部门将推荐的地方所属高校的工作方案汇总后，一并提交给教育部。教育部组织专家论证，通过论证后即可实施。

各高校制定本校大学生创新创业训练计划学生项目的管理办法。规范项目申请、项目实施、项目变更、项目结题等事项的管理，建立质量监控机制，对项目申报、实施过程中弄虚作假、工作无明显进展的学生要及时终止其项目运行。

各高校在公平、公开、公正的原则下，自行组织学生项目评审，报教育部备案并对外公布。项目结束后，由学校组织项目验收，并将验收结果报教育部。验收结果中，必需材料为各项目的总结报告，补充材料为论文、设计、专利以及相关支撑材料。教育部将在指定网站公布项目的总结报告。

国家级大学生创新创业训练计划项目面向本科生申报，原则上要求项目负责人在毕业前完成项目。创业实践项目负责人毕业后可根据情况更换负责人，或是在能继续履行项目负责人职责的情况下，以大学生自主创业者的身份继续担任项目负责人。创业实践项目结束时，要按照有关法律法规和政策妥善处理各项事务。

各高校根据本校实际情况，适当安排创新训练项目和创业训练项目的比例，并逐步覆盖本校的各个学科门类。A 组和 B 组高校，要设立一定数量的创业实践项目。

中央财政支持国家级大学生创新创业训练计划的资金，按照财政部、教育部《高等学校本科教学质量与教学改革工程专项资金管理暂行办法》（财教〔2007〕376 号）进行管理。各高校参照制订相应的专项资金管理办法，负责创新创业训练计划项目经费使用的管理。项目经费由承担项目的学生使用，教师不得使用学生项目经费，学校不得截留和挪用，不得提取管理费。

教育部对各高校实施国家级大学生创新创业训练计划进行整体评价。每年组织一次分组评价，根据评价结果，适度增减下一年度的项目数。

7.5 创新创业赛事路演技巧

路演是指通过现场演示的方法，引起目标人群的关注，使他们产生兴趣，最终达成交易，即在公共场所进行演说、演示产品、推介理念，及向他人推广自己的公司、团体、产品、想法的一种方式。路演是创新创业比赛不可或缺的一个环节，那么路演到底要演什么？为便于大家理解和应用，我们将路演技巧梳理成一套"5321"的数字逻辑，即 5 页重点、3 大核心、2 大切忌、1 句口号。

7.5.1 5 页重点

5 页重点指的是项目融资路演报告的 PPT 必须包含有 5 个重点内容：你是谁？

你想干什么？你干成了什么？你拥有什么？你需要什么？

1. 你是谁

这一页应概要性地介绍公司或者项目目前状况及核心团队成员，确定可以借助的外部智慧大脑也可以成为关键成员。重点强调团队梯队互补性，梯队是良性组织结构的基础，同时是成员优势互补的证明，这一页要消除听众对一流创意是否能得到一流执行的顾虑。可借助工具化呈现方式，比如组织结构图、思维导图、鱼骨图等。

2. 你想干什么

这一页应清晰化项目定位，同质化竞争分析，关键聚焦能解决的用户痛点，但是要特别注意，痛点多了可能就等于没有痛点了。最简单有效的方法是借助SWOT分析工具。同时要注意，优势部分最多不要超过3项，因为优势多了也就没有优势了，因为壁垒设计无法完成。

3. 你干成了什么

这一页包含现有的运营数据、已有的项目成果等所有证明项目价值市场潜力的素材，最佳的证明是案例鉴证、媒体报道、名人推荐。

4. 你拥有什么

这一部分内容可以从"硬实力"和"软实力"这两个视角进行阐述。硬实力一般是指创业团队在创业过程中所拥有的各种有形资源，包括财务资源、物资资源、人力资源等，以及团队的技术实力、流程能力、人才队伍等。这些硬实力是创业团队在市场竞争中立足的基础，可以帮助团队实现战略目标、提升市场竞争力。软实力一般是指创业团队所拥有的各种无形资源，包括团队文化、价值观、品牌影响力、财务管理能力等，以及团队的创新能力、人才素质、管理理念等。这些软实力可以帮助创业团队提高工作效率、优化管理流程、吸引和留住人才，以及提升团队的综合素质和竞争力。

5. 你需要什么

这一页应说明需要多少钱？为什么是这么多钱？此处同样需要数据测试分析，说明如何分配，越明细越好，证明有强烈的ROI概念和清晰的运营策略。

特别注意：5页重点没有格式化顺序，关键在于整个思路要浑然一体、环环相扣。

7.5.2 三大核心

1. 彰显团队软实力

一切成败的核心因素是人,必须在短短 8 分钟内,证明要将优秀创意落地的人十分靠谱,这是一切后续的起点。

2. 用数据证实逻辑

通过收集和分析数据来验证逻辑关系和推断的正确性,可以帮助创业者们做出更明智、更准确的决策。

首先,数据是用来描述和反映客观事物的一系列数字或指标。通过收集和分析数据,可以更好地了解事物的本质和规律。而逻辑则是指人们思考问题、推理结论时所遵循的一套规则和方法。在论证一个问题或做出一个决策时,我们需要遵循一定的逻辑规则,以支持结论或决策。

用数据证实逻辑的过程包括以下步骤:

(1)确定需要解决的问题或研究的目标。这可以是一个产品开发、市场调研、医学诊断等方面的问题。

(2)收集相关的数据。这可以通过调查、试验、统计等途径获得。

(3)分析数据。通过对数据进行整理、清洗、归纳和演绎,找出数据中隐藏的模式和规律。

(4)建立模型。根据问题的特点和目标,建立一个合适的数学模型或逻辑模型,以描述问题中各因素之间的关系。

(5)验证模型。将收集到的数据输入模型,观察模型是否能够解释和预测数据中的现象和规律。

(6)调整模型。如果模型的预测结果与实际情况存在误差或不一致,则需要对模型进行调整和优化,以提高模型的准确性和可靠性。

通过以上步骤,可以使用数据来证实商业逻辑的正确性,并基于这个逻辑做出更明智的创业决策。同时,我们也需要认识到,数据和逻辑都存在一定的局限性和误差,因此在使用它们时需要谨慎和客观地评估结果。

3. 以价值驱动利益聚集核心竞争力

创业者在创业过程中,应该关注价值的创造和传递,从而实现利益的最大化和核心竞争力的提升,以应对日益激烈的市场竞争。

7.5.3 两大切忌

1. 切忌将路演当练习

无特殊情况下,正式路演者应当是团队负责人或公司 CEO,对项目各方面的情况要足够熟悉,正式路演前必须经过头脑风暴的演练推演,而且要经过无数次的打磨训练。

2. 切忌只会念 PPT

如果只是照本宣科地读稿,即使项目拥有多么独特的创意,也会淹没在平淡无奇的阅读之中,令听众无法提起兴趣。写一篇文字精练、精彩的演讲稿,并花些时间记住它,加上感情的投入,会令路演倍增吸引力。

7.5.4 一句口号

路演的时间通常在 5~15 分钟之间,所有的素材和内容需提炼成一句口号,整个路演过程实际上就是为这句口号做全面的诠释。这句口号既是广告语,也是项目价值和定位的体现,一句好的口号可令听众耳目一新、印象深刻。

7.5.5 成为优秀的主讲人

路演的本质是人与人的交流,是路演人向投资者讲述自己的项目、产品或服务的整体情况,故在现场的表达十分重要,一场好的演讲,更能吸引投资者的目光和兴趣。作为一个优秀的主讲人,应当具备以下几个特点。

1. 会讲故事

讲一个好故事就成功了一半,好的故事更容易引起共鸣,进而代入产品。如客户故事、团队故事、创业初心、创业磨难、未来梦想等(故事要有逻辑性,不可虚构和强行插入环节,要和产品互相呼应)。

2. 会说"人话"

技术类的项目需要很多的专业知识,如果在路演过程中通篇都是技术性语言的表述,很难给评委或投资人留下印象,可以巧用"生活化场景"把项目和生活例子结合起来,不仅能让评委快速了解项目,而且更容易留下深刻的印象。

3. 会列数字,会谈梦想

没有什么内容比实实在在的数据更具有说服力,将数据呈现给评委,打消评委的疑虑，就能获得更多的机会；可适当描述自身的创业愿景，体现项目的商业或社会价值。

4. 只答不辩

面对评委的提问，如果是前期有所准备的问题，一定要简单精练、干净利落地回答，时间建议不超过 30 秒；如果是前期没有准备，但知道如何回答的问题，要快速整理好思路，有逻辑地回答；如果是没有准备也不会回答的问题，要放平心态，虚心请教，切忌与评委在现场争辩。

5. 清晰表达

现场路演时，言语应当保持清晰、流利，流畅的表达会让人忽略你的不足，如果出现卡顿，甚至忘词则会令人格外关注你的缺陷，这方面则需要在赛前多加练习，熟记 PPT 中每一页的内容。对于平时表达能力欠佳的同学，建议备赛阶段准备一份路演的稿件，熟读熟记，避免在现场因紧张而导致忘词，进而影响评委的印象。

结语：优秀的项目演绎的能力，是优秀创业者必备的能力基础；多总结，多练习，多进行头脑风暴，越尖锐的挑战，就是越有价值的历练！

【案例阅读 7.1】

兼职猫 CEO 王锐旭"挑战杯"大赛创业分享：一株小草如何改变世界

1. 创业第一桶金

刚上大学的王锐旭只是一个普普通通的大学生，唯一不同的恐怕是他身上一股永不服输的劲头。

进入大学的他对自己提出了很高的要求，在坚持做好学校学业之外，在大一的大部分时间里王锐旭都在四处做兼职。对于王锐旭来说，做兼职是一个开阔自己的眼界，让自己独立的过程。那时的他当过保安、兼职模特经纪人，甚至还摆过地摊。也正是这些兼职经历使他渐渐萌生了创业的想法，并为他之后创立的平台埋下了伏笔。

2012 年，刚刚大二的王锐旭发现不少企业都有高校推广的需求，但都苦于没有渠道，心思敏锐的他发现了其中的商机。那时的他一手打造了自己的创业班底"魔灯传媒"，带领着只有 6 人团队做起了校园地推业务。这一次的创业首次验证了他的战略眼光，不到半年，王锐旭就把"魔灯传媒"业务做到了广州校园前三名，并赚到了创业第一桶金——10 万元。

2. 获"挑战杯·创青春"大学生创业大赛金奖

"魔灯传媒"的成功给了王锐旭很大的激励，也帮助他积累了一定创业经验。2013 年，移动互联网大火，成为一片新的创业蓝海。当时，基于兼职的经历，王锐旭决定自己推出一个兼职招聘平台，帮助大学生群体可靠安全地找到兼职工作。

王锐旭大学学的是中医专业，从学医转行到互联网，中间的难度跨度可想而知。不过从创业一开始，王锐旭就带着坚定明晰的目标和意志，带着当初"魔灯传媒"的创业伙伴，拿着 10 万元创业基金，跨越重重障碍，于 2013 年 6 月成立"九尾科技有限公司"。同年 10 月，公司首个主推品牌——兼职猫 App 诞生了。

兼职猫保障了信息的真实性，击中兼职行业信息安全的痛点，受到了很多大学生用户的喜爱，推出短短半年时间，用户量就达到了百万级。

用户对产品的喜爱和认可让王锐旭信心倍增。2014 年，大四的王锐旭带领着团队在各个创业赛场上奔波。4 月，兼职猫获得了"挑战杯·创青春"大学生创业大赛的金奖。9 月，王锐旭又带领着兼职猫参加了"第三届中国移动互联网博览会暨创业大赛"，与当时来自中国与美国的 200 支移动互联网创业团队一起竞赛，一举拿下第一名。兼职猫受到越来越多的主流声音的肯定。同年，平台获得了第一笔百万元天使投资，这时候距离王锐旭创立兼职猫才刚刚半年。此时，兼职猫用户也超过了 100 万，从一个小平台跨越成为了在兼职领域具有一定影响力的 App。

2015 年初，王锐旭毕业半年，他的公司就已经拿下第二轮天使投资和千万级的 A 轮融资，公司估值过亿元。

此后，王锐旭带领着他的兼职猫一路开疆辟土，业务板块不断扩大。2018 年，兼职猫获得 1.6 亿元的 C 轮融资，成为了国内最大的兼职招聘平台。

如今，在王锐旭的带领下，兼职猫已经拥有 3300 万的 C 端用户，147 万的注册企业。公司从最开始的 6 个人团队，发展到 500 多人，开始投入的 10 万元创业基金，如今市值 16 亿。

3. 从普通大学生到青年创业代表，曾获 40 余项表彰

在创业的过程中，王锐旭也完成了从一名大学生到创业代表、优秀青年企业家的角色转变。

凭借着在企业创业创新和人力资源领域的突出贡献，王锐旭先后获得了"KAB 创业英雄十强""胡润百富创业领袖""粤港澳大湾区创业英雄""广东省卓越企业家"等40余个奖项称号。

角色的转变和从事的行业领域，让如今的王锐旭身上肩负着一份"带动就业"的责任感和使命感。在创立兼职猫之后，王锐旭又相继推出"鹿用招聘"和"云校招 live"两个平台，为城市蓝领和疫情影响下大学生提供一个便捷高效的求职招聘平台，目前"鹿用招聘"拥有2000万求职用户，"云校招 live"也帮助近5000位应届高校毕业生找到心仪的就业岗位。

同时，作为广东省"青年创业导师"，王锐旭运用自身创业所得的成功经验，帮助并鼓舞更多的青年创业者实现他们的梦想。王锐旭经常鼓励青年创业者保持优秀的习惯，多接受挑战，勇于坚持。

从一个普普通通的大学生到年轻有为的创业领袖，王锐旭身体力行，用自身行动让外界认识了一个不一样的"90后"。

【思考训练题】

1．简答题

（1）参加创新创业大赛，你能获得什么？

（2）创新创业比赛路演三大核心是什么？

（3）创新创业比赛路演两大切忌是什么？

（4）投资人关注点主要有哪些？

2．拓展训练

创新创业路演 PK 赛

以小组为单位，老师作为评委老师，每组派一名代表向大家展示小组的创业项目，路演展示时间为5分钟，评审老师提问3分钟，由同学们和老师一起投票。路演完毕后投票，最后按票数的高低，选出一二三等奖。

3．赛事训练

以小组为单位，报名参加"互联网+"创新创业大赛。

第8章 创业实施

【本章要点】

1. 大学生创业的政策
2. 找到适合的企业组织形式
3. 企业注册登记流程
4. 如何获得风险投资

【学习目标】

通过本章的学习,使学生了解大学生创业的政策,熟悉新企业的登记流程以及如何获得风险投资。

【技能目标】

通过本章的学习,使学生掌握获取创业政策渠道的方法,掌握创业实施的具体步骤,了解获取风险投资的方法,提升学生的创业能力。

【素养目标】

通过本章的学习,培养学生的创业实施技能,增强创业落地能力,激发学生为我国创建创新型国家而不断努力学习且付诸实践。

8.1 大学生创新创业政策

【情景】

小兵:小红,我决定辍学去创业了。
小红:你不是在开玩笑吧?

小兵：有什么大惊小怪的？你看看人家比尔·盖茨、扎克伯格不都是辍学创业成就了一番事业吗？

小红：不能盲目模仿这个。你只看到了人家辍学创业的，却没看到那些高学历的创业者。再说了，现在大学生创业可以进行学分转化，或者你也可以选择保留学籍，休学创业，根本用不着辍学。

小兵：还有那么多好政策呢，我咋不知道。

【思考】小兵的创业决定成熟吗？他应该怎么开启他的创业梦？

8.1.1 国家对大学生创业者的优惠政策

想出创业主意，进行市场调查并做过商业分析后，就可以正式开启创业之旅了。创业启动之前，首先要调查一下国家对大学生创业有哪些优惠政策。

根据国务院相关政策文件，对于大学生创业者的支持政策❶如下。

（1）降低大学生创新创业门槛。持续提升企业开办服务能力，为大学生创业提供高效便捷的登记服务。推动众创空间、孵化器、加速器、产业园全链条发展，鼓励各类孵化器面向大学生创新创业团队开放一定比例的免费孵化空间，并将开放情况纳入国家级科技企业孵化器考核评价，降低大学生创新创业团队入驻条件。政府投资开发的孵化器等创业载体应安排30%左右的场地，免费提供给高校毕业生。有条件的地方可对高校毕业生到孵化器创业给予租金补贴。

（2）便利化服务大学生创新创业。完善科技创新资源开放共享平台，强化对大学生的技术创新服务。各地区、各高校和科研院所的实验室以及科研仪器、设施等科技创新资源可以面向大学生开放共享，提供低价、优质的专业服务，支持大学生创新创业。支持行业企业面向大学生发布企业需求清单，引导大学生精准创新创业。鼓励国有大中型企业面向高校和大学生发布技术创新需求，开展"揭榜挂帅"。

（3）落实大学生创新创业保障政策。落实大学生创业帮扶政策，加大对创业失败大学生的扶持力度，按规定提供就业服务、就业援助和社会救助。加强政府支持引导，发挥市场主渠道作用，鼓励有条件的地方探索建立大学生创业风险救助机制，可采取创业风险补贴、商业险保费补助等方式予以支持，积极研究更加

---

❶ 国务院办公厅关于进一步支持大学生创新创业的指导意见。

精准、有效的帮扶措施，及时总结经验、适时推广。毕业后创业的大学生可按规定缴纳"五险一金"，减少大学生创业的后顾之忧。

（4）建强高校创新创业实践平台。充分发挥大学科技园、大学生创业园、大学生创客空间等校内创新创业实践平台作用，面向在校大学生免费开放，开展专业化孵化服务。结合学校学科专业特色优势，联合有关行业企业建设一批校外大学生双创实践教学基地，深入实施大学生创新创业训练计划。

（5）提升大众创业万众创新示范基地带动作用。加强双创示范基地建设，深入实施创业就业"校企行"专项行动，推动企业示范基地和高校示范基地结对共建、建立稳定合作关系。指导高校示范基地所在城市主动规划和布局高校周边产业，积极承接大学生创新成果和人才等要素，打造"城校共生"的创新创业生态。推动中央企业、科研院所和相关公共服务机构利用自身技术、人才、场地、资本等优势，为大学生建设集研发、孵化、投资等于一体的创业创新培育中心、互联网双创平台、孵化器和科技产业园区。

（6）继续加大对高校创新创业教育的支持力度。在现有基础上，加大教育部中央彩票公益金大学生创新创业教育发展资金支持力度。加大中央高校教育教学改革专项资金支持力度，将创新创业教育和大学生创新创业情况作为资金分配重要因素。

（7）落实落细减税降费政策。高校毕业生在毕业年度内从事个体经营，符合规定条件的，在3年内按一定限额依次扣减其当年实际应缴纳的增值税、城市维护建设税、教育费附加、地方教育附加和个人所得税；对月销售额15万元以下的小规模纳税人免征增值税，对小微企业和个体工商户按规定减免所得税。对创业投资企业、天使投资人投资于未上市的中小高新技术企业以及种子期、初创期科技型企业的投资额，按规定抵扣所得税应纳税所得额。对国家级、省级科技企业孵化器和大学科技园以及国家备案众创空间按规定免征增值税、房产税、城镇土地使用税。做好纳税服务，建立对接机制，强化精准支持。

（8）落实普惠金融政策。鼓励金融机构按照市场化、商业可持续原则对大学生创业项目提供金融服务，解决大学生创业融资难题。落实创业担保贷款政策及贴息政策，将高校毕业生个人最高贷款额度提高至20万元，对10万元以下贷款、获得设区的市级以上荣誉的高校毕业生创业者免除反担保要求；对高校毕业生设立的符合条件的小微企业，最高贷款额度提高至300万元；降低贷款利率，简化贷款申报审核流程，提高贷款便利性，支持符合条件的高校毕业生创业就业。鼓励和引导金融机构加快产品和服务创新，为符合条件的大学生创业项目提供金融服务。

（9）引导社会资本支持大学生创新创业。充分发挥社会资本作用，以市场化机制促进社会资源与大学生创新创业需求更好对接，引导创新创业平台投资基金和社会资本参与大学生创业项目早期投资与投智，助力大学生创新创业项目健康成长。加快发展天使投资，培育一批天使投资人和创业投资机构。发挥财政政策作用，落实税收政策，支持天使投资、创业投资发展，推动大学生创新创业。

8.1.2 地方政府对大学生创业的政策支持

广东省对大学生创新创业的政策支持❶如下。

（1）对入选国家级创新训练项目和创业训练项目给予平均不低于 2 万元/项的经费支持，入选国家级创业实践类项目给予平均不低于 10 万元/项的经费支持。符合条件的自主创业大学生可申请 1 万元一次性创业资助，以及每年 4000～6000 元、最长 3 年租金补贴。省人力资源社会保障部门评定为省级优秀创业项目的，可按规定享受 5～20 万元资助。

（2）高校毕业生在毕业年度内从事个体经营，符合规定条件的，在 3 年内按一定限额依次扣减其当年实际应缴纳的增值税、城市维护建设税、教育费附加、地方教育附加和个人所得税；对销售额在免税标准以下的小规模纳税人免征阶段性增值税，对小微企业和个体工商户按规定减免所得税。

（3）加大创业担保贷款及贴息支持力度，符合条件的大学生个人可申请最高 30 万元的创业担保贷款，创业带动 5 人以上就业的可申请最高 50 万元的创业担保贷款，对大学生创办的符合条件的小微企业可申请最高 500 万元的创业担保贷款。引导社会资金进入大学生创业投资领域，为大学生创新创业项目提供资金支持。

不同省份及各市区对大学生创业的优惠政策不同，如内蒙古对大学生创新创业的优惠政策支持❷如下：

（1）积极落实大学生创新创业政策。落实大学生创业帮扶政策，统筹现有就

---

❶ 广东省人民政府办公厅关于印发广东省进一步支持大学生创新创业若干措施的通知。
❷ 内蒙古自治区人民政府办公厅关于进一步支持大学生创新创业的实施意见。

业补助资金和渠道，对大学生创业予以支持。对创业失败的大学生，积极开展心理疏导、职业介绍、就业援助等"一对一"个性化服务和帮扶，对符合条件的给予社会救助。对有创业意愿的大学生免费提供创业咨询、创业项目推荐、创业培训、跟踪指导等服务，注重服务的精准性和有效性。对参加创业培训并符合条件的高校毕业生，按标准给予培训补贴。对毕业后创业的大学生缴纳"五险一金"的，按照相关政策规定执行。

（2）加强财税政策扶持。加大资金支持力度，将创新创业教育和大学生创新创业情况作为自治区高等教育专项资金分配的重要因素。落实落细大学生创新创业相关税费减免政策，高校毕业生在毕业年度内从事个体经营，符合规定条件的，在3年内按一定限额依次扣减其当年实际应缴纳的增值税、城市维护建设税、教育费附加、地方教育附加和个人所得税；对月销售额15万元以下的小规模纳税人免征增值税，对小微企业和个体工商户按规定减免所得税。对创业投资企业、天使投资人投资于未上市的中小高新技术企业以及种子期、初创期科技型企业的投资额，按规定抵扣所得税应纳税所得额。对符合条件的国家级、自治区级科技企业孵化器和大学科技园以及国家备案众创空间按规定免征增值税、房产税、城镇土地使用税。做好纳税服务，建立对接机制，强化精准支持。

（3）加强金融政策扶持。按照市场化、商业可持续原则，积极举办大学生创新创业项目需求与投融资对接会，解决大学生创新创业融资难题。简化贷款申报流程，细化完善贷款管理措施，提高贷款便利性。落实创业担保贷款政策保障机制及贴息政策，将高校毕业生个人最高贷款额度提高至20万元；对高校毕业生设立的符合条件的小微企业，最高贷款额度提高至300万元。对于新发放的10万元以下的个人创业担保贷款、全国创业孵化示范基地或信用社区（乡村）推荐的创业项目、获得设区的市级以上荣誉称号的高校毕业生创业者，经金融机构评估认定后，免除担保要求。

（4）完善社会资本引入机制。以市场化机制引导私募股权、创业投资基金等投向重点领域，畅通投资及退出渠道，形成"投资—退出—再投资"的良性循环。鼓励证券经营机构为大学生创新创业投融资提供服务。加快发展天使投资，培育一批天使投资人和创业投资机构，以市场化机制引导创新创业平台投资基金和社会资本参与大学生创业项目早期投资与投智，助力大学生创新创业项目健康成长。

黑龙江省对大学生创新创业的相关政策支持❶如下。

（1）符合条件的大学生创业企业入驻各类大学生创业孵化器，享受第一、二年免费，第三年按 50%缴费的优惠扶持政策，用包括大学生创业"种子资金"在内的各项专项基金对孵化器相关费用给予补贴。

（2）大学生创办小微企业直接参与政府采购投标的，在评审时给予价格 6%～10%的扣除，同时以营业执照注册地为准，供货 100 公里以内加 5 分，200 公里以内加 4 分，300 公里以内加 3 分。各级政府向社会力量购买服务项目时，同等条件优先选择大学生创业企业。

（3）支持大学生通过科技成果转化实现创业。大学生在校期间参与教师科研项目和自己研究取得发明专利成果，其创业成果转化成功的，可利用省科技成果转化引导基金，按照技术交易额的 10%，给予不超过 20 万元的资金奖励。

江苏省太仓市大学生创业园从"零成本、低风险、无压力、有钱赚"四个方面支持大学生投身创新创业实践❷。

（1）零成本。

1）加强创业启动扶持。首次来太仓落户大科园的大学生创业项目直接给予 5 万元创业资助；落户全国性大学生创新创业大赛获奖项目的，直接按照一等奖 50 万元、二等奖 30 万元、三等奖 20 万元给予创业资助。

2）降低落户创业成本。给予大科园新落户大学生创业项目 3 年场地免租政策；录用首次在太仓就业高校毕业生的，缴纳社保满 6 个月，按每人 3000 元标准给予创业带动就业补贴。加大大学生创业空间供给，放宽经营场所登记限制，支持更多新业态大学生创业项目入驻。

（2）低风险。

1）加大创业金融扶持。成立 3 亿元天使投资基金，择优给予落户大学生创业项目最高 300 万元股权投资。推出"娄城大学生创业贷"政府增信金融产品，提供风险补偿，单个项目贷款最高 100 万元。加大科技金融补助力度，对企业"苏科贷""娄城科创贷"等贷款，按实际发放额的 5‰给予最高 50 万元/年贴息补助；对企业知识产权质押融资，按实际融资额的 1%给予最高 10 万元奖励。

---

❶ 黑龙江省人民政府关于促进大学生创新创业的若干意见。
❷ 《江苏太仓打造长三角大学生创新创业首选地，来创业可领 5 万元》，澎湃新闻。

2）鼓励企业研发创新。园内企业与高校院所开展产学研合作的，按实际发生经费的 20%给予最高 50 万元补助。园内企业使用江苏省、苏州市科技创新券的，给予最高 50 万元资助。加强知识产权创造激励，对成效明显的企业给予 5 万元一次性奖励。

（3）无压力。

1）提升就业补贴力度。全日制本科及以上毕业生首次来太仓到大科园实地考察创新创业环境，可享受最高 500 元考察补贴，最长 15 天人才公寓免费住宿。全日制本科及以上在校生在大科园企业见习的，给予 1000 元/月见习补贴。世界前 300 强高校或"双一流"建设高校（学科）毕业生首次来太仓入职大科园企业的，缴纳社保满 6 个月，按本科 3 万元、硕士 5 万元、博士 10 万元给予"首年生活补贴"。

2）完善生活乐居保障。园内本科及以上人才入住人才公寓，房租享受"租一免一"优惠；购买指定房源，按本科 10 万元、硕士 20 万元、博士 30 万元给予补贴。为园内大学生创业人才提供医疗预约、交通出行、文化旅游等生活便利。为园内领军人才、紧缺人才及其他经认定的人才开辟子女入学、医疗保障等绿色通道。

3）提升综合服务供给。成立大科园创新创业一站式服务中心，设立企业服务中心大科园工作站，集成提供创业就业咨询、诉求收集直办、政务快速审批、政策一键兑现等服务。建立大科园大学生创新创业指导中心，选聘创业导师，开展创业培训，加强创业指导。

（4）有钱赚。

1）支持企业市场推广。依托太仓市企业服务总入口，建设大科园供需对接平台，帮助园内企业对接产业链上下游资源，支持优质成果在全市推广应用。园内企业参加国内外有较高影响力展会的，给予每个标准展位最高 2 万元、每家企业最高 8 万元补贴。

2）拓宽招才引智渠道。加强大科园众创空间建设，对新认定为国家级、省级众创空间的，分别给予最高 50 万元、30 万元奖励。鼓励高校院所在大科园设立大学生创新创业实践基地，根据年度绩效任务完成情况，给予不少于 30 万元奖励。引才组织和个人引荐大学生创业项目入选市级以上领军人才计划的，按人才实缴资本 5%给予最高 100 万元引才奖励。

8.2　选择适合自己的企业组织形式

选择适当的企业组织形式是创业过程中非常重要的一环，不同的企业组织形式意味着不同的启动条件和资金需求。目前企业组织形式有三种：单一业主模式、合伙经营模式和公司模式。接下来逐个了解每种模式的优劣势。

8.2.1　单一业主模式

单一业主模式包括个体工商户和个人独资企业两种类型。

1. 个体工商户

【案例】我是老王，今年 50 年，企业下岗后，在小区经营一个水果摊，是个体工商户。

个体工商户是指有经营能力，并依照个体工商户条例的规定，经工商行政管理部门登记，从事工商业经营的活动。这种模式的优势是申请变更手续简便，可以从事临时经营、季节性经营、流动经营和没有固定门面的摆摊经营。可以按照税务机关要求建立账簿，如果税务部门不做要求，也可以不进行会计核算。这种模式的劣势是从业人数有限制，包括经营者本人请帮手和带学徒等，雇用人员不得超过 8 人。只有在家庭经营的组织形式下才能变更经营者姓名，而且必须是家庭成员。投资者与经营者必须为同一人，即投资设立个体工商户的自然人，个体工商户不能设立分支机构。个体工商户一般无品牌，影响力较小。

2. 个人独资企业

【案例】我是小李，今年 30 岁。大学毕业后根据自己的专业特长，自己投资办了个工厂，属于个人独资企业，主要生产产品包装盒，有自己的品牌。

《中华人民共和国个人独资企业法》规定，独资企业是由一个自然人投资，财产为投资人个人所有，投资人以其个人财产对企业债务承担无限责任的经营实体。

这种模式的优势是企业的设立、转让和解散等行为手续简便，仅需向登记机关登记即可。企业主独自经营，制约因素少，灵活性强，能迅速应对市场变化。利润归企业主所有，无需与他人分享，在技术和经营方面易于保密。劣势是当个人独资企业财产不足以偿还债务时，企业承担无限责任。投资人以及个人的其他财产予以清偿，因而带有相当大的风险，举债又十分谨慎。个人独资企业，不易从外部获得信用资金，如果企业主资本有限，企业的规模难以扩大。当所有人生病或失去工作能力或决定退休，此时若没有家庭成员、亲朋好友愿意并且有能力经营企业，这个企业就将终结。对于创业者希望其壮大并获取巨大的财务成功的新企业来说，独资企业通常不是合适的选择。

8.2.2 合伙经营模式

【案例】我是小刘，今年24岁，刚刚大学毕业。我毕业后和大学同学合伙开了这个健身房，属于合伙经营模式。初期投资的时候一人出了15万，现在我们两人各司其责、共同经营。

合伙企业是指由合伙人订立合伙企业，共同出资，合伙经营，共享收益，共担风险，并对合伙企业债务承担无限连带责任的盈利性组织。

这种模式的优势是建立合伙制企业比较容易且费用低。由于出资的增加，扩大了资本来源并提高了企业的信用能力。合伙企业具有高度的灵活性，由于合伙人具有不同的专长和优势，能够发挥团队优势，各司所能。如果合伙人拥有互补性的知识和技能，则将大大增强企业经营的成功率。合伙人能够以他们选择的任何方式决定其利润和责任的划分。由于资本实力和管理能力的提高，企业的经营规模可能扩大。劣势是在合伙企业存续期间，如果某一合伙人将向合伙人以外的人转让其在合伙企业中的全部或部分财产份额时，必须征得其他合伙人的一致同意。当合伙企业与其财产清偿合伙企业债务时，其不足部分由各合伙人用个人财产承担无限连带责任，合伙企业的融资能力仍然有限。

8.2.3 公司模式

公司模式包括有限责任公司和股份有限公司。

1. 有限责任公司

【案例】我是小徐，今年35岁，是公司的行政经理。我们公司属于有限责任公司，有三个创始人，他们根据出资额的比例分担公司的盈亏。

有限责任公司是指由两个以上五十个以下的股东共同出资。每个股东以其所认缴的出资额为限对公司承担责任，公司以全部资产对其债务承担责任，是一种比较普遍的企业法律形式。

这种模式的优势如下：

（1）风险小。有限责任公司的风险较小，股东只以其出资额对公司承担有限责任，与个人的其他财产无关。因而，如果公司破产，股东无需以个人财产作为债权的补偿。

（2）企业具有永续性。有限责任公司具有独立的存续时间，除非破产或注销，否则不会因个别股东的意外而消失。

（3）经营管理规范。与个人独资企业和合伙企业相比，有限责任公司的所有权与经营权分离，可以聘任职业经理人员管理公司、能更好地适应市场竞争。

（4）企业信誉较高。有限责任公司拥有独立的、一定数额的注册资本，其信用和地位比个人独资企业、合伙企业要高。有限责任公司由于其具有合伙企业的优点和公司所具有的法律保护，近年来越来越受到创业者的欢迎，是一种非常有前途的企业所有权形式。

这种模式的劣势如下：

（1）有限责任公司设立程序比较复杂，注册时要提供比较详细的资料，要有公司章程，创办费用和注册成本较高，即使注册成本降低为3万元，但这仍然是个硬性要求。

（2）为了规范公司治理结构，政府对公司的限制较多，法律法规的要求也较为严格。例如，有限责任公司必须按照公司法的有关规定设立组织机构，依照法律、行政法规和公司章程的规定行使职权。

2. 股份有限公司

【案例】我是小王，今年42岁，是公司的董事，持有公司20%的股份。我们公司属于股份有限公司，为了奖励优秀员工，公司实行了员工持股制度，优秀员工都持有公司的股份呢。

股份有限公司设立程序复杂，对注册资本要求高，一般不适合创业者选择。股份有限公司以其全部资本为等额股份，股东以其所持股份为限对公司承担责任，公司以其全部资产对公司的债务承担责任。

股份有限公司模式的优点如下：

（1）可以迅速聚集大量资本。股份有限公司是筹集大规模资本的有效组织形式，可以广泛聚集社会分散资金形成资本，为广大公众提供了简便、灵活的投资渠道，也为企业提供了筹资渠道，有利于公司的成长，某些需要巨额资本的产业可以建立。

（2）股份有限公司有利于分散投资者的风险。股份有限公司的股东，以其所持股份对公司承担责任，与个人的其他财产无关。投资者可以投资多个公司，因而有利于分散风险。

（3）有利于接受社会监督。股份有限公司有利于资本产权的社会化和公众化。为了确保股东权益，需要把大企业的经营置于社会的监督之下，定期披露公司信息，因而有利于接受社会监督。

股份有限公司的缺点如下：

（1）公司开设和歇业的法定程序严格、复杂，公司抗风险能力较差，大多数股东缺乏责任感；公司的所有权与控制权分离，经理人员往往不是股东，因此产生了出资人与经理人员之间复杂的委托代理关系，且大股东持有较多股权，不利于小股东的利益。

（2）公司财务与经营情况必须向公众披露，公司的商业秘密容易暴露。

不同的企业组织形式各有优缺点，希望大家能根据自己的实际情况，确定最符合自身需要的企业组织形式。

8.3 注册公司的流程

【案例阅读8.1】

胡强的防盗系统公司[1]

胡强准备与他的3个朋友一起创办一家开发防盗系统的公司，他们一共凑齐了50万元，随后就开始张罗着选址、注册公司，并给公司起名字。4个从来没有创办企业经历的年轻人在公司注册这一步就开始"晕菜"了。虽然在产品的设计开发中，他们个个都是好手，但是在准备创办企业这件事上，他们甚至连市场监管部门的大门朝哪边儿开都不清楚，这让他们心里没了底。

为了了解注册程序，他们先到市场监管部门拿了一套注册公司的程序介绍。几个人回来研究了一番，却发现越研究越不明白。像他们这样的开发防盗系统的

---

[1] 李良智，查伟晨，钟运动：《创业管理学》，中国社会科学出版社，2007.

公司究竟应该注册成什么类型的企业？应该提供哪些资料？具体的费用是多少？究竟该怎么给自己的公司起名？几个人商讨了好几个晚上还是没有个结果。烦琐的注册程序，使几个人同时产生了畏难情绪。

【情景】

小江：小瑞最近怎么这么憔悴？不都准备好成立公司了吗？

小瑞：别提了，最近正在跑公司注册的事，仅市场监督管理局就去了四五趟，不熟悉流程，颠三倒四的，不是少这个材料，就是缺那个证明。

小江：你太着急了，先提前查好流程和材料清单，再办理起来不就顺畅多了吗？

小瑞：说得有道理。

申请注册公司前必须了解公司注册方面的法定程序和工作流程，然后针对每一个程序和流程要求预先做好计划并准备相关资料，这样可以省去许多麻烦。接下来以有限责任公司为例，介绍公司注册登记的流程。

8.3.1 公司注册准备

公司注册准备流程如下。

（1）发起人发起并签订设立协议。发起人协议也称设立协议、投资协议或股东协议书，目的是明确发起人在公司设立中的权利与义务。主要内容包括公司经营的宗旨、项目、范围，生产规模，注册资金，投资总额以及各方出资额、出资方式，公司的组织结构和经营管理方式，盈余的分配和风险分担的原则等。这一步非常重要，对企业的组织结构与经营管理方式、发起人权责、意识原则等做出明确规定，可以避免后期不必要的产权纠纷、管理矛盾等。

（2）订立公司章程。公司章程是公司设立的基本文件，只有严格按照法律要求订立公司章程，并报经主管机关批准后方可生效，也才能继续进行公司设立的其他程序，股东应当在公司章程上签名盖章，公司章程应提交原件，使用 A4 规格纸张打印。

（3）申请名称预选核准。有限责任公司申请名称预先核准，应由全体股东指定的代表或共同委托的代理人向公司登记机关提出申请，提交以下文件：有限责任公司的全体股东签署的公司名称预先核准申请书，全体股东指定代表或者共同委托代理人的证明，国家市场监督管理总局规定要求提交的其他文件。公司登记机关决定核准的，会发给企业名称预先核准通知书。

（4）办理公司设立前置审批。这一程序并非所有公司的设立都要经历，一般公司可以直接注册登记，只有法律行政法规规定必须报经批准的，才需要办理批准手续。必须审批的有两类：一是法律法规规定必须审批的，如证券公司；二是营业项目必须报经审批的公司，如经营烟草买卖的公司。另外，国企改造过程中，改组为有限责任公司的，也必须经过审批。

（5）出资。股东应当按期足额缴纳公司章程中规定的各自所认缴的出资额。股东以货币出资的，应当将货币出资足额存入有限责任公司在银行开设的账户；以非货币财产出资的，应当依法办理其财产权的转移手续。股东认足公司章程规定的出资后，由全体股东指定的代表或者共同委托的代理人，向公司登记机关报送公司登记申请书、公司章程等文件申请设立登记。

8.3.2 申请登记流程

公司注册的前期准备工作完成之后，带齐各种资料到行政主管部门登记，步骤如下。

（1）申请设立登记。为了获得行政主管部门对其法律人格的认可，公司设立程序中有一个必不可少的步骤就是向公司登记机关申请设立登记。这个机关一般是公司住所所在地的市场监督管理局。可以由全体股东指定的代表或者共同委托的代理人进行申请。申请人填写《企业设立登记申请书》并提交相关材料即可。

（2）登记机关登记并发照。登记机关对申请登记时提供的材料进行审查后，认为符合条件的，将予以登记，并发给企业法人营业执照，有限责任公司即告成立。只有获得了公司登记机关颁发的营业执照，公司设立的程序才宣告结束。公司可凭企业法人营业执照刻制印章，开立银行账户，申请纳税登记，并以公司名义对外从事经营活动。有限责任公司成立后，应当向股东签发出资证书，并置备股东名册。

（3）公司印章备案及刻制。这一流程需要准备的材料：营业执照副本原件及复印件、法人代表身份证原件及复印件、经办人身份证原件及复印件。属于分支企业的，还需提供上级单位出具的刻章介绍信，上级单位营业执照副本复印件一份。这一条款在不同地区要求不一致，大家根据当地要求准备相关资料。备齐材料后到公安机关备案，审批通过后，获得《刻制印章通知书》，之后到由公安机关核发特殊行业许可证的印章刻制企业刻制公司印章。

（4）组织机构代码登记。这流程需要准备的材料：营业执照副本原件及复印件、公司印章、法人代表身份证原件及复印件。分支机构需提交上级主管部门组织机构代码证复印件，单位邮编、电话、正式职工人数。这一步骤完成后，将取得国家市场监督管理总局颁发的组织机构代码证。

（5）税务登记。这个流程需要准备的材料有：营业执照副本原件及复印件、企业法人组织机构代码证原件及复印件、法人代表身份证原件及复印件、银行开户许可证复印件（这一材料可后补，通常税务登记与银行开户工作同时进行）、公司或企业章程原件及复印件、房产证明和租赁协议复印件、公司印章、税务登记机关要求提供的其他有关材料。这一步骤完成后，将取得税务登记证。

其实以上几个流程可以同时办理，国家税务总局积极推行三证联办，即市场监督、质检、国税、地税部门实现工商营业执照、组织机构代码证和税务登记证三证联办同发。这样创业者办理证照更加省力、省心、省时间。

（6）银行开户。银行开户许可证是由中国人民银行核发的一种开设基本账户的凭证。只有在银行开户后才能正常缴纳税款或办理其他金融业务，银行开户需要准备的材料：营业执照正副本原件、组织机构代码证正本，税务登记证正本、法人代表经办人身份证原件、授权书、公章、财务章、人名章等。在完成以上程序后，基本完成了公司注册的全流程，还有一些后续事项，如办理税种登记、办理税种核定、办理印花税业务、办理纳税人认定、办理税员认定、办理发票认购手续的，由专业的财务人员办理即可，这里不再赘述。

在大众创新、万众创业的今天，公司的注册流程已经相应简化，资金要求也有所减少。如果你已经考虑好了，那就放手一搏吧。

8.4　如何获得风险投资

【案例阅读8.2】

靠自我融资创业的大学生彭敏[1]

到2012年，彭敏的企业已经创建了4年。他创业之前每周末和节假日都会到

---

[1] 李肖鸣：《大学生创业基础（第4版）》，清华大学出版社，2018.

上海市徐汇区的"百脑汇"里打工，为客户组装计算机。在装机的过程中，他学会了组装计算机的流程并找到了销售计算机的渠道，同时发现了他们营销的缺点。彭敏便率先在电脑城里提出了"整体装机只挣 100 元，元部件价格全透明"的口号。一时间，他的生意好到一个人忙不过来了。

于是，彭敏用打工积累的钱租了一个摊位，请了几位工人，开起了自己的计算机维修、装机服务。到 2009 年毕业那年，他的资产已经超过了 20 万元。于是，彭敏把这个资金作为启动资金，利用自己大学所学的安防技术专业知识，注册了"上海讯敏安防技术服务有限公司"，并且在全国大学生创新创业大赛中得了金奖。如今彭敏已经买了自己的商务车，每年营业额稳定在 300 多万元。彭敏就是用打工积累创业资金而发展壮大起来的。

【案例阅读8.3】

3W 咖啡——会籍式众筹

3W 咖啡采用众筹模式，向社会公众进行资金募集：每个人 10 股，每股 6000 元，相当于一个人 6 万元。那时正是微博最火热的时候，很快，3W 咖啡汇集的一大批知名投资人、创业者、企业高级管理人员，其中包括沈南鹏、徐小平、曾李青等数百位知名人士，股东阵容堪称华丽。3W 咖啡引爆了中国众筹式创业咖啡在 2012 年的流行，几乎每个城市都出现了众筹式的 3W 咖啡。3W 很快以创业咖啡为契机，将品牌衍生到创业孵化器的领域。

3W 的游戏规则很简单，但不是所有人都可以成为 3W 的股东，也就是说不是有 6 万元就可以参与投资，股东必须符合一定的条件。3W 强调的是互联网创业和投资的顶级圈子，也没有人是因 6 万元未来可以带来的分红而投资的——3W 给股东带来的价值回报更多地在于圈子和人脉价值。试想如果投资者在 3W 中找到了一个好项目，那么多少个 6 万元都赚回来了；同样创业者花 6 万元就可以认识大批优秀的创业者和投资人，既有人脉价值，也有学习价值，很多顶级企业家和投资人的智慧可不是区区 6 万元可以买到的。

资金是企业的血液，无论是公司的创建还是后期公司的持续运营、业务扩张等，都离不开充足的资金储备与保障。尤其是当与竞争对手势均力敌时，最终的胜负往往取决于企业融资的速度与规模，而风险投资是创业者常用的一种融资方式。先来了解风险投资的概念。

8.4.1 风险投资的概念

风险投资源于 20 世纪 40 年代的美国硅谷，在我国也已经经过较长时间的引进和成长期。从政策制度和操作的角度看，风险投资是一种较为成熟的重要企业融资方式。广义的风险投资是指一切具有高风险、高潜在收益的投资。狭义的风险投资是指以高新技术为基础，对生产与经营技术密集型产品的投资。根据美国风险组织协会的定义，风险投资是由职业金融家投入到新兴的、迅速发展的，具有巨大竞争潜力的企业中的一种权益资本。

风险投资作为股权融资的主要方式之一，其突出特点是：无需任何财产作抵押，以公司股权与投资人的资金相交换。资金使用期限长，没有定期偿付的财务压力，可以获得投资人提供的资金以外的资源支持等优势。因此，风险投资是最受创业者欢迎的股权融资方式之一。不过，风险投资本身就属于高回报与高风险同时并存的投资行为，对于创业者而言，其主要风险在于企业将面临分散乃至失去控制权的风险，融资成本较高。风险投资设置的门槛也比较高，即对创业项目的商业模式以及创业者个人能力的要求都比较高。因此，风险投资尤其适合于产品或项目技术含量高，具有广阔发展空间和市场前景的中小型高科技或者创新型企业，比如 IT、半导体、生物工程、互联网等行业的企业。我国的风险投资人主要分为以下几类：

（1）政府背景的创业投资公司，以支持高新技术产业为主，如生物、医药、新材料、新能源等。

（2）国内大企业战略资本，如 360 投资、四通投资有限公司等。

（3）国内外知名风险投资公司，如红杉资本（Sequoia Capital）、软银中国资本、高盛集团等。

（4）大中华经济圈的创业资金，例如和记黄埔有限公司。

（5）天使投资人，如沈南鹏、雷军等。

那么怎样才能获得风险投资呢？假如你得到了和投资人密谈的机会，你会怎么介绍自己的项目呢？

【情景】

投资人：请简单介绍一下你的项目。

小李：我做的是一个早教软件，用游戏的方式教小孩识字、学拼音，用户在基础关卡先免费使用，后面付费解锁。

投资人：这个同质化产品不是很多吗？没有什么壁垒啊。

【情景】

投资人：简单介绍一下你的项目吧！

小王：我做的是教小孩识字软件，现在有 4000 多万用户，日活跃用户 200 万，一直排在儿童榜和教育榜前 5 名。

投资人：同质化产品那么多，你怎么做到这么牛的？

8.4.2 融资的注意事项

上面情景中呈现的两种不同的表达方式，很有可能导致两种截然不同的结果。为了能够获得风险投资，创业者们在与投资人的交往和沟通中应注意以下几个方面的问题。

（1）了解投资人的所思所想。任何一家投资公司都不会选择不具备成功条件的企业进行投资。通常企业成功的条件如下：有较高素质的领袖创业者，他必须有献身精神、决策能力，有信心、勇气，思路清晰、待人诚恳，有出色的领导水平，并能激励下属为同一目标而努力工作；既有长远又符合实际的企业经营计划，计划中阐明创办企业的价值，明确企业的发展目标和发展趋势，明确企业的市场和顾客，明确企业的优势和劣势，同时指明创办或发展企业缺少的资金；有市场需求或有潜在市场需求的新技术、新产品，有需求就会有顾客，有顾客就会有市场，有市场就有了企业生存发展的空间；有经营管理的经验和能力，有技术和研究人员配备均衡的管理团队，有能高效运转的组织机构。

（2）善于与投资人沟通。与投资人的接触可以从电话开始，说出你的想法，探讨是否和风险投资公司的业务范围相适合。绝大多数的投资人都会拿起听筒，因为他们也不知道下一个好的项目会从哪里来。有些创业者常抱怨自己找不到投资人，事实上，多数的风险投资公司都比你想象得更容易接近。如果一个创业者找不到和投资人接触的方法，那么又怎么能期望他会成功地向顾客推销产品呢？在和投资人接触过程中，一定要有一种坚韧顽强的精神。

沟通需要坦诚相见。有些创业者在与投资人沟通中欲言又止，在关键问题上闪烁其词，以商业机密不便透露为由含糊其辞。这种不坦诚的沟通方式，会引起投资人的怀疑，怀疑资料的真实性或项目有重大瑕疵。其实投资人很清楚创业之初，企业有很多不完善，甚至的一些非常手段，生存期的不易投资人都明白。创业者只要坦诚相见，明明白白地讲出来，说出解决办法，投资人大多都能理解。但是对隐瞒或欺骗等不诚信行为，投资人绝对不会原谅。

（3）目标不宜过多。为了保证筹资成功，有的创业者认为接触的投资人越多越好，但结果往往不尽如人意。事实上，如果同时和 20 位或 30 位投资人联系，就会让对方认为这不是一笔好生意，从而不愿花时间去考虑这个项目，因为这个项目可能已经被别人拿走了。而且，投资人一般不喜欢展销会式的推销方式，他们更希望发现那些不被人注意的好商机。比较可靠的方法是先选定 8 位或 10 位投资人作为目标，然后再开始跟他们接触。

（4）递交商业计划书。在和投资人正式接触之前，创业者一般需要向投资人递交商业计划书。在递交商业计划书时，创业者最好能得到该投资人的某个外延网络成员的推荐。因为大部分投资人每个月都会收到成百上千份的商业计划书。谁也没有足够的时间和精力来对每一份计划书细致地考察，而那些找到网络成员推荐的企业，通常会引起投资人的注意。另外，在和投资人讨论商业计划书时，有两点需要注意：一是要尽可能地让投资人认识并了解企业的产品或服务，如果能提供产品的样品或成品的话就更好了；二是始终把注意力放在商业计划书上。有时会议往往会延续数小时之久，这时创业者有可能会变得非常健谈，从而不自觉地就可能会谈到一些关于未来的宏伟计划，并提到某些在商业计划书中并未提及的产品。这一点千万要避免，因为这样会使投资人认为创业者是一个幻想者或者是一个急于求成的人。可能很多学生认为自己离融资还太遥远，但既然有创业的想法，不妨从一些小项目做起，现在很流行校园路演和创业大赛。

（5）避免故弄玄虚。融资过程中，一些创业者喜欢炫耀新名词、盲目追风口。用大数据、云计算、AI 人工智能、区块链等来吹嘘，但是商业计划书内容跟这些概念毫无关系。这样会引起投资人的反感，失去投资的兴趣。

还有一些创业者把自己的项目说得神乎其神，如"改变人类命运，造福子孙万代""给我 1 千万，我就能做到 1 个亿，给我 1 个亿就能在 3 年之内保准上市"等。对于这种气吞山河、壮志无比的创业者，往往会得到"盲目创业，夸大臆想"的评价，简单说就是创业狂想症。

8.5 创业是一场修行

【情景】

小明：怎么样？你发什么呆呢，还不快收拾，上课要迟到了。

小修：我想到了一个绝佳的创业想法，要是能实现的话，我还上什么课呀！我要自己开公司，把我的产品推向千家万户。有个几十万的用户量，我就能狠狠地赚一笔钱。然后我就可以提前退休，拿着我的钱周游世界了。我要去冰岛看极光，去非洲大草原看动物迁徙。

小明：你还能出任 CEO，迎娶白富美，走上人生巅峰，快别做梦了，真要上课了。

【思考】小明的创业之梦能实现吗？

8.5.1 创业之心态

前面介绍了创新思维训练、创业机会的筛选、精益创业方法论、创业流程及政策。相信已经有人蠢蠢欲动、跃跃欲试了，认为创业是一件很酷的事情，可以凭一己之力而力挽狂澜，创造自己理想中的商业帝国：可以登上大雅之堂与各路精英谈经论道、侃侃而谈；可以富甲一方，成为大众谈论的对象。但是，大家也不要忘了，创业是有风险的，英雄主义情结并不等于现实。

现在是创业最好的时代，也是最坏的时代。最好的是科技和社会的发展提供了强大的底层支撑，让人人都能创业；最坏是因为竞争太过于激烈，新公司生长的土壤非常稀薄。现实社会很容易看到成功人士的光环，而往往看不到成功之前经历的酸甜苦辣和无数人无数次的失败。据统计，大学生创业成功率只有 5% 左右。所以，从统计学的角度来说，创业是有风险的，创业成功本身就是一个小概率事件。

创业不应该抱有太多不切实际的幻想，要有一颗平常心，脚踏实地去准备，创造条件。比尔·盖茨（Bill Gates）是创业成功的典范，大家都知道他大学辍学创业，一举成名，创立微软公司成为世界首富。但大家不知道的是盖茨从小家境优越，是个不折不扣的富二代；他还是一个数学方面的天才，大二期间就发明了煎饼排序（Pancke Sorting）的算法（这是一种全新算法，并且在此后的30年内都是解决同类问题最好的算法），这样的成绩是许多数学博士都无法相比的。创业不能盲目追随那些轻松融资几百万及上千万的创业者，他们的背后一定有过人之处。创业除了需要天时、地利、人和，还需要有一定的运气。

泼了这么多冷水，大家是不是已经准备打退堂鼓了呢？如果你仍然有决心在创业这条路上继续走下去，那么恭喜你，你已经具备了最基本的创业素质。希望你能看清自己的目标，用知识武装自己，同时也希望你能相信自己的直觉和判断力，走出属于自己的创业之路。现在的你们，有着年轻的血液，蓬勃的朝气，对未来充满希望，勇于尝试和拼搏；生活负担不重，初生牛犊不怕虎，可以轻装上阵；接受了高等教育的专业能力训练，具有较高层次的智慧和知识，乐于接受新事物，思路活跃，创意新颖；能将所学的知识很快内化为能力，外化为创造，这种创业精神正是创业的动力源泉。作为互联网时代的原住民，最新的科学技术也是创业的一大优势。但是希望大家不要把财务自由或者一夜暴富当作创业的终极目标。正如前面所说，这是一个极小概率的事件，现阶段创业对大家来说更像是一场修行。对于计划投身于创业的人来说，需要做好以下几个方面的准备。

8.5.2 开启创业的准备

（1）培养创新思维和创新意识。创造性思维与创新意识是人类的高级心理活动，对个人乃至民族的发展有着重大的意义。近年来，我国国民经济的迅速发展，使铁饭碗时代一去不复返，取而代之的是，愈演愈烈的事业危机和就业压力。在如此巨大的压力之下，只有具有创新思维和创新意识才能够脱颖而出。在创业过程中，要学会逻辑分析，全方位思考问题，面对困难时不断改进，不断创新，大大地提高思维的活跃度。

（2）学会职业的思考方式与方法论。职业与非职业的区别就在于专业人士有着更为成熟的思考方式及更为完整的方法论。在遇到问题或者困难的时候，能够在过往经历的基础上举一反三，一一化解。前面介绍的创业机会分析、市场调研与可行性分析、竞争对手调查、精益画布、商业计划书，都是对前人经验的浓缩，大家在创业过程中将理论与实际结合，会对这些方法论的使用有着更深的体会，对今后步入职场也是一笔宝贵的财富。

（3）提高自身综合实践能力。就业市场的竞争日趋激烈，企业招聘时尤其看重实践经验。实践水平、能力的高低是很多行业选贤任能的重要标准之一。而对于毫无经验的同学们来说，创业是提高综合实践能力的极好途径。创业使得大家深入社会，亲身感受社会，真真切切地培养动手动脑能力。增强社会实践能力，并在实践活动中积累实践经验，提高发现问题、分析问题、解决问题的能力。

（4）锻炼团队协作能力。凭借一个人的力量是无法成立公司的，仔细研究创业成功者，无一例外的都是团队协作的结果。团队成员各自发挥自己的才华，互为补充、相互努力，共同推动创业进程。团队协作能力的实质是建立良好的人际互赖关系，是一种让别人心甘情愿合作的智慧。创业意味着跟团队成员一起克服各种困难，互相学会包容与谅解，共同完成任务。对于团队协作能力的提升是显而易见的。

（5）提高个人素养。认真地对待生活的人，生活也会认真地对待他。时间对于每个人都是公平的，每个人的现在都是过往的时间堆叠起来的。如果你是一个经常思考，在生活中比较积极的人，应该知道没有任何一种努力会被浪费。创业是一场修行，希望大家以认真的态度，为更多人服务的动机，怀着纯净的目的，走完创业这段注定孤独的旅程。

【推荐阅读书籍】

[1] 布鲁斯·巴林杰，杜安·爱尔兰. 创业学：成功创建新企业[M]. 6版. 北京：中国人民大学出版社，2021.

[2] 张永君. 中国百名优秀企业家奋斗史：民族品牌卷[M]. 北京：经济日报出版社，2022.

【思考训练题】

1. 查询所在地大学生创新创业政策，列出在创业实施中可以享受的政策支持。
2. 以小组为单位画出创业实施流程图。

参 考 文 献

[1] 赵波,焦永纪. 创业管理理论与实践[M]. 北京:高等教育出版社,2022.

[2] 谢强,马明胜,付士静,等. 创新创业课程[M]. 北京:机械工业出版社,2019.

[3] 孙洪义. 创新创业基础[M]. 北京:机械工业出版社,2016.

[4] 淦南森,傅强. 快乐创业:从0到1实战教程[M]. 北京:中国铁道出版社,2018.

[5] 陈工孟. 创新思维训练与创造力开发[M]. 北京:经济管理出版社,2016.

[6] 杜鹏举,罗芳. 大学生创新创业基础. 北京:中国铁道出版社,2018.

[7] 胡剑锋,彭学兵. 创业管理:理论、流程与实践[M]. 2版. 北京:高等教育出版社,2019.

[8] 陈虹宇,曹颖. "互联网+"大学生创新创业入门[M]. 北京:中国水利水电出版社,2018.

[9] 杰弗里·蒂蒙斯,小斯蒂芬·斯皮内利. 创业学:21世纪的创业精神[M]. 8版. 北京:人民邮电出版社,2014.

[10] 亚历山大·奥斯特瓦德、伊夫·皮尼厄. 商业模式新生代[M]. 北京:机械工业出版社,2011.

[11] 徐德力,钱军,刘勤华. 创新创业管理[M]. 苏州:苏州大学出版社,2022.

[12] 陈伟,赵春艳. 创新思维训练与应用[M]. 广州:华南理工大学出版社,2020.